Juli Zeh
Good Morning, Boys and Girls

Theaterstücke

Schöffling & Co.

Erste Auflage 2013

Satz: Fotosatz Amann, Aichstetten
Druck & Bindung: Pustet, Regensburg
ISBN 978-3-89561-438-5

www.schoeffling.de
www.juli-zeh.de
www.rowohlt-theater.de

Inhalt

Der Kaktus

Uraufführung am 5. November 2009
Münchner Volkstheater
Regie: Bettina Bruinier

Personen

JOCHEN DÜRRMANN, *GSG 9*
CEM, *Streifenpolizist*
SUSI, *Polizeianwärterin*
DR. SCHMIDT, *BKA*
KOMMISSAR WIESER *(im Off)*
3 weitere Darsteller

1. Er wird gebracht

10. Polizeirevier, Frankfurt am Main, der Aufenthaltsraum der Polizeianwärter. Plastiktische, Stühle, Schrank, ein uralter Computer, Kaffeeautomat und Telephon. Die übliche mannshohe Gummipflanze mit verstaubten Blättern und erstaunlichem Überlebenswillen. Der Raum ist fensterlos und menschenleer. Durch die geschlossene Tür dringen Stimmen vom dahinterliegenden Gang.

JOCHEN *weit entfernt, aufgeregt* Zur Seite! Aus dem Weg! Sind Sie lebensmüde, Mann?

Es poltert.

JOCHEN *schreit* Au, verdammt!

CEM Sind Sie verletzt, Chef? Scheiße, Chef!

JOCHEN *schreit* Sie da! Weg da! Zur Seite! Hauen Sie ab!

CEM Das ist Kommissar Wieser, Chef.

JOCHEN Das ist mir scheißegal! Der behindert einen Spezialeinsatz! – – SIE wollen MEINEN Ausweis? Ich fass es nicht. Nur Freaks in Frankfurt. Einscheißen und zubetonieren. – – Da, bitte, mein Ausweis. GSG 9. Da werden Sie blass, was? Und jetzt aus dem Weg. *Ruft* Wieser! Sie haben hier nichts gesehen! Können sich an nichts erinnern! Sonst lernen Sie mich kennen, Sie Pfeife!

Es rumpelt. Zwei Personen nähern sich, etwas Schweres über den Gang schleifend.

CEM *zu einer dritten Person* Ey, bleib cool, Alter!

Die Kampfgeräusche sind jetzt direkt vor der Tür.

JOCHEN *im Schmerz* Aaah! Wieder erwischt!

CEM Soll ich Verstärkung holen, Chef?

JOCHEN Schwachsinn! Hab ich da draußen Verstärkung gebraucht? Ich hab das allein durchgezogen! Von Anfang an! Ist das ein sauberer Einsatz oder nicht? Der ist ja wohl supersauber! Porentief rein! Oder etwa nicht?

CEM Doch, klar, Chef.

JOCHEN Mach die Tür auf.

Die Tür wird aufgestoßen. Cem erscheint mit dem Rücken voran. Er trägt die Uniform eines Streifenpolizisten.

JOCHEN *noch draußen* Jetzt halt ihn doch fest!

CEM Der lässt sich ja nicht anfassen.

Cem verschwindet wieder.

JOCHEN Bei drei. Eins. Zwei.

Es rumpelt noch einmal, dann kommen Cem und Jochen herein, letzterer im schicken Kampfanzug. Sie gehen gebückt und haben den Rand eines schweren Tontopfes gefasst, in dem der Kaktus steht. Beide sind ängstlich darauf bedacht, nicht gestochen zu werden. Halb schleifen sie ihn, halb tragen sie ihn in den Raum. In der Zimmermitte stellen sie ihn ab. Der Kaktus hat beide Arme erhoben, als wollte er sich ergeben, und steht frontal zum Publikum.

JOCHEN Tür zu.

CEM Alter, krasser Scheiß. *Schließt die Tür.*

JOCHEN In der Tat. Heftige Nummer. Runterkommen. Erstes Gebot: Kalter Kopf. Immer eiskalt. *Steckt seinen blutenden Finger in den Mund.*

Es klopft. Jochen ist sofort wieder auf 180.

JOCHEN Tür sichern!

Cem hält die Klinke fest, Jochen richtet seine Heckler&Koch auf den Kaktus.

WIESER *von draußen* Herr Dürrlein …

JOCHEN Dürrmann!

WIESER Herr Dürrmann, bei aller Liebe, hier gibt's ne Routine, ja? ICH trage hier die Verantwortung, ja? Die Kundschaft geht ins Verhörzimmer, doppelt gesichert, Glasscheibe, Aufnahmegerät, alles vom Feinsten. Wir haben auch gemütliche Arrestzellen. Aber da, wo Sie jetzt sind, das geht gar nicht.

JOCHEN Lieber Kommissar Wiesel /

CEM Wieser.

JOCHEN Lieber Kommissar Wieser, im Namen der GSG 9 möchte ich Ihnen herzlichen Dank aussprechen, dass Sie einen Ihrer Räume für eine landeswichtige Operation zur Verfügung stellen. Das ist großherzig von Ihnen. *Laut* Oder soll ich in meinen Bericht schreiben, dass Sie die GSG 9 nicht unterstützen? Soll ich das?

WIESER Cem, sind Sie da drin, ja? *Rüttelt an der Klinke.*

CEM *die Klinke festhaltend* Alles klar, Chef. Kein Problem, Chef.

JOCHEN *schreit* Hauen Sie endlich ab, Mann!

Wieser entfernt sich.

JOCHEN Papier und Stift. Schnell. Schreiben Sie. »Sondereinsatz GSG 9. Betreten verboten.« Zettel draußen an die Tür. Los, los, los!

Jochen gibt Rückendeckung, während Cem den Zettel anbringt. Danach lehnt er sich erschöpft an die Wand, wischt sich den Schweiß ab und steckt den Finger wieder in den Mund. Kurze Pause.

2. Er wird begutachtet

JOCHEN Ganz ruhig, Dürrmann. Sie sind ganz ruhig. Ihre Beine stehen wie Baumstämme auf dem Boden. Ihr Kopf ist kalt. Super Zugriff, Dürrmann. Wie im Lehrbuch.

CEM Was jetzt, Chef?

JOCHEN Geht gleich weiter.

Cem umrundet den Kaktus in respektvollem Abstand, springt einmal in Abwehrhaltung, als würde er angegriffen.

CEM Das ist ein Kaliber. Jetzt steht er plötzlich da und kann kein Härchen trüben. *Zum Kaktus* Hallo?

JOCHEN Weg da! Abstand halten!

CEM Wir haben ihm gar nicht seine Rechte belehrt.

JOCHEN Wir sind hier auch nicht im »Tatort«.

CEM Wieser sagt, wenn man bei der Verhaftung nicht die Rechte /

JOCHEN Das ist keine Verhaftung.

CEM Sondern?

JOCHEN Ganz genau. SONDERN.

CEM Cool. Bei der GSG 9 seid ihr knallharte Typen. *Nachdenklich* Ich will nix sagen, aber Kommissar Wieser sagt, das mit den Rechten ist schon /

JOCHEN Dann mach, verdammt noch mal!

CEM *stellt sich in Position, zum Kaktus* Sie haben das Recht zu schweigen. Alles, was Sie sagen, wird gegen Sie verwendet. Sie können Ihren Anwalt telephonieren.

JOCHEN Der ruft hier gar niemanden an.

CEM *lauter, wie zu einem Ausländer* Sie wollen Anwalt? *Zu Jochen* Der versteht mich nicht.

JOCHEN Der mauert. Würd ich an seiner Stelle auch machen. *Lacht.*

CEM *sagt etwas zum Kaktus auf Türkisch.*

JOCHEN Stop! Sofort aufhören! Was hast du ihm gesagt?

CEM Ob er seinen Anwalt will. Ich kann auch bisschen Arabisch. *Sagt etwas auf Arabisch.*

JOCHEN Hallo? Hältst du jetzt auf der Stelle die Fresse, oder was? ICH nehme Kontakt mit dem Gefährder auf. ICH sage, was passiert. Ohne MEIN Kommando läuft gar nichts, verstanden? – Was hieß das?

CEM O Gläubige, nehmt weder Juden noch Christen zu Freunden. Sure 5. Mehr weiß ich nicht mehr.

JOCHEN Schwachsinn. Noch ein Wort zum Gefährder und ich brech dir den Nacken! Klar?

Cem wendet sich achselzuckend ab und setzt sich auf den Tisch.

CEM Wollt nur helfen.

Pause. Jochen starrt den Kaktus an. Er hat keine Ahnung, wie es weitergehen soll.

CEM Chef? Um eins mach ich Mittag.

JOCHEN Ich fass es nicht. Ganz ruhig, Dürrmann. Ihr rechter Arm ist schwer. Die Beine wie Bäume. Der Kopf wie Stein. – Jetzt pass mal auf, äh /

CEM Cem.

JOCHEN Cem. Du verstehst noch nicht ganz. Du hängst hier mit drin. Das hier *zeigt auf den Kaktus* ist nicht wie die Sachen, die ihr sonst so macht. Das ist eine außergewöhnliche Angelegenheit von höchster Brisanz.

CEM Hä? Hab ich n Minister im Ohr?

JOCHEN Das hier ist, das ist, also, ich meine – mehr wie im Fernsehen.

CEM Im Fernsehen machen die genau wie wir. Schlimmer.

JOCHEN Dann eben wie im Kino.

CEM Echt?

JOCHEN Mindestens. Hoffentlich. Ich meine, mit allergrößter Wahrscheinlichkeit. Und jetzt stell dir vor, Cem, weil du zufällig auf Streife warst /

CEM Zigaretten holen.

JOCHEN Was?

CEM Ich war Zigaretten holen.

JOCHEN Im Streifenwagen?

CEM Kommissar Wieser raucht nur diese Senior Service. Die gibt's nur bei der Aral in Schwanheim.

JOCHEN Und da fahrt ihr während der Dienstzeit – Scheiße! Verdammte Scheiße! Ich lass mich schon wieder ablenken. Das ist mein Problem, das Ablenken, und dann die Nerven. Sie denken zu viel, Dürrmann. Denken ist schon richtig, aber mit kaltem Kopf. Fakten sammeln. Entscheiden. Nicht immer dieses Sein oder Nicht-Sein, zugreifen oder nicht zugreifen. Keine Zweifel zulassen! Wie heute: Sie fahren nach Frankfurt, Sie greifen zu, Sie brauchen Unterstützung. Da ist Cem. Sie geben klar Befehle. Und deshalb *zu Cem* hängst du jetzt mit drin. Du bist Teil dieses Spezialeinsatzes.

CEM Ich dachte, ich bin Deutschland.

JOCHEN Was?

CEM Macht nichts, Chef. Von dem, was SIE sagen, versteh ich auch nur die Hälfte.

JOCHEN *zeigt auf den Kaktus* Für diese Sache haben wer-weiß-wie-viele Leute in wer-weiß-wie-vielen Ländern wer-weiß-wie-lange gearbeitet. Verstanden?

CEM Verstanden. Keiner weiß was.

JOCHEN Witzig, witzig. Hoffentlich stört es nicht, wenn ich neben deinem Witzigsein meine Arbeit mache.

CEM Bisschen schon.

JOCHEN Schnauze! Oder ich drück dir den Kehlkopf rein! – Wir wissen eine MENGE. Auch über den da. Aber das ist HÖCHSTE Geheimhaltungsstufe. Deshalb verlässt hier keiner den Raum, bis –

CEM Bis?

JOCHEN Bis das alles verifiziert ist.

Sie schweigen. Jochen denkt angestrengt nach.

CEM Chef?

JOCHEN Was denn?

CEM Wenn ich nicht weiterweiß, frag ich immer Kommissar Wieser.

JOCHEN Gott, ihr seid süß. Hier mal ein Ehrenmord, da eine Vergewaltigung. *Schwul* Kommissar Wieser, wo ist denn das Tipp-Ex? – WIR stehen Tag und Nacht unseren Mann. Kalter Kopf, Fakten sammeln, entscheiden. Immer gleich die ganz große Politik, immer gleich die Zukunft des Landes. Hunderte Menschenleben. Das ist Krieg. Sieht nur anders aus als früher. Wir sind die Armee der Zukunft. Die Elite-Einheit der Armee der Zukunft. Da gibt's keinen Kommissar Wieser, kapiert?

CEM Harter Job. Wie lang sind Sie schon dabei?

JOCHEN Sechs Wochen.

CEM Cool.

JOCHEN So was *zeigt auf den Kaktus* ist natürlich der Jackpot. Die Jungs werden mich hassen. *Lacht.* Erst gestern kam der Tipp rein, CIA. Große Aufregung, wir warten auf unsere Befehle. Aber da kommt nix. Manchmal sind die da oben einfach zu langsam. Ich denk nach: Dürrmann, kalt bleiben, nur der rechte Arm wird warm. Dann die Entscheidung. Ich ab nach Frankfurt. Und da steht er. Morgen wär er vielleicht schon abgetaucht. Oder Schlimmeres. Ich also: Zugreifen. Wie aus dem Nichts. *Schüttelt verwundert den Kopf.*

CEM Genau, Mann, wie aus dem Nichts! Sie springen mir da vor den Kühler, ich mein, ich kenn Sie gar nicht! Aber ich seh die krass geile Uniform, und da ist mir klar: Da geht was, da geht dermaßen was! Und Sie nur: Raus, hinten rum, Waffe hoch, Rückendeckung. Und das läuft. Sauber. Muss man Ihnen lassen, Chef.

JOCHEN Nicht wahr?

CEM Und wie wir den dann verladen! Rückbänke umgeklappt, weil der sich so steif macht. Und dann die Frau, die da aus dem Laden gerannt kommt! Echt wie im Kino. Ob das seine Alte war?

JOCHEN Bestimmt.

CEM Die hat fast geheult, wie wir den abtransportieren. Rennt uns noch nach wie Schmidts Katze.

JOCHEN Schmidt!

Er läuft zum Telephon.

CEM Was geht?

JOCHEN Dr. Schmidt. Wir informieren das BKA. Höchste Ebene.

CEM *zufrieden* Sag ich doch. Jeder hat seinen Kommissar Wieser.

Jochen wählt und wartet. Nimmt Haltung an.

JOCHEN Ja, Dürrmann, BPOL GSG 9 aus St. Augustin. Ich brauch jemanden von der Terrorabwehr. – – DIREKT von der Terrorabwehr, was sonst? Hab ich ne Wolldecke im Mund? – – Das werd ich Ihnen grad noch am Telephon erzählen! Sagen Sie: superheiße Sache. – – Schmidt. Polizeioberrat Dr. Schmidt, GTAZ. – – Wie? Gemeinsames Terrorismusabwehrzentrum, sind Sie neu? – – Das GTAZ ist neu, gut beobachtet. Hallo? – – Scheiße. Warteschleife.

CEM *auf den Kaktus zeigend* Der hat da was.

JOCHEN Nicht anfassen! *In den Hörer* Hallo? Hören Sie – – Gott, das ist ja wie bei der Telekom! *Singt Warteschleife mit* Ja, ich weiß, es war ne geile Zeit /

CEM Wahrscheinlich seine Papiere.

JOCHEN Weg da, oder ich spül dir die Nieren! *In den Hörer* Bitte? Zu Tisch. Aha. *Legt auf.* Sauladen. *Zu Cem* Was ist los?

CEM Da ist sein Reisepass oder so was.

An der Rückseite des Kaktus hängt ein in Plastik eingeschweißtes Heftchen, das ein Photo, Informationen sowie die Preisangabe enthält.

JOCHEN Schau an. Da werden wir den Schnarchnasen vom BKA mal bei der Arbeit helfen.

CEM Soll ich ihm das abnehmen? Ich kann das. Ehrenwort.

JOCHEN Sehr witzig. Zurückbleiben! Noch zwei Schritte! So.

Jochen nähert sich dem Kaktus mit selbstbewussten Schritten, eine Hand an der Heckler&Koch. Er spricht ihn von vorn an.

JOCHEN Sie befinden sich in Polizeigewahrsam. Keine Faxen.

CEM Der steht vielleicht lieb.

JOCHEN Alles Strategie. Brandgefährlich, die Typen. *Zum Kaktus* Lassen Sie die Hände oben. Ich werde jetzt diese Dokumente an mich nehmen.

Jochen beugt sich vor und entfernt das Heftchen, sorgsam bedacht, sich nicht zu stechen.

CEM Gute Arbeit.

JOCHEN Danke. *Schaut abwechselnd ins Heftchen und auf den Kaktus, liest* Carnegiae gigantae. Ist das Ihr Name?

CEM Gigant? Der heißt echt Gigant?

JOCHEN Das deckt sich mit unseren Informationen.

CEM Klingt wie n Hiphopper. Kennen Sie Colos? Türkischer Hiphop, endgeil. *Singt* Ausländer raus, raus aus dem Ghetto.

JOCHEN Colos? Kommt der nicht aus dem Kosovo?

CEM Ist doch egal, Mann. Die Türkei ist groß.

JOCHEN Zum Teufel, Dürrmann, nicht ablenken lassen. *Liest* In Klammern: Saguaro. *Zum Kaktus* Das ist wohl Ihr Kampfname? Oder Ordensname? *Wartet, liest weiter* Herkunftsort: Kalifornien, USA. – Deckt sich alles mit unseren Informationen.

CEM Cool. Was für Informationen?

JOCHEN Herr Gigantae steht seit langem unter Beobachtung. *Zum Kaktus* Ihr denkt, ihr seid perfekt getarnt, total integriert, vollständig abgetaucht. Aber wir sind an euch dran!

CEM Wer »wir«?

JOCHEN Die CIA.

CEM *schaut Jochen über die Schulter* Da steht noch was.

JOCHEN Weg da! Sicherheitsabstand einhalten! *Zieht das Heftchen weg.*

CEM Da stand, dass er unter Naturschutz steht.

JOCHEN Ganz genau. Anschläge planen, Bomben bauen, und wenn's brenzlig wird, stehen sie alle unter Naturschutz. Kenn ich. Die alte Leier. Hört man den ganzen Tag. So als Profi. Die Zeit drängt. Wir fangen jetzt einfach an. Auch ohne Schmidt.

3. Er wird verhört

CEM Womit?

JOCHEN Identitätsfeststellung abgeschlossen, es folgt das Verhör. Das BKA kann ja nachkommen. Setz dich an den Computer. Los, los, los!

CEM An DEN Computer?

JOCHEN Siehst du noch einen?

CEM Der ist eigentlich nur für Pacman.

Jochen starrt Cem drohend an, bis dieser sich vor den Rechner setzt.

CEM Soll ich protokollieren, oder was?

JOCHEN Gut kombiniert, Watson.

CEM Ich heiß Cem, Chef.

JOCHEN Ja, entschuldige, Cem, ich weiß. *Laut* Fahr den Scheißrechner hoch!

CEM Hier auf der Fünf laden sie den ganzen Schrott ab. Auf der Eins, die Maschinen müssten Sie mal sehen! Da läuft sogar Counter-Strike Source.

JOCHEN Ich lass mich nicht ablenken. Klares Ziel vor Augen.

Aus dem Computer ertönt das Windowslied.

CEM 4.0, Alter! Wie im Museum. *Lacht.*

JOCHEN *zum Kaktus* Herr Gigantae, wie geht es Ihnen heute? Können Sie mich verstehen?

CEM Hier dauert's noch was.

JOCHEN *deutlich* Do you understand?

CEM Machen wir das in Englisch?

JOCHEN Vielleicht konntest du so weit folgen, dass Herr Gigantae aus Kalifornien kommt?

CEM Ich mein nur, wenn wir das in Englisch machen, weiß ich nicht, ob ich /

JOCHEN Schreib!

Cem beginnt, mit zwei Fingern zu tippen.

JOCHEN *zum Kaktus, überdeutlich* Herr Gigantae, ich muss wissen, ob Sie Deutsch verstehen. In Ihrem eigenen Interesse. In your interest. *Überlegt.* Wenn Sie nicht antworten wollen, können Sie ja ein Zeichen geben. If you want to have the … interview in English, please raise your hand. – No, not the hand. Hand is already raised. Make like this. *Er nickt überdeutlich.* For English please like this. *Nickt. Wartet, dann erleichtert* Okay. Also auf deutsch.

CEM *tippend* Wegen Kalifornien noch. Wieser hat mal was gesagt von wegen Botschaft und so. Irgendwas mit Ausländern und Rechten und dass die Demographie das verlangt.

JOCHEN Cem!

CEM Will nicht sagen, dass ich das verstanden hätte. Mit diesen Rechten, Chef. Ich mein, erst verbietet man den Rechten das Demonstrieren, und dann sollen sie wieder wem zustehen, oder was?

JOCHEN Maul halten! Du machst mich fertig! Lenkst mich ab! Ich zerschlag dir das Schlüsselbein! Ich mein's ernst! *Zu sich* Kalt Blut, Dürrmann. Ihre rechte Arschbacke wird warm.

Cem beginnt zu tippen und hört während der folgenden Sätze bald wieder damit auf.

JOCHEN *zum Kaktus* Erst mal klären wir ein paar Details. Bitte korrigieren Sie Angaben, die nicht zutreffen. *Holt ein Tablet hervor, liest* 45 Jahre alt, unverheiratet, keine Kinder. *Sieht den Kaktus an, wartet, nickt.* Vor vierzehn Monaten verließen Sie Needles, Kalifornien. Obwohl Sie dort stark verwurzelt waren, wie es heißt. *Wartet, nickt.* Über Mexiko gelangten Sie an Bord eines Containerschiffs, das Sie illegal nach Nordafrika brachte. Nach sieben Wochen Aufenthalt reisten sie im Frachtraum einer Maschine der Egyptair nach Peschawar, Pakistan. Möglicherweise hat es einige weitere Stationen gegeben; jedenfalls wurden Sie Mitte November 2007 in Dschalalabad, Afghanistan wieder gesichtet. Um den 23. Dezember herum müssen Sie in Deutschland eingereist sein. Vermutlich mit einer Transall-Maschine der Bundeswehr. *Wartet.* Hab ich mir doch gleich gedacht! Das ist so ein Sauhaufen. Jeder Soldat ne undichte Stelle. Aber auf mich hört ja keiner. Sie müssen lauter werden, Dürrmann. Deutlicher die Meinung sagen. Auch mal auf die innere Stimme hören. Letzter Aufenthaltsort: der Blumenfachhandel »Exotica«, Bruchfeldstraße 34, Frankfurt-Niederrad. Trifft das so zu? *Wartet, dann zu Cem* Hast du das alles?

CEM Die Antworten komplett. Muss ich die Fragen auch mitschreiben?

JOCHEN Eigentlich schon. Das Verhör muss vollständig wiedergegeben werden.

CEM Bin nämlich nicht so schnell.

JOCHEN Verstehe. Das ist auch echt keine Männerarbeit. Sauerei, dass wir das heute alles selber machen müssen. Irgendwann sollen wir auch noch die Kinder kriegen. Also die Fragen stichwortartig.

CEM Aye-aye, Chef. *Tippt.*

JOCHEN Was haben wir noch. *Blickt aufs Tablet.* Bisschen Ärger mit den Behörden … Washingtoner Artenschutzabkommen, fehlendes Gesundheitszeugnis, Verdacht auf Fälschung der Papiere. Bisschen Trouble, nichts Gravierendes, keine Vorstrafen. In den vergangenen Monaten haben Sie sich in der Bundesrepublik Deutschland gut eingelebt. Sie nahmen Wohnsitz in der Bruchfeldstraße 34 und gingen einer geregelten Tätigkeit in den Ausstellungsräumen des Blumenfachhandels »Exotica« nach. So weit, so gut.

4. Er wird fast geschlagen

Cem tippt im Zwei-Finger-Verfahren und nickt mit hochgezogenen Brauen, als Jochen ihn ansieht. Jochen schiebt die Hände in die Taschen, schlendert um den Kaktus herum, will ihm auf die Schulter klopfen und überlegt es sich doch anders.

JOCHEN Wie fühlen Sie sich, mein Freund? Wollen Sie sich nicht setzen? Nein? Wie Sie wünschen. Hier wird niemand zu seinem Glück gezwungen. Das ist die Bundesrepublik. Wie finden Sie die Bundesrepublik, mein Freund?

CEM *über die Schulter* Deutschland ist geil.

JOCHEN Das sieht Herr Gigantae sicher anders.

CEM *zum Kaktus* Nee, echt, Alter. Kannst du glauben. Ich muss es wissen. Guck mich an, ey: Ich weiß nicht mal, für wen ich morgen Daumen drücken soll. *Lacht.*

JOCHEN Schön, schön, plaudern wir ein bisschen. Herr Gigantae hört zu und sagt dann vielleicht selbst mal was.

CEM Wenn die Deutschen verlieren, bin ich traurig, und wenn die Türken verlieren, auch. Dann freu ich mich aber für die Deutschen, oder für die Türken, wenn die gewinnen, also, traurig bin ich auf jeden, und glücklich auch auf jeden. Krasser Scheiß.

JOCHEN Herr Gigantae findet das sehr niedlich, dieses Multikulti-Theater. Ich übrigens auch.

CEM Theater? Fußball, Mann! Überall Fahnen! Türkische Fahne, deutsche Fahne. An EINEM Balkon. An EINEM Auto. An EINER Kneipe. Ich hab sogar so n T-Shirt, schwarz, rot, gold, und in dem Roten ist dann so der Halbmond drin.

JOCHEN Ob das Herrn Erdoğan gefallen würde?

CEM Ey, magst du kein Fußball, oder was?

JOCHEN Für dich immer noch »Sie« und »Dürrmann«. Hast du eine Ahnung, wie viele Hundertschaften morgen Abend im Einsatz sein werden? Tausendfünfhundert Mann allein in Frankfurt, damit dein Fahnentheater friedlich bleibt. Und hinterher heißt es dann wieder: Guckt mal, wie sie sich alle lieb haben. Und wie die Polizei übertreibt mit ihrer Sicherheitsscheiße.

CEM Ey, du magst kein Fußball.

JOCHEN Wohl!

CEM Welcher Verein?

JOCHEN 1. FC Köln.

CEM Da spielen auch nur Kanaken. *Lacht.*

JOCHEN Darum geht's nicht! Mich kotzt das Multikulti-Getue an. Vorne Party mit Küsschen hier und Küsschen da. Und hinten machen die Kerls fürs Grobe den Dreck weg. So ne beschissene Heuchelei.

CEM Dreck? Wieso jetzt Dreck?

JOCHEN Keiner weiß, was bei UNS los ist! Immer hart sein, immer fit sein! Kämpfen, Dürrmann! Und wer sagt danke?

CEM Danke? Für was? Dass du denkst, ich bin Dreck?

JOCHEN Komm, Cem. Nicht auf dem Niveau.

CEM Ey, hast du mich Niveau genannt? Bist du rechte Sau?

JOCHEN Die Tour kenn ich! Immer die gleiche Tour. Wenn einer mal die Wahrheit sagt, hat er was gegen Ausländer. Zack, Maulkorb. Schön bequem, die Opferrolle, was?

CEM Hast du mich jetzt Opfer /

JOCHEN Zwanzig Prozent aller Straftaten werden von Ausländern begangen. Das muss man sich mal vorstellen. Zwanzig Prozent!

CEM *wird wütend* Und die andern neunzig? Das sind ja wohl viel mehr!

JOCHEN Sag mal, Cem, wie bist du eigentlich zur Polizei gekommen?

CEM Ich hab die Hauptschule geschafft.

JOCHEN Und weiter?

CEM Na ja, die Waffen, so. Die fand ich geil. Mit meinen Brüdern hatten wir so ne Art Sammlung, alles echt. Meine Ma meinte dann, wenn schon, soll ich für die richtige Seite kämpfen. *Gerührt* Sie hat geweint ... Alter, wenn deine Ma weint! Ich also hin. Als Türke musst du hier nur mal klopfen. Als Türke nehmen die jeden. Und die Leute hier – total nett. Kohle stimmt auch, so.

JOCHEN Rührend. Beneidenswert.

CEM Und Sie, Chef?

JOCHEN Bei mir war das anders. Härter. Mit sechzehn haben mir in einem Kölner Nachtbus zwei Jugos das Messer an die Kehle gesetzt. Isch bring disch um, wegen 22 Mark 80. Irgendwann sind sie aus dem Bus gesprungen. Mein Hals hat geblutet. Seitdem kenne ich meinen Auftrag. Ich hab was begriffen, was keiner hören will. *Zum Kaktus* Zwischen Menschen geht's nur um Chemie. Wenn du die falschen Sachen zusammenmischst – BUMM. Und wenn Herr Gigantae persönlich dafür sorgen muss, nicht wahr?

CEM *überrascht* Baut der Bomben?

JOCHEN Das gilt es rauszufinden. Und zwar schnell.

CEM Krass, Chef. Ich bin dabei.

JOCHEN *zum Kaktus* Ihr lacht uns doch aus für unsere Toleranz und Akzeptanz und Firlefanz. Und dann der Rechtsstaat! Der reinste Selbstbedienungsladen. Demokratie geht euch am Arsch vorbei, ihr wisst nur, wie man sie ausnutzt. Deshalb hältst du die Fresse. Deshalb stehst du hier stramm, bis wir dich irgendwann laufen lassen müssen. Und dann rennst du von Hinz zu Kunz und erzählst, wir hätten dich stundenlang zum Stehen gezwungen, mit erhobenen Armen, vielleicht noch grelles Licht und kein Kaffee. Die Polizei ist ja fremdenfeindlich. Und zack, werden wir zurückgepfiffen. *Wütend* Ihr lacht euch kaputt über uns! Ihr denkt, dass wir keine Schwänze haben! Ihr kommt euch wahnsinnig toll vor, weil ihr da draußen die Superkämpfer spielt. *Schreit plötzlich* Aber so läuft das nicht! Keiner zwingt dich zu stehen! Wir sind hier nicht in Ägypten!

Jochen greift nach einem Stuhl und knallt ihn hinter dem Kaktus auf den Boden.

JOCHEN *schreit* Schluss mit der Märtyrernummer! Hinsetzen! Sofort! Du setzt dich jetzt hin!

Er will den Kaktus auf den Stuhl drücken, kann ihn aber nicht anfassen. Außer sich vor Wut hebt er die Faust. Bevor es zum Schlag kommt, flucht er und stürzt aus dem Raum.

5. Er wird missioniert

Cem schaut Jochen nach.

CEM Knallhart. Knallhart, die Jungs vom GSG 9. Bisschen irre vielleicht.

Pause. Unschlüssig betrachtet Cem den Kaktus. Schließlich zieht er ein Päckchen Zigaretten aus der Tasche, steckt sich eine zwischen die Lippen und bietet dem Kaktus die Schachtel an.

CEM Zigarette? *Wartet.* Okay, klar, weiß schon, du bist auch knallhart. Alles knallharte Typen hier. Aber Oma Cem sorgt für euch.

Cem zündet eine weitere Zigarette an und steckt sie dem Kaktus ins »Gesicht«, wo sie vor sich hin qualmt.

CEM Schon viel gemütlicher, was? Auch ruhiger, so ohne Dürrmann. *Freut sich, raucht.* Der ist schon n Stresser. *Pause* Aber ich sag dir, der meint das nicht so. Meine Schwester, die wurde als kleines Mädchen mal von nem Hund gebissen. Seitdem hat sie panische Angst vor Hunden. Auch vor den ganz lieben. Kann nicht vergessen. So in der Art funktioniert das auch bei Dürrmann. Womit ich nicht sage, dass du n Lieber bist. *Hebt die Arme, den Kaktus nachahmend, Zigarette zwischen den Lippen.* Hart, Alter! Bisschen kann ich dich verstehen. Das ganze Gelaber von Integrationsschwierigkeiten und Migrationshintergrund. Hauptsache lange Wörter, und du bist so oder so der Arsch. In der Schule sind die Lehrerinnen besonders lieb zu dir und die Lehrer besonders streng. Beides nicht gut für deinen Ruf. *Raucht, die Arme erhoben.* In Deutschland bist du der Türke und in der Türkei der Deutsche. Nirgends bist du NORMAL. Aber normal ist wichtig, Alter. Normal heißt, dass du mitspielen darfst und abkriegst, wenn's was zu verteilen gibt. Normal heißt, dass du weißt, hinter welcher Front deine Mannschaft liegt. So sieht's aus. *Nickt gewichtig.* Sagt Susi. Kennst du nicht. Arbeitet auch hier. Würde dir gefallen. Auch so n stachliger Typ. *Lässt die Arme sinken.* Scheiße, ist das anstrengend. *Pause.* Aber jetzt mal im Ernst, Bruder. Mal n heißer Tipp von mir. Das mit der Bombe ist ne Scheißidee. Glaub mir. *Raucht.* Sie hat geweint. Weint nicht oft, meine Ma. Und da sitzt sie plötzlich neben mir auf der Couch und bettelt und flennt, während ich das Eintracht-Spiel sehen will. Meinen Bruder hatten sie gerade hochgenommen, wegen ner Dummheit mit Waffenbesitz. *Raucht.* Hast du keine Ma, Alter? *Wartet.* Du musst nicht druber reden, wenn du nicht willst. Aber ICH würd dir helfen. So von Kanake zu Kanake. Musst nicht danke sagen. *Lehnt sich vor.* Wenn du willst, gehen wir zusammen runter. Wieser liebt mich. Ich sag ihm, du bist da in was reingeraten, aber das ist eigentlich gar nicht dein Ding, und du würdest gern hier anfangen. Jeder hat mal Scheiße gebaut. Schwamm drauf. Glaub mir, Alter, von uns nehmen die jeden! Kein Scheiß.

Jochen tritt ein. Er hat sich das Gesicht mit kaltem Wasser gewaschen, seine Haare sind nass. Erschrocken versucht Cem, dem Kaktus die ausgerauchte Zigarette wegzunehmen.

JOCHEN Schon gut, schon gut. *Er legt Cem einen Arm um die Schultern und führt ihn beiseite.*

JOCHEN *leise* Und?

CEM Und?

JOCHEN Hast du was aus ihm rausgekriegt?

CEM Wie jetzt, Chef?

JOCHEN Das war doch alles nur gespielt! Du denkst doch nicht, ich bin so einer? Oberstes Gebot: Kalter Kopf! Herr der Lage bleiben! Nicht provozieren lassen.

CEM Ist gut.

JOCHEN Ich hab natürlich nur so GETAN, als ob ich ihn schlagen will. Hätte ich nie gemacht, klar? Nicht dass du was falsch verstehst. Alles Show.

CEM Okay, Chef. Ist klar, Chef. Alles Show.

JOCHEN Damit du anschließend nett zu ihm sein kannst. Guter Bulle, böser Bulle. Verstanden?

CEM Wahrscheinlich.

JOCHEN Was hat er gesagt?

CEM Nicht viel. Ich mein, als es von den Lehrerinnen ging, hat er genickt.

JOCHEN Und die Zigarette hat er genommen?

CEM Logo.

JOCHEN *klopft Cem auf die Schulter* Vertrauen aufbauen. Wir sind einen großen Schritt weiter.

Als das Telephon klingelt, fliegt Jochen förmlich zum Apparat.

JOCHEN Dürrmann. Ja, von dieser Nummer. *Erfreut* Natürlich, bitte, schnell. *Deckt die Sprechmuschel ab.* Der Bürohengst hat ausgefrühstückt. *Schnell, unterwürfig* Dr. Schmidt! Sie erinnern sich? Dürrmann, GSG 9-Lehrgang, Präzisionsschütze. Ihr Terrorismus-Seminar. – – Genau! Wie geht's zu Hause? – – Natürlich. Können wir reden? – – *Betont* Ob die Leitung abhörsicher ist. – – Die einzig sichere im Land? – – SIE müssen es wissen, stimmt. *Lacht gekünstelt. Dann aufgeregt* Dr. Schmidt, ich hab was für Sie. Möglicherweise. – – Schläfer, natürlich. – – CIA. – – Vor einer Stunde. – – Groß, kräftig, stark behaart, ungesunde Gesichtsfarbe.

Jochen lauscht in den Hörer, seine Miene hellt sich auf.

JOCHEN Das ist … O Gott. Das ist wunderbar. Ich meine, das ist natürlich schrecklich. Es ist nur so, dass ich mir nicht ganz sicher war, ob ich / – – Mein erster Einsatz, wenn Sie so wollen. – – Mehr in, äh, eigener Sache. – – Wir warten auf Sie, Dr. Schmidt, wir warten. *Legt auf.* Gut gemacht, Dürrmann. Danke, Dürrmann. *Zu Cem, glücklich* Der Tipp von der CIA wurde nicht weitergegeben. Kompetenzgerangel, das Übliche. Mein beherztes Zugreifen gibt uns die Chance, das Schlimmste zu verhindern.

CEM Wie jetzt?

JOCHEN *sieht auf, den Tränen nah* Die Terrorabwehr kommt sofort.

CEM Gratuliere, Chef.

6. Susi tritt auf

Die Tür fliegt auf, Susi kommt herein. Polizeiuniform, blonder Pferdeschwanz. Als sie die Lage überblickt, bleibt sie stehen.

SUSI Was ist denn HIER los?

CEM Hey, Susi. *Zum Kaktus* Susi. Hab ich dir von erzählt.

Susi ist perplex, schafft es aber trotzdem, das Begrüßungsritual mit Cem durchzuführen: eine schnelle Folge aus Gesten, Handschlag, Fingerhakeln, Schnippen, Schulterklopfen.

JOCHEN Raus hier!

SUSI Warum hat der Mann die Hände oben?

CEM Er will das so.

SUSI Quatsch. *Nähert sich dem Kaktus.*

JOCHEN Stehen bleiben! Wegtreten! Raus hier! Sofort!

SUSI Das ist MEIN Büro.

JOCHEN Das ist NICHT Ihr Büro, das ist der Aufenthaltsraum für Polizeianwärter.

SUSI Sag ich doch.

JOCHEN Können Sie nicht lesen, oder was? Da ist ein Zettel an der Tür!

SUSI »Sondern Einsatz, GSG Neu, Zettel draußen«, meinen Sie das?

CEM Bin manchmal etwas unkonzentriert.

SUSI Kommissar Wieser schickt mich.

CEM Für was?

SUSI Ach, das Starthilfekabel. Muss hier irgendwo sein. Die Drei will wieder nicht, und Bose braucht den für /

JOCHEN *gefährlich* Sie stören einen Sondereinsatz der GSG 9.

SUSI Dann komme ich eben später wieder.

JOCHEN Halt! Klinke loslassen! Umdrehen. Sie können nicht gehen. Sie haben ihn gesehen.

CEM *auf den Kaktus deutend* Das ist Obama bin Laden.

SUSI Cem, du bist so eine Kartoffel.

JOCHEN Das ist ein Gefährder.

SUSI Der? Sieht doch ganz friedlich aus.

JOCHEN Ganz genau. Friedlich, angepasst, integriert. Geregelter Job, unauffälliger Lebenswandel. Regelmäßige Auslandsreisen.

SUSI So, so. Hammer.

JOCHEN Die Harmlosen sind immer die Schlimmsten.

SUSI Ein Oxymoron. Finden Sie nicht?

JOCHEN Der ist Terrorist! Aus Kalifornien!

SUSI Ich sag Kommissar Wieser Bescheid.

Als sie die Tür öffnen will, springt Jochen in Kampfpose, eine Hand an der Heckler&Koch.

JOCHEN *schreit* Niemand verlässt den Raum! Ich bieg dir den Daumen um!

CEM Der ist vom GSG 9, Süße.

SUSI *nervös* Du sollst mich nicht »Süße« nennen.

CEM Ich hab »Susi« gesagt, Süße. Dürrmann ist n anderes Kaliber als Wieser. Du hättest uns vorhin mal sehen sollen, wie wir den hochgenommen haben!

JOCHEN *förmlich,* zu Susi Mit wem habe ich zu tun?

SUSI Susanne Mayer, Polizeianwärterin, zweites Jahr, 10. Revier.

JOCHEN Schön. Setzen Sie sich da in die Ecke und stören Sie die Abläufe nicht.

SUSI Wieso soll ICH in der Ecke sitzen?

JOCHEN Weil SIE hier keine Funktion haben.

SUSI Und DER da? *Deutet auf Cem.*

JOCHEN Protokolliert das Verhör.

SUSI Der kann doch gar nicht tippen. ICH bin im zweiten Jahr und Anwärterin auf den gehobenen Dienst. Wenn Sie mich in die Ecke schicken, weiß ich das einzuschätzen. Die üblichen Diskriminierungen im Arbeitsalltag. Polizeiarbeit wird noch immer als Männerberuf begriffen. Das ändert sich nur langsam. Ich kann damit umgehen.

JOCHEN *entgeistert* Schön, Fräulein Mayer, wenn /

SUSI Frau Mayer. Fräulein Mayer sagt man nicht mehr, es sei denn in degradierender Absicht. Übrigens wundert mich, dass der Verdächtige steht. Dergleichen Methoden praktizieren wir hier nicht. Ich vermute beim Verdächtigen einen Migrationshintergrund. Geht die GSG 9 so mit Ausländern um?

JOCHEN Dürrmann, Ihr Körper versinkt in einer warmen Sandwehe. Ihr rechter Arm ist schwer. Der linke auch.

SUSI *zum Kaktus* Good afternoon, Sir. I apologize for the behaviour of my colleagues. Please take a seat.

JOCHEN Glauben Sie wirklich, so einer spricht mit Frauen? Der guckt Sie nicht mal an! Der würde sich eher den Arm abhacken, als Ihnen die Hand zu geben.

SUSI Im Gegensatz zu Ihnen respektiere ich kulturelle Unterschiede. *Zum Kaktus* Do you want some coffee? Water? Smoking has lately been prohibited in public places, but I'm sure that I could get you an ashtray, in case this should contribute to your personal well-being.

JOCHEN Jetzt reicht's aber! Das ist MEIN Gefährder! Wenn Sie glauben, Sie können sich hier aufspielen wie Mutter Teresa, haben Sie sich geschnitten. Ich besorg Ihnen ein Disziplinarverfahren, das sich gewaschen hat!

SUSI Ich bezweifle, dass Sie mein Vorgesetzter sind. Kommissar Wieser ist mein Vorgesetzter.

CEM Süße, da wär ich mir nicht so sicher. Ich mein, Herr Dürrmann ist Polizeiobermeister, und wir sind nur Polizeianwärter, und gleich kommt noch einer von der Terrorabwehr.

SUSI Welcher Dienstgrad?

CEM Polizeioberrat.

SUSI Aber Terrorabwehr ist Kripo und GSG 9 ist Bundespolizei und wir sind Hessische Polizei, oder nicht? Wie sind denn da die Kommandostrukturen?

CEM Alter, was fragst du mich das? Das weiß doch keiner!

JOCHEN Sind wir jetzt bald fertig mit der Konferenz?

CEM Jedenfalls ist Herr Dürrmann echt nett, da darfst du nix Falsches denken. Alles nur Show, verstehst du? Und der Gefährder will wirklich stehen. Ich hab alles versucht.

SUSI Wenn du das sagst.

JOCHEN Fein, prima, sehr schön. Ich bin glücklich, dass Argumente für die Diensterfüllung gefunden werden konnten. FRAU Mayer, da Sie so scharf auf Sekretariatsarbeiten sind, übernehmen Sie jetzt das Protokoll! Auf geht's! Los, los, los!

SUSI Gern, HERR Dürrmann.

Susi setzt sich an den Computer, Jochen zückt sein Tablet.

JOCHEN Jetzt machen wir mal Nägel mit Köpfen. Bisschen Vorarbeit für Dr. Schmidt. *Zum Kaktus* Herr Gigantae, sagen Ihnen die folgenden Namen etwas? Adem Yilmaz?

Susi tippt mit zehn Fingern in Echtzeit. Das Geklapper der Tasten begleitet übertrieben synchron Jochens Sprechrhythmus mit sämtlichen Pausen.

JOCHEN Faris as-Sahrani? *Wartet.* Abu Isa al-Hindi? Abu Omar al-Kurdi? *Wartet.* Herr Gigantae, gehören Sie einer terroristischen Vereinigung an? Haben Sie einer solchen in der Vergangenheit angehört oder planen Sie, einer solchen in Zukunft beizutreten? Führen Sie Sprengstoff bei sich? Werden Sie auf dem Territorium der Bundesrepublik Deutschland in nächster Zeit an einem Völkermord teilnehmen? *Wartet, lässt das Tablet sinken.* Herr Gigantae, Sie haben den Ernst der Lage noch nicht begriffen. *Scharf* Wir haben genug in der Hand, um Sie zehn Jahre hinter Gitter zu bringen! *Freundlich* Wie gut, dass es die Kronzeugenregelung gibt.

Es klopft.

SUSI Herein.

7. Dr. Schmidt tritt auf

Schmidt hat sich beeilt, er schwitzt. Am rechten Hosenbein steckt noch die Fahrradklammer. Ansonsten tadelloser Anzug, ergraute Schläfen, Denkerstirn. Jochen springt zur Tür und sichert Schmidts Eintreten mit großem Säbelrasseln.

JOCHEN Dr. Schmidt! Zu Ihrer eigenen Sicherheit. Hier entlang. Der Mann ist nicht gebunden. Zwei Meter Abstand. Routinemaßnahme.

Schmidt beachtet ihn gar nicht.

SCHMIDT Schönen guten Tag zusammen.

CEM Hallöchen.

SUSI Guten Tag.

SCHMIDT *zum Kaktus* Na, was machen wir denn da? Eine Demonstration? Protest? Schon im Hungerstreik? *Lacht. Zu Jochen* Haben Sie die Staatsanwaltschaft informiert? Den Richter?

JOCHEN *erschrocken* Nein, noch nicht, ich dachte /

SCHMIDT Gut so, gut so. Wir haben viel zu verlieren, meine Damen und Herren, aber sicher keine Zeit. Der Starke ist am schnellsten allein. Sie verstehen? Hier ist Gefahr im Verzug. *Zu allen* Gute Arbeit, Kollegen! Die Republik schuldet Ihnen jetzt schon Dank. In ein paar Stunden schuldet sie Ihnen möglicherweise das Verdienstkreuz. *Zum Kaktus* Wirklich schön, Sie zu sehen, Herr Mehsud.

JOCHEN Sie kennen den Gefährder?

SCHMIDT Wie man's nimmt. Sie wissen wohl gar nicht, was Sie da gefangen haben?

JOCHEN Nun ja, er sagt nicht viel. Ich meine, wir haben ihn natürlich verhört, nachdrücklich, mehrmals, aber seine Aussagen sind wenig – aussagekräftig.

SCHMIDT Lassen Sie's gut sein, Dürrmann. Nur Kleinvögel singen fröhliche Lieder. Der Adler schweigt. Sie glauben doch nicht, dass ein Profi wie Herr Mehsud den gesamten Plan gefährdet, indem er hier einfach auspackt.

JOCHEN Plan?

CEM Wow. Ich wusste gleich, dass der was Besonderes ist. Hammerhart. *Zu Susi* Weißt du, wie James Bond in dem einen Film nix sagen will und sie ihn auf die Eier schlagen, aber er sagt trotzdem nix?

SUSI *entsetzt* Ihr habt ihn auf die Eier geschlagen?

JOCHEN Dr. Schmidt, Sie müssen Abstand halten! Der Mann ist gefährlich, und ich muss hier die Sicherheit von vier Personen garantieren.

SCHMIDT *abwinkend* Vier Personen! Garantieren Sie nur, Dürrmann, garantieren Sie. Den Rest der Menschheit überlassen Sie mir.

Schmidt beginnt, den Kaktus zu umkreisen. Er kommentiert ihn wie ein Ausstellungsstück.

SCHMIDT Nach unseren Erkenntnissen handelt es sich hier um Abu Mehsud, US-Amerikaner aus Kalifornien. Vor vier Jahren zum Islam konvertiert. Von Beruf Botaniker, Spezialgebiet Sukkulenten. Spricht fünf Sprachen.

CEM Sukku-was?

SUSI Kakteen und so.

CEM Alter, woher weißt du so was?

SUSI Abi, du Korken.

JOCHEN Hallo? Ruhe bitte! Dr. Schmidt spricht!

SCHMIDT Geheimdienstinformationen bezeugen, dass der Mann bereits zwischen April 2005 und Dezember 2006 viermal ins pakistanisch-afghanische Grenzgebiet gereist ist, wo er mehrere tausend Euro, Funkgeräte und Nachtsichtgeräte an al-Qaida übergeben hat. Letztes Jahr hat er sich dann als Kämpfer angedient und ein Ausbildungslager für den Umgang mit Sprengstoffen besucht. Seit Januar konzentrieren sich die Observationen der Amerikaner auf eine Kette von Internet-Cafés im Großraum Frankfurt, von wo aus ständiger Kontakt mit Terroristen in Pakistan bestand. Meine Damen und Herren, nach Überzeugung der CIA steht Herr Mehsud einem gefährlichen Netzwerk vor. Und jetzt kommt das Beste. Die Arbeit des BKA.

Schmidt holt ein Tablet hervor und liest gelegentlich ab.

SCHMIDT Seit geraumer Zeit verfolgen wir die Datenspur eines gewissen Frank Miller. Auffällig macht ihn seine Payback-Karte der Drogerie »dm« in Frankfurt-Niederrad. Offensichtlich hat der Mann einen Putzfimmel. Regelmäßig kauft er Fleckenlöser und Fensterputzmittel.

CEM Wie meine Ma!

SCHMIDT Er wählt dabei Marken ohne Zusatz von Seife, Farb- oder Geruchsmittel. Außerdem färbt er sich gern die Haare, poliert eine Menge Silber und braucht viele Batterien. Vor allem die dicken. *Lächelt den Kaktus an.*

CEM Auch wie meine Ma! Die hat gefärbte Haare, ohne Ende Silbertabletts und so ne alte Taschenlampe, mit der sie immer /

SUSI Cem! Salmiakgeist, Azeton, Wasserstoffperoxid. Salpetersäure, Schwefelsäure. Und dann BUMM. Abi, du Kanister.

SCHMIDT Gar nicht schlecht, kleines Fräulein.

SUSI Frau Mayer.

SCHMIDT Als Botaniker besitzt Herr Miller zudem profunde Kenntnisse über Düngemittel. Die Online-Überwachung hat ergeben, dass er im Internet regelmäßig ein Präparat bezieht, das Ammoniumnitrat enthält.

SUSI Wie der Oklahoma-Bomber!

CEM Alter, das lernt man im Abi? Deshalb machen die das alle!

SCHMIDT Herr Miller arbeitet seit sechs Monaten im Blumenfachhandel »Exotica« in Frankfurt-Niederrad. Spezialgebiet: Sukkulenten. Seine umfassende E-Mail-Korrespondenz behauptet, dass er von einem gewissen Abu Mehsud in Kalifornien Kakteen kauft. Kakteen, meine Herren, ist das nicht niedlich? Selbstverständlich ein Code, den unsere Kryptographen fast entschlüsselt haben. Millers Kontoauszüge belegen beträchtliche Geldtransfers in aller Herren Länder. Seine Bahncard verzeichnet regelmäßige Zugfahrten nach Berlin, Hamburg und München. Und, was soll ich sagen? Frank Miller spricht fließend Arabisch. Auch am Telephon.

Schmidt lächelt wie ein Zauberer, der ein Kaninchen aus dem Hut gezogen hat. Danach sieht er auf die Uhr.

JOCHEN Faszinierend.

SUSI *zu Cem* DAS ist Polizeiarbeit. Da müssen wir hinkommen.

CEM Auf jeden, Süße.

JOCHEN Und wo ist dieser Frank Miller jetzt?

SCHMIDT *zeigt auf den Kaktus* Hier.

JOCHEN Da?

SCHMIDT Dürrmann, Sie haben heute nicht nur Mut, sondern auch Intuition bewiesen. Glückwunsch, Dürrmann! Man merkt, bei wem Sie gelernt haben.

JOCHEN Danke, Dr. Schmidt.

SCHMIDT Ihr beherztes Eingreifen hat ein paar Informationen vernetzt, wie man so sagt. Abu Mehsud in Frankfurt aufgetaucht – da muss man doch nur noch zwei und zwei zusammenzählen! Wenn alle auf ihren Informationen sitzen wie das Huhn auf dem Ei, dann schließt ein Terrorfachmann die Lücken eben selbst. *Tippt sich an die Stirn.* Auf hoher See und in den Dschungeln der Bürokratie sind wir in Gottes Hand, sag ich immer. Da hilft nur noch gesunder Menschenverstand.

SUSI Und woher wissen Sie das?

SCHMIDT Bitte, Frau Mayer? Möchten Sie etwas fragen?

SUSI Woher wissen Sie, dass dieser Mann hier Miller und Mehsud und was weiß ich noch alles ist?

SCHMIDT Weil ich ihn vor mir sehe, Frau Mayer. Und zwar beruflich. Leute, die ich beruflich vor mir sehe, sind Terroristen.

SUSI War das jetzt eine Emanation des gesunden Menschenverstands?

SCHMIDT Oder glauben Sie, dass Herr Dürrmann x-beliebige Angestellte eines Blumenladens verschleppt? Weil ihm das so großen Spaß macht?

SUSI Das nicht, aber /

SCHMIDT Intuition, Frau Mayer! Ist doch eigentlich eine typische Eigenschaft des sogenannten schönen Geschlechts. *Lacht. Dann väterlich* Ohne Intuition läuft nichts, mein Kind. Nicht im Leben und schon gar nicht bei der Polizeiarbeit. Aber machen Sie sich keine Sorgen. Das Schöne ist ja, dass Herr Mehsud uns das alles gleich selbst erzählen wird.

JOCHEN Ich dachte, der wird nicht singen?

SCHMIDT Ich sagte wörtlich, dass der hier nicht EINFACH auspacken wird. Nicht einfach, sondern robust. *Lächelt dem Kaktus zu.*

SUSI Robust? Was soll das heißen, robust?

SCHMIDT So ist's recht, Frau Mayer. Immer schön wachsam. So wird man ein guter Polizist.

JOCHEN Dr. Schmidt, Sie stehen schon wieder mit dem Rücken zum Gefährder! Das macht mich nervös. Er braucht ja nur zupacken und rausrennen und dann hat er eine Geisel, und ich bin meinen Job los.

SCHMIDT Gut, Dürrmann, wenn es Sie beruhigt, sichern Sie den Raum. Dann kommt keiner mehr raus – und vor allem nicht rein. *Lächelt dem Kaktus zu und zeigt dabei die Zähne.* Einstweilen überlegt sich Herr Mehsud, ob er nicht doch kooperieren will.

Jochen gibt scharfe Anweisungen und packt selbst mit an. Schrank wird vors Fenster gerückt, Tisch vor die Tür etcetera. Schmidt zieht sich einen Kaffee und sieht auf die Uhr.

JOCHEN Hierhin. Da rüber. Weg da. Nicht so. Noch weiter. Ja. Bestens. Alles dicht.

CEM Chef?

JOCHEN Was?

CEM Ich muss mal.

JOCHEN Nicht jetzt, Cem.

8. Er verursacht Streit

Schmidt steht dicht hinter dem Kaktus und hält den Kaffeebecher fast über dessen »Schulter«.

SCHMIDT Hu, ist der heiß, der kocht ja noch. Kann man kaum halten, den Becher. Das erinnert mich an diese Geschichte. Was, Dürrmann? *Zwinkert Jochen zu.* Sie wissen doch.

JOCHEN Äh, ja.

SCHMIDT Da hatten wir diesen Kerl, der nicht sagen wollte, wo das Kind versteckt ist.

JOCHEN Ja, genau, das war der Fall.

Schmidt umrundet den Kaktus, bis er dicht vor ihm steht.

SCHMIDT Mitten im schönsten Gespräch stolpere ich und kippe dem armen Jungen die heiße Brühe direkt ins Gesicht. *Deutet die Geste an.* Der erschreckt sich, kommt ins Taumeln und schlägt mit den Schneidezähnen auf die Tischkante. Zzzzzsch. *Zischt durch die Zähne.* Beim anschließenden Sturz hat er sich noch beide Schienbeine gebrochen, der Pechvogel.

SUSI Das darf doch nicht wahr sein.

SCHMIDT Schweigen Sie, Frau Mayer. *Zum Kaktus* Wie wir ihn dann aufheben wollen /

SUSI Das hör ich doch nicht wirklich.

SCHMIDT *zu Jochen* Schmeißen Sie sie raus.

CEM Ich denk, die Tür ist zu? Sonst könnte ich ja aufs Klo!

JOCHEN Äh, natürlich, Dr. Schmidt. Gern. Ich gebe nur zu bedenken, dass Frau Mayer den Gefährder gesehen hat, und es soll doch draußen keiner wissen, ich meine, momentan, dass der Gefährder, also, dass er hier ist.

SCHMIDT Sie haben recht. *Zu Susi, väterlich* Sie sind eine junge, ambitionierte, wahrscheinlich kluge Frau. Sie haben die Theorie der Polizeiarbeit verinnerlicht. Sie kennen die Regeln. Das ist gut und wichtig. Aber Theorie und Praxis sind nicht dasselbe.

SUSI Was Sie nicht sagen.

SCHMIDT Nehmen wir ein simples Beispiel. Woher wissen wir, dass Herr Mehsud alias Miller regelmäßig große Mengen hochexplosiver Düngemittel bestellt?

SUSI Durch Online-Überwachung.

SCHMIDT Ist die THEORETISCH legal?

SUSI Geht so.

SCHMIDT Und warum machen wir das trotzdem schon seit Jahren?

SUSI Weil wir sonst keine Chance hätten gegen den Terrorismus.

SCHMIDT Genau! Sie haben das Prinzip verstanden. Ihnen fehlt nur noch ein bisschen praktische Erfahrung. Nutzen Sie die einmalige Gelegenheit, etwas von einem alten Hasen zu lernen. *Zum Kaktus* Also, der Pechvogel mit dem verbrühten Gesicht und dem zerschmetterten Kiefer ist übel gestürzt, und wie wir ihn dann aufrichten wollen /

SUSI Dr. Schmidt, es tut mir leid, aber was Sie da tun, ist schlimmer als Online-Durchsuchung.

CEM Wieso das denn jetzt, Süße? Guck mal, außer reden macht er doch gar nix!

SUSI Mach du erst mal Abi.

CEM *verletzt* Mach DU erst mal Hauptschule! Das ist auch hart, du Abi-Kuh.

SCHMIDT Frau Mayer, die Zeit drängt, Sie wissen gar nicht, wie sehr. Sie haben keinen blassen Schimmer, worum es hier eigentlich geht, das ist auch nicht Ihr Job, aber Sie stören meine Arbeit. Unverantwortlich! Gehören Sie zu diesen modernen Egozentrikern, denen alles gleichgültig ist – außer dem eigenen Seelenfrieden? Als Polizistin, Frau Mayer?

SUSI Mir ist nicht alles gleichgültig! Ich glaube an Naturschutz, Umweltschutz, Tierschutz, Kinderschutz und Menschenrechtsschutz. Ich bin Mitglied bei Greenpeace und Amnesty International, schon seit sechs Jahren, und ich war gegen den Irakkrieg. Von Anfang an!

JOCHEN Die Sorte hasse ich.

SCHMIDT Wie bequem, Frau Mayer! Wie wär's mit etwas Glauben an Staatsschutz und Verfassungsschutz, auf den Sie beruflich verpflichtet sind? Etwas mehr Rückgrat! Opferbereitschaft!

JOCHEN Die Sorte hat schon in der Schule rumgenervt ohne Ende, nur weil ich meinen Wehrdienst machen wollte. Vor allem die Mädchen, Lilly und Anni und Betty und wie sie alle heißen mit ihren kleinen Näschen. *Zu Susi* Bundeswehr, Polizei, Staat – alles Faschismus, nicht wahr, aber wenn euch einer an den Hintern packt, kreischt ihr nach der Schulhofaufsicht!

SUSI Falls Sie in der Schule vor lauter Hintern-Gedanken auch mal zuhören konnten, wissen Sie vielleicht, dass die größten Verbrechen immer noch von Staaten begangen werden. Man muss den Bürger vor dem Staat schützen, nicht den Staat vor dem Bürger.

JOCHEN Ach ja? Und was willst du dann bei der Polizei?

SUSI *zeigt auf den Kaktus* Dafür sorgen, dass solche Sachen nicht passieren.

JOCHEN ER bedroht doch den Staat, nicht umgekehrt! Wer hat denn angefangen, hä?

SCHMIDT *sieht auf die Uhr* Was den Staat bedroht, sind junge Leute wie Sie, die den ganzen Tag rumdiskutieren, statt zu handeln. Verantwortungsscheu, entscheidungsschwach.

JOCHEN Aber, Dr. Schmidt, ich wüsste jetzt nicht, wieso Sie MICH dazuzählen.

SCHMIDT Weil Sie hier Ihren Schulhofsenf von sich geben! Ich hatte Sie anders eingeschätzt, Dürrmann!

JOCHEN Das ist ungerecht! Ich bin doch auf Ihrer Seite!

SCHMIDT Klar, ungerecht, so ist die böse Welt nun einmal. Und was macht die Jugend? Ausweichen, wegducken, am besten *zeigt auf den Kaktus* so einen noch umarmen, damit man ihn bloß nicht bekämpfen muss! Das bricht unserer Kultur das Genick: die totale Feminisierung der Gesellschaft.

CEM Leute …

JOCHEN *wird wütend* Na toll, jetzt kommt das wieder. Erst macht man die Männer jahrzehntelang fertig, weil sie Autos interessanter als Babys finden, und dann lacht man sie aus, wenn sie keinen Führerschein besitzen.

SCHMIDT Dürrmann, Sie klingen wie ein getretener Pinscher. Widerlich, das Geheule.

CEM Ey, du hast keinen Führerschein, Alter? Womit fährst du denn rum? Mit dem Tretroller?

SUSI ICH hab Führerschein. SELBST verdient.

SCHMIDT Was dem europäischen Mann verloren gegangen ist, Dürrmann, können Sie am Orientalen beobachten. Ehre, Stolz, Virilität. *Zeigt auf den Kaktus, dann auf Cem.* Deshalb erzittern ganze Kontinente voller Müslifresser vor einzelnen Kämpfern!

CEM Aber hallo! *Lacht und spannt die Arme an.*

JOCHEN *auf Cem zeigend* Der? Der weiß doch nicht mal, was Sukkulenten sind!

CEM *grinst* Muss ich auch nicht! Bin nämlich n orientalischer Kämpfer!

SCHMIDT Sie haben vollkommen recht, Cem. Ich bin froh, dass Sie hier sind.

CEM *zu Susi* Da guckste blöd.

SCHMIDT Sie werden es diesen Warmduschern jetzt mal zeigen.

CEM Was?

9. Das Klebeband

Schmidt durchsucht die Schubladen des Schreibtischs, fördert eine Rolle Klebeband zutage und wirft sie Cem zu.

SCHMIDT Kleben Sie dem Gefährder den Mund zu.

CEM Der sagt doch eh nix.

SCHMIDT Machen Sie schon.

CEM Okay.

Der Kaktus bekommt einen Klebestreifen über den »Mund«.

SUSI Das geht endgültig zu weit!

JOCHEN Dem schließe ich mich an!

CEM Ey, was habt ihr denn? Das tut dem doch jetzt nicht weh!

SCHMIDT Wer keinen Schneid hat, ist jetzt ruhig und schaut zu.

JOCHEN Von wegen kein Schneid! Ich protestiere, aufs Schärfste! Protest ist Schneid!

SCHMIDT Peinlich, Dürrmann! Genauso viel Schneid, wie es braucht, um den Dalai Lama toll zu finden. Willkommen im Club der Menschenrechthaber.

SUSI Sie sind verrückt. Das kommt SOFORT runter.

Susi geht auf den Kaktus zu und will das Klebeband entfernen. Jochen fängt sie mit beiden Armen und hält sie fest.

JOCHEN Weg da! Sicherheitsabstand! Nicht anfassen!

SCHMIDT Gut so, Dürrmann!

SUSI Das lass ich nicht zu!

SCHMIDT *zu Susi* Sie wollen einem Mann helfen, der Sie als Frau geringer schätzt als ein Kamel?

SUSI *wehrt sich gegen Jochen* Egal, was Sie sagen, ich mach da nicht mit!

SCHMIDT *wechselt den Tonfall* In Ordnung, Frau Mayer, dann aber für immer. Geben Sie unten Ihre Dienstmarke ab und verschwinden Sie. Gehen Sie nach Hause.

Susi hält still, Jochen lässt sie los.

SUSI Das können Sie nicht.

SCHMIDT Ich bin Polizeioberrat, Frau Mayer.

SUSI Immer noch? In Ihrem Alter?

SCHMIDT Meilenweit über Ihrem Kommissar Wiesel.

CEM, JOCHEN, SUSI Wieser.

SCHMIDT Meilenweit über Ihrer gesamten mickrigen Dienststelle. Das hier ist Terrorabwehr. BKA. Bundesebene. Sie können ab heute auf der Couch sitzen und von dort aus die Welt retten. Wie all die anderen Verfassungshypochonder.

SUSI *zu sich* Von zu Hause kann ich gar nichts mehr machen.

SCHMIDT Gut erkannt. Also setzen Sie sich hin und stören nicht die Weltpolitik mit Ihrem Geschnatter. Und jetzt zu Ihnen, Dürrmann. Sie wollen kein Hausschwein sein, kein Terroristenversteher, war das nicht so? Dann kriegen Sie hiermit die einzigartige Chance, sich selbst und uns Ihre Männlichkeit zu beweisen. Scheuern Sie dem Gefährder eine. Aber mächtig.

JOCHEN Ich soll was?

SCHMIDT Hauen Sie ihm eine rein! Donnern Sie ihm eine! Oder soll sich ein alter Mann die Fingerknöchel brechen?

JOCHEN Der lässt sich ja nicht anfassen!

SCHMIDT Sind Sie von der GSG 9 oder vom örtlichen Häkelclub?

CEM Im Kino nehmen Sie dann ein Stuhlbein, Chef. Kennen Sie den Film mit George Clooney?

Jochen hat bereits einen Stuhl gepackt und zertrümmert ihn am Boden. Er greift sich ein Stuhlbein, erhebt es gegen den Kaktus und will zuschlagen.

JOCHEN Meine Beine sind Bäume. Mein Kopf ist Stein. Ich bin eine Sandwehe. *Holt aus.*

Susi bedeckt das Gesicht mit den Händen. In diesem Augenblick klingelt das Telephon, fast gleichzeitig wird an der Tür geklopft.

SCHMIDT Scheiße.

WIESER *durch die Tür, klopft* He! Was ist das für ein Lärm?

CEM Alles paletti, Kommissar Wieser!

SCHMIDT *nimmt das Telephon ab* Schmidt, GTAZ. Ja. Wie bitte? Wer ist da?

WIESER Was macht ihr denn da drin?

CEM Herr Dürrmann ist ausgerutscht.

JOCHEN *tritt hinzu* Ein umgekippter Kaffeebecher. Nicht schlimm.

SCHMIDT *ins Telephon* Sie müssen schon sagen, wer Sie sind. Operation wie? Nadelstich?

WIESER Cem, ist Susi bei dir?

SUSI *ruft* Mir geht's gut, Herr Wieser!

SCHMIDT *ins Telephon* Ich versteh Sie nicht. Was für ein Code? Sie müssen sich verwählt haben. Falsch verbunden, Sie Heini. *Legt auf und sieht auf die Uhr.*

WIESER Dann ist gut, Kinder. Dass ihr mir keinen Kummer macht. *Entfernt sich.*

JOCHEN Schon nett, euer Wieser.

CEM Der ist echt n Superchef, Chef.

SUSI *wie erwachend, zur Tür schauend* ER würde das niemals dulden. ER wüsste genau, was zu tun ist. *Sieht sich nach Schmidt um.*

SCHMIDT Frau Mayer /

SUSI Nix da »Frau Mayer«! Ich hab nicht meine halbe Schulzeit zugeguckt, wie Planierraupen nackte Leichen zusammenschieben, um mich jetzt von Ihnen »Frau-Mayern« zu lassen! Sie sind ein Demagoge!

SCHMIDT Und Sie sind dekadent!

SUSI Monster!

SCHMIDT Tussi!

CEM Kommt, Leute, am Ende sind wir immer noch alle Demographen.

SCHMIDT *verzweifelt* Susi, bitte, Sie wissen wirklich nicht, was hier los ist.

SUSI Grundrechtsfeind!

SCHMIDT Ja, Grundrechte, schön und gut. Zu Friedenszeiten. Aber es ist KRIEG, Frau Mayer! Da werden bestimmte Rechte suspendiert! Vor allem von Kombattanten, die sich immerhin freiwillig entscheiden, uns zu bekämpfen!

SUSI Kombattanten? Trägt er eine Uniform? Eine feindliche Fahne? Wo denn? Seh ich nicht! Das ist doch einfach nur irgendein Mensch!

SCHMIDT Das ist kein Mensch.

SUSI Wie bitte? Was denn dann? Vielleicht ein Sukkulant?

SCHMIDT Ein Mensch im biologischen Sinn, möglicherweise. Ich bin kein Naturwissenschaftler. Aber mit Sicherheit kein Mensch im rechtlichen, gesellschaftlichen, oder, wenn Sie wollen, moralischen Sinn.

SUSI Und was dann? Was ist er bitte dann?

SCHMIDT Ein Unmensch. Eine Unperson. Wir haben Erkenntnisse, die /

SUSI *immer hysterischer* Erkenntnisse? Was denn für Erkenntnisse? Ich seh keine Erkenntnisse! Es gilt doch die Unschuldsvermutung. Welche Erkenntnisse?

SCHMIDT Geheimdiensterkenntnisse, verdammt noch mal, die so heißen, weil sie geheim sind! Hier drin! *Tippt sich an die Stirn.* Glauben Sie mir, Leute wie der da spucken auf unsere Grundrechte. Sie treten an, um uns und unsere Grundrechte in die Hölle zu bomben. Wir würden ihn ja geradezu foltern, wenn wir unsere westlichen, gottlosen Grundrechte auf ihn anwenden würden! Frau Mayer, ich gehe schwer davon aus, dass Sie Respekt vor anderen Kulturen haben? Dass Sie Entscheidungen respektieren, auch wenn Sie Ihnen fremd sind?

SUSI Und ob. Ich hatte sogar mal eine libanesische Freundin.

SCHMIDT Fein. *Laut* Wir respektieren SEINE Kultur und SEINE Entscheidung, indem wir ihn als Feind behandeln!

SUSI *hält sich die Ohren zu* Ich hör Ihnen nicht zu! *Schreit* Nie wieder! Wehret den Anfängen! Nie wieder! Nie wieder!

Läuft schreiend zur Tür und macht sich daran, den Tisch abzurücken.

SCHMIDT *auf die Uhr schauend* Dürrmann, halten Sie sie fest.

JOCHEN Dürrmann, der Frauenversteher für alle Fälle.

CEM Lassen Sie mich das machen, Chef. Wir Orientalen können das. Ist wie Kamele hüten.

Cem nimmt Susi in die Arme und streichelt ihren Kopf. Sie verbirgt das Gesicht an seiner Schulter.

SUSI Das haben sie uns doch in der Schule beigebracht. Warum bringen sie uns das bei, wenn sie das gar nicht so meinen?

CEM Sch-sch, Süße, ich weiß schon, das dumme Abi. Einfach nicht mehr dran denken. Meine Ma sagt immer, man muss nach vorn schauen.

SUSI *schreit* Tu ich doch! Aber vorn sieht's scheiße aus! Total beschissen!

10. Der Flughafen

SCHMIDT Gut. Halt. Moment mal. Ruhe bitte. Meine Herrschaften. *Wartet, bis die anderen ihn ansehen.* Eine historische Situation hat uns zusammengeführt. Wir sitzen im selben Boot. Schiffbrüchige in der Sturmflut der Geschichte, gewissermaßen. Ich habe geschwiegen, um Sie zu schützen. Aber wir sind an einem Punkt angelangt, an dem Sie ein Recht auf die Wahrheit haben.

Schmidt nimmt eine dramatische Pose ein, die Hand an der Stirn, fast hört man Geigen singen.

SCHMIDT Seit mich Ihr Anruf erreichte, Herr Dürrmann /

JOCHEN Sie haben dann ja hier angerufen.

SCHMIDT Seit unserem TELEPHONAT, Herr Dürrmann, ist mein Leben ein einziges Dilemma. Sie, Frau Mayer, halten mich für ein Monster. Aber ich bin kein Monster. Ich bin der tragische Held einer Tragödie, einer Tragödie von wahrhaft griechischem Ausmaß. Jede Minute stellt mich vor Entscheidungen, die zu groß sind, zu viele, fast mehr, als ein einzelner Mann ertragen kann.

SUSI Vor allem, wenn er mit Ende fünfzig noch Polizeioberrat ist und seinen persönlichen Karriereknick mit dem Untergang des Abendlandes verwechselt.

SCHMIDT Was ich Ihnen zu sagen habe, meine Damen und Herren, wird Ihr Leben verändern, so wie es meins verändert hat. *Pause.* Noch heute Abend werden zehn Detonatoren aus jeweils 3,5 Tonnen ANNM den Frankfurter Flughafen zerstören. Die Explosion wird noch in zehn Kilometern Entfernung zu spüren sein. Dieser Mann allein kann die Katastrophe noch aufhalten.

Langes Schweigen.

JOCHEN Dafür bin ich nicht trainiert.

SUSI Das kann ich nicht glauben.

CEM Der Flughafen. Das gibt krasse Effekte.

SCHMIDT Die gesamte Frachtabfertigung wurde bereits abgeriegelt. Mehrere Hundertschaften durchsuchen jeden Winkel des zivilen Bereichs, möglichst unauffällig, um im

Land keine Massenpanik auszulösen. Aber nichts, nichts, und wieder nichts. Die USA haben Ihre Staatsbürger aufgefordert, Deutschland zu verlassen *Wischt sich den Schweiß ab.* ER, meine Damen und Herren, weiß, wo sich die Bomben befinden. *Pause. Dann fast flüsternd* Sie gehen nach der Arbeit nach Hause, wie jeden Tag. Sie schauen einen Film im Fernsehen an, sagen wir, »Casablanca«, den haben Sie aus irgendeinem Grund noch nicht gesehen. An der Stelle, wo Rick aus seinem Büro kommt und Ilsa sieht, während Sam »As Time Goes By« spielt, geht plötzlich das Bild weg. Sie hauen auf den Kasten, schalten um, auf einigen Kanälen das gleiche Problem, während andere ihr normales Programm zeigen. Dann, plötzlich, ein Nachrichtensprecher. Bleich wie ein Toter, seine zitternden Hände können kaum das Mikrophon halten. Er stammelt.

Schmidt bringt mit einer Hand sein Haar in Unordnung, mit der anderen hält er ein imaginäres Mikrophon.

SCHMIDT Soeben ... Vor wenigen Minuten ... Der Frankfurter Flughafen ... Ziel eines terroristischen Anschlags geworden. Es ist ... Das ist ... *Ringt nach Worten, dann ein Ausbruch* Die Hölle hat sich geöffnet und verschlingt Tausende Unschuldiger! Tod und Vernichtung! Weint! Betet! Bedeckt eure Augen vor diesen Bildern! – Und dann kommen die Bilder. Unkommentiert, weil kein Mensch der Welt so etwas kommentieren kann. Eine Überwachungskamera zeigt Gate A 23, wartende Passagiere. Eine Mutter schaukelt ihren Kinderwagen, ein Mann liest Zeitung. Ein anderer schläft mit offenem Mund. Im Hintergrund die Tür der Behindertentoilette. Einen Augenblick später eine Feuerwalze, sie bricht aus dem Toilettentrakt, rollt wie in Zeitlupe auf die Menschen zu, aber das ist keine Zeitlupe, das ist der Schock. Und dann – alles weg.

Das Bild wackelt und erlischt. Außenaufnahme. Das Terminal A ist aufgebrochen wie ein Kartenhaus. Gigantische Glaswände sinken schmelzend in sich zusammen. Auf den Rollfeldern krabbeln schwarze Pünktchen durcheinander, ein Ameisenstaat, dessen Bau man zertreten hat. Parkende Flugzeuge explodieren in einer Kette wie Feuerwerkskörper. Die Tonspur transportiert Todesschreie. Kein verständliches Wort. Kein Kommentar. Als wäre für immer alles in Flammen aufgegangen, was Menschen einander sagen können. *Schweigen. Schmidt gewinnt seine Fassung zurück.*

SCHMIDT Jetzt wissen Sie Bescheid. Jetzt sind Sie vielleicht mit mir einer Meinung, dass wir keine Sekunde zu verlieren haben.

JOCHEN Vielleicht sollten wir jemanden anrufen, der sich damit auskennt.

SCHMIDT *schreit* Ach ja? Und wen? Den lieben Gott vielleicht? Den ADAC? WIR kennen uns aus, Dürrmann, wir MÜSSEN uns auskennen! Ich gebe Ihnen zehn Sekunden, um erwachsen zu werden! *Ruhig* Je mehr offizielle Stellen Sie in eine solche Angelegenheit involvieren, desto geringer die Chancen auf eine schnelle Lösung. Und wir BRAUCHEN eine schnelle Lösung. Verdammt schnell. Ist das Konsens?

Alle nicken.

CEM Voll krass wäre, wenn man die Bomben gar nicht am Boden versteckt, sondern in verschiedenen Flugzeugen.

SCHMIDT Die Landesverteidigung verlangt Opfer. *Pause.* Ich habe mich entschieden. Ich bin bereit, mein Opfer zu bringen. Man wird mich anklagen. Ächten. Vielleicht verurteilen. Aber ich werde wissen, dass ich meine Pflicht getan habe.

Lässt den Blick über seine Kollegen, dann ins Publikum schweifen.

SCHMIDT Es hebe derjenige die Hand, der dreitausend Unschuldige in den Tod schicken will. Es hebe die Hand, wer die Würde eines Unmenschen höher schätzt als das Lebensrecht unzähliger Mitbürger. Es hebe die Hand, wer einen Massenmord auf sich nehmen kann! *Wartet.* Meine Damen und Herren, ich weiß Ihr Schweigen zu schätzen. *Wendet sich an seine Kollegen* Wer nicht mit mir ist, ist gegen mich.

JOCHEN Ich wusste immer, dass diese Stunde für mich kommen wird. Ich kenne meinen Auftrag. Ich werde Unschuldige retten. Ich werde mein Land verteidigen. Meine Kultur. Und das Abendland.

SCHMIDT Bravo, Dürrmann. Jetzt reden Sie wie ein Mann.

CEM Die Sprengsätze detonieren dann bei der Landung, alle auf verschiedenen Bahnen, aber zur gleichen Zeit. Dann rasen die brennenden Maschinen wie so gigantische Feuerbälle auf die Terminals zu, und dann BAAAMM, geht die ganze Anlage in die Luft. Krass.

SUSI *blass, aber gefasst* Sie haben gewonnen, Dr. Schmidt. Ich kann den Tod von dreitausend unschuldigen Menschen /

SCHMIDT Fünftausend.

SUSI / von fünftausend unschuldigen Menschen nicht auf mich nehmen. Aber ich bestehe auf einer zivilisierten Lösung.

SCHMIDT Das bedeutet?

SUSI Keine Stuhlbeine. Kein Blut. Kein In-die-Fresse-Hauen.

SCHMIDT Ah. Sie meinen »professionell«.

SUSI Zivilisiert.

SCHMIDT Professionell.

CEM Man müsste das vielleicht so bauen, dass die Glaswände beim Aufprall erst mal richtig Wellen schlagen, bevor sie dann schmelzen, wie Dr. Schmidt gesagt hat.

SCHMIDT Cem! Wir reden nicht über einen Hollywoodfilm!

CEM Klang aber so.

SCHMIDT Wenn du unbedingt was bauen willst, hab ich eine Aufgabe für dich.

11. Abu Ghuraib

Schmidt winkt Cem heran und flüstert ihm ins Ohr. Cem nickt, überlegt, nickt. Derweil hat sich Susi in eine Ecke gekauert und starrt auf den Boden. Während Jochen seine Pistole ablegt hat und sich gemeinsam mit Cem an die Konstruktion der Apparatur macht, geht Schmidt zu ihr und streicht ihr über das Haar. Als sie aufschaut, reicht er ihr eine Hand und zieht sie auf die Füße. Danach arbeiten alle zusammen wie ein eingespieltes Team. Dem Kaffeeautomaten werden einige Bauteile entnommen. Ein Radio liefert das

Stromkabel und dient als Schaltpult. Jochen muss sein schwarzes T-Shirt ausziehen. Susi durchwühlt den Schrank.

SUSI *traurig* Da bist du also.

Sie holt das Starthilfekabel hervor. Es wäre schön, wenn während der Konstruktions-Phase nur in halblauten, unverständlichen Zurufen gesprochen würde und man nur allmählich erriete, worauf die Sache hinausläuft: Der Kaktus trägt das schwarze T-Shirt als Sack über dem Kopf, die Klammern des Starthilfekabels hängen an seinen Armen. Die Apparatur wird an die Steckdose angeschlossen. Schmidt sitzt am Regler.

JOCHEN Herr Mammut /

SCHMIDT Mehsud.

JOCHEN Herr Mehsud, Sie sehen, wir sind zum Äußersten bereit. Wo sind die Bomben?

Das Telephon klingelt.

SCHMIDT Kruzitürken.

Er läuft zum Apparat. Cem nutzt die Pause und gibt Susi sein Handy, damit sie schnell ein Photo von ihm und dem Kaktus macht.

SCHMIDT *ins Telephon* WAS? Schmidt, ja. Passt grad ganz schlecht. – – Sie müssen mir schon sagen, wer Sie sind, wenn Sie / – – Was für ein Code? Ich habe Ihnen doch vorhin schon / – – Wie lange noch? Was, wie lange noch? *Wütend* Ich weiß nichts von einer Operation Nadelstich! Selber Versager! *Knallt den Hörer auf die Gabel und läuft zur Apparatur zurück.*

SCHMIDT Abfahren.

Schmidt betätigt den Regler. Es knistert. Schmidt steigert die Stromstärke. Der Kaktus qualmt, aber schweigt.

JOCHEN Na los, Missmut, reden Sie!

SUSI *verzweifelt* Reden Sie doch!

JOCHEN Lassen Sie mich mal.

Er entreißt Schmidt die Apparatur und fährt die Stromstärke hoch. Die Lampen im Raum beginnen zu flackern. Das Geschehen wird hektisch. Vor allem Jochen und Susi geraten völlig außer sich. Der Kaktus dampft, stinkt und schweigt.

SUSI *schreit* Red jetzt, du Irrer!

SCHMIDT *schreit* Wo ist die Bombe?

JOCHEN *schreit* Rede, du verdammte Mistsau!

SUSI Rede! Rede! Rede!

Als Jochen die Dosis noch einmal erhöht, kommt es mit einem Knall zum Kurzschluss. Sämtliche Lampen verlöschen. In der totalen Dunkelheit hört man Susi schreien wie ein Tier. Als die Lichter Sekunden später wieder angehen, hat Susi das Stuhlbein erhoben und schlägt es dem Kaktus ins »Gesicht«. Der Schlag zermatscht dem Kaktus den halben »Kopf«. Entsetzt lässt Susi das Stuhlbein fallen, Jochen hebt es auf und schlägt dem Kaktus auf einen Arm. Dieser bricht ab.

CEM *schreit* Stopp! Aufhören!

Cem zielt mit Jochens Pistole auf diesen und Susi. Die beiden fallen sofort in sich zusammen. Wie alle ist auch Cem außer sich, keucht, zittert etc.

CEM *leiser* Aufhören.

SUSI *zu Schmidt* Sie Teufel.

In dieser Sekunde erfolgt der nächste Angriff von außen. Es wird massiv an der Tür gerüttelt, die Barrikade schwankt. Alle eilen zur Verteidigung.

WIESER *von draußen* Weg von der Tür! Ich schieß mir den Weg frei!

SUSI Kommissar Wieser!

CEM Nicht!

WIESER Susi? Cem?

CEM Sie können jetzt nicht rein!

SUSI *den Tränen nah* Wir bringen alles wieder in Ordnung! Versprochen!

SCHMIDT Wieser! Sichern Sie das Gebäude nach außen! Das Leben von achttausend Menschen steht auf dem Spiel!

WIESER Ist jemand verletzt?

Kurzes Schweigen.

JOCHEN Nicht direkt.

SCHMIDT Kein Mensch.

WIESER Gut. Ich weiß nicht. Das ist alles so. Keine Ahnung. Hauptsache, wir sind gesund. Ihr versprecht mir, keine Dummheiten zu machen, Kinder?

SUSI, CEM *kleinlaut* Ja, Kommissar Wieser.

Wieser entfernt sich.

12. Die Demokratie

Erschöpfung macht sich breit. Der Kaktus ist übel zugerichtet. Aus seinem Armstumpf tropft eine Flüssigkeit auf den Boden.

CEM Der braucht n Arzt.

JOCHEN Der lässt sich doch nicht anfassen.

SCHMIDT Ein Unberührbarer.

Susi beginnt zu weinen.

SUSI Ich wollte doch Demokrat sein. Was soll man denn sonst sein in diesem Scheißland? Deutscher sein ist verboten. Sozialist ist peinlich. Christ ist veraltet. Hippie, Punker oder Gruftie ist ne Samstagabendbeschäftigung. Fußballfan sein ist dumm. Europäer sein ist ne Fata Morgana. Ehefrau ist ein Anachronismus. Zeuge Jehova ist dämlich. Was soll ich denn sein, mein Leben lang? Sozialversicherungspflichtig beschäftigt, wenn ich Glück habe? Das ist doch keine I-den-ti-tät!

CEM Komm, Süße, nimm nicht immer alles so tragisch.

SUSI *packt ihn am Kragen* DU hast gut reden! DU bist immerhin Migrant! Du weiß, wo du herkommst und wo du hingehörst.

CEM ICH weiß, wo ich hingehöre? Nicht sauer sein, Süße, aber ich glaub, das mit dem Abi ist irgendwie schädlich. Kann man sich das irgendwie wegmachen lassen?

SUSI *weint* Ich hab immer alles richtig gemacht für die Demokratie. Ich war Klassensprecher. Ich geh wählen.

Ich guck nur europäische Filme. Ich hab überregionale Tageszeitungen abonniert. Ich bin für Barack Obama.

SCHMIDT Frau Mayer /

SUSI Okay, ich war lang nicht auf Demos. Aber daran kann's doch nicht liegen!? Ich schwöre, in Zukunft auf jede Demo zu gehen! Ich lass mich für den Betriebsrat aufstellen! *Heult* Wenn ich kein Demokrat sein kann, bin ich GAR NICHTS!

SCHMIDT Frau Mayer, wir sind gerade dabei, die Demokratie zu verteidigen.

SUSI Ach ja? *Zeigt auf den tropfenden Kaktus.* Und DAS DA ist dann wohl unser Ergebnis? SO sieht Demokratie aus?

SCHMIDT Demokratie sieht nicht irgendwie aus. Demokratie ist kein Programm zur Erzeugung des Guten, sondern ein Verfahren, um … *Winkt ab.*

JOCHEN Dr. Schmidt, ich glaub, Frau Mayer hat ein bisschen recht.

CEM Hör doch bitte auf zu weinen, Süße!

Auch Schmidt ist fertig mit den Nerven. Er schaut häufig auf die Uhr.

SCHMIDT Gut. Nicht gut. Passen Sie auf. Ich habe eine Idee. *Überlegt fieberhaft.* Folgendermaßen. Frau Mayer hat also recht. Demnach brauchen wir ein demokratisches Verfahren. Wir entscheiden demokratisch über das weitere Vorgehen. Als Notparlament. Abstimmen.

SUSI *hebt den Kopf* Wie?

SCHMIDT Wenn die Mehrheit dafür ist, den Gefährder weiter zu – verhören, beugen wir uns diesem Entschluss.

Wenn die Mehrheit dagegen ist, werden wir das Unvermeidliche in Kauf nehmen und fünfzehntausend Menschen sterben sehen. So oder so schläft es sich ruhiger, wenn die Mehrheit schuld ist.

SUSI Und bei unentschieden?

SCHMIDT Machen wir weiter.

JOCHEN Wieso das denn?

SCHMIDT Weil es meine Gesetzesinitiative ist.

SUSI Na und?

SCHMIDT Ach, kommen Sie! Seien Sie nicht unfair. Wir sind nun mal zu viert.

JOCHEN *zu Cem* Bist du überhaupt deutscher Staatsbürger?

CEM Klar, Mann! Spinnst du?

SUSI Wir brauchen eine Geschäftsordnung.

JOCHEN Wird geheim abgestimmt?

SCHMIDT Durch Handzeichen.

JOCHEN Ich finde geheime Wahlen vorteilhafter. Das schließt jeden Gruppenzwang aus.

SUSI Jeder bekommt fünf Minuten Redezeit.

SCHMIDT Nix da. Redezeit paritätisch. Nach Alter.

CEM Ausländische Mitbürger nicht diskriminieren, Bruder!

SUSI Frauenquote!

JOCHEN Na toll. Jetzt geht das wieder los. Nur weil ich ein weißer, westeuropäischer Mann bin, blond, hetero, nicht behindert, soll ich wieder total benachteiligt werden. Ich bin auch eine Minderheit! Die Jochen-Dürrmann-Minderheit! Oder gibt es hier noch irgendwelche andere Jochen Dürrmanns?

SCHMIDT *haut auf den Tisch, laut* Schluss mit dem Palaver! Wir stimmen jetzt ab! *Pause* Wer ist dafür, das Verhör abzubrechen?

SUSI, CEM, JOCHEN *unisono* Enthaltung!

SCHMIDT *schreit* Hier gibt's keine Enthaltung, ihr Beipackzettelleser! Sonst entscheidet Onkel Schmidt, und dann heißt's wieder »Diktatur« und ist auch nicht recht! – Also noch mal. Wer ist dafür, das Verhör abzubrechen und den Frankfurter Flughafen seinem grausamen Schicksal zu überlassen?

Susi meldet sich. Nach kurzem Zögern auch Cem.

SCHMIDT *zum Kaktus* Sieht schlecht aus für dich. *Zur Gruppe* Wer ist dafür, weiterzumachen, 25.000 Menschenleben zu retten und in die Geschichte einzugehen?

Nur Schmidt selbst meldet sich. Alle Blicke richten sich auf Jochen.

SCHMIDT Dürrmann! *Pause.* Dürrmann, was ist los?

Jochen versucht, sich zu melden und lässt den Arm immer wieder sinken.

SCHMIDT Dürrmann, Sie Radwegbenutzer, wo ist Ihre verdammte Stimme?

JOCHEN Ich kann nicht, Dr. Schmidt. Wenn alles von mir abhängt, bin ich blockiert.

SCHMIDT Gut. Fein. Wunderbar. Dann nehme ich den Arm runter, und Sie melden sich zuerst. Wer ist dafür, den verdammten Job hier zu Ende zu bringen?

Jochen denkt nach, schüttelt schließlich den Kopf und tritt vors Publikum.

13. Jochens Abschlussrede

JOCHEN Ich hatte eine harte Kindheit. Schon früh litt ich unter dem Verständnis meiner Eltern. Steckte ich das Meerschweinchen in die Mikrowelle, waren sie beeindruckt von meinem Forscherdrang. Spielte ich »Waldsterben« mit Dads Orchideenzucht, lobte man meine Kreativität. Eines Tages hielt ich es nicht mehr aus und beschloss, von zu Hause wegzulaufen. Ich hatte gerade die Deutzer Brücke überquert und einen letzten, traurigen Blick auf den Kölner Dom geworfen, da entdeckte ich in meinem Rucksack einen Umschlag mit 200 Mark und eine Straßenkarte. Die besten Stellen für Autostopp Richtung Italien waren markiert. *Pause. Verzweifelt* Also wollte ich drogenabhängig werden. Meine Mom erwischte mich beim Haschisch-Rauchen, nahm mir die zerfaserte Kippe weg und rollte einen anständigen Drei-Blatt-Joint. Da wusste ich plötzlich, was meine Bestimmung war: Ich wollte Polizist werden.

CEM Und die Jugos mit dem Messer?

JOCHEN Erfunden. *Schnieft, dann laut* Ich wollte anderen Menschen ersparen, was man mir angetan hatte: Toleranz, Einfühlungsvermögen, therapeutische Gespräche, mildernde Umstände. *Dreht sich um, zum Kaktus* Mit uns hast du noch Glück! Meine Mom hätte dir einen Tee gekocht, gefragt, ob du Einzelkind bist, und die Weltpolitik zu einer Unterform der Pädagogik erklärt! Da hättest du gesungen wie ein Vögelchen! *Nach vorn* Ich wurde ein guter Polizist. Dr. Schmidt weiß das. Es kommt nicht jeder zur GSG 9. Ich bin einer von denen, die bereit sind, ALLES für ihren Job zu tun. Davon gibt's nicht so viele. Ich bin selten. *Pause.* Aber dann, vorhin, als wir ... *Schluckt.* Sie wissen schon, als wir ihn unter Strom gesetzt, ihm den Arm gebrochen und das Gesicht zermatscht haben, da hatte ich eine Vision. Ich schaute ihn an *deutet auf den Kaktus* und sah IHN.

Jochen breitet die Arme aus und spielt Christus am Kreuz.

JOCHEN Das war schrecklich! Das macht alles höllisch kompliziert! Wer soll sich da noch auskennen? – Aber damals, mein Dad, schwach und lächerlich wie er war, mit seinen Ökolatschen und den viel zu langen grauen Haaren, mein Daddy nahm mich damals zur Seite, als ich das Haus verließ, um ein Scheißbulle zu werden. Er sagte: Mein Sohn, brich deinen Eltern das Herz, das ist okay. Du kannst trotzdem am Sonntag die Wäsche bringen. Aber höre nun meinen letzten Rat. *Pause.* »Niemals zu jenem er werde, den er bekämpft.«

SUSI Wie bitte?

Jochen dreht sich nach seinen Mitstreitern um, die ihm betroffen zuhören.

JOCHEN Mein Vater ist Star-Wars-Fan.

CEM Cooler Vater er ist!

JOCHEN Heute habe ich verstanden, was er damals meinte!

Spricht wieder nach vorn, stark bewegt von seinem eigenen Vortrag.

JOCHEN Werde niemals zu dem, den du bekämpfst! Dad hatte recht! Die größte Gefahr eines Kampfes besteht darin, sich in den eigenen Gegner zu verwandeln! *Ermannt sich* Aber das darf nicht sein! Wenn Dr. Schmidt sagt, dass wir Opfer bringen müssen, kann das nur heißen: zu den eigenen Überzeugungen stehen!

Jochens Bewegung greift auf seine Zuhörer über. Susi beginnt leise zu schluchzen.

CEM *gerührt* Auch wenn große Gefahr ich befürchte, zu sich selbst stehen er muss, kleiner Yedi.

JOCHEN Das lehren Bibel und Hollywood in den großen Abschlussreden ihrer Helden. Und wir sollten ihnen glauben. Also sage ich euch: Ich bin überzeugt, dass man einen anderen nicht unter Strom setzen, ihm nicht das Gesicht zermatschen oder die Arme brechen darf. Das habe ich von Mom und Dad gelernt, und egal, wie der Holundersaft schmeckte: Sie hatten verdammt noch mal recht.

Jochen ringt um seine Fassung; hinter ihm haben Susi und Cem bereits zu weinen begonnen.

JOCHEN Deshalb stelle ich die Frage noch einmal: Wer ist dafür, dass wir bleiben, was wir sind? Wer ist dafür, auch im Angesicht der Bedrohung keinen Verrat zu begehen, koste es, was es wolle?

Wieder dreht sich Jochen nach den anderen um. Susi und Cem haben die Arme bereits erhoben. Sie weinen und nicken und signalisieren Jochen mit erhobenen Daumen, dass sie ganz bei ihm sind.

JOCHEN Wer ist also dafür, dass wir stärker sind als jene, die versuchen, uns auf die dunkle Seite der Macht zu ziehen?

Jetzt bricht auch Dr. Schmidt zusammen. Er bedeckt das Gesicht mit einer Hand und hebt die andere. Eine Weile verharren alle vier so, in schönster, geläuterter Eintracht, mit gereckten Fingern zur Decke zeigend. Von dort naht das wahre Unheil.

14. Die Zukunft kommt

SUSI *zur Decke zeigend* Und was machen wir jetzt?

CEM *zur Decke zeigend* Wir brauchen endlich nen Arzt.

JOCHEN *zur Decke zeigend* Wir könnten zum Flughafen fahren und mit den anderen Unschuldigen für unsere Überzeugungen sterben.

SUSI *zur Decke zeigend* Und wenn gar nichts explodiert?

CEM *zur Decke zeigend* Dann sind wir scheiße glücklich.

SCHMIDT *mit einer Hand zur Decke, mit der anderen auf den Kaktus zeigend* Wir könnten IHN zum Flughafen fahren! Vielleicht ist er dann bereit /

Ein Knall. Das Glas der Oberlichter prasselt herunter. Vier schwarz Uniformierte seilen sich blitzartig von der Decke ab.

Die Uniformen wirken martialisch, futuristisch. Wichtig sind gut sichtbare Deutschlandfahnen als Abzeichen. Alle vier sind schwerstbewaffnet und professionell. Über Headsets kommunizieren sie mit ihrer Zentrale. Kaum berühren ihre Füße den Boden, haben sie schon die Waffen auf sämtliche Anwesenden gerichtet.

EINS *ins Headset* Wir sind drin.

Dr. Schmidt, Jochen, Susi und Cem heben auch die zweite Hand.

EINS *ins Headset* Endstufe Operation Nadelstich. Code 637 Schrägstrich Null. Over and out. *Zu Schmidt* Wir haben telephoniert. *Lacht.* Einpacken. Abfahren.

Zwei und Drei versuchen, den Kaktus anzufassen und stechen sich.

ZWEI Du Sau!

CEM Ey Alter, bleib mal locker!

Mit einem Handkantenschlag trennt Zwei dem Kaktus den verbliebenen Arm ab. Gleich darauf versinkt die Szene im Chaos. Cem hat wieder die Pistole gezogen und bedroht Zwei und Drei.

JOCHEN Wir regeln das demokratisch!

CEM Ich mach dich Krankenhaus!

SUSI Wir gehen bis nach Karlsruhe!

Vier schießt Cem nieder. Als Jochen versucht, Vier anzugreifen, wird er von Drei erschossen. Schmidt hält Susi fest, die zum toten Cem will. Sie kreischt in einem hysterischen Anfall wie am Spieß.

SUSI Kommissar Wieser! Kommissar Wieser!

ZWEI Quiet, please.

Zwei knallt Susi mit mehreren Schüssen ab; auch Schmidt wird getroffen. Arm in Arm mit Susi sinkt er zu Boden. Alle liegen in ihrem Blut, nur Schmidt lebt noch.

EINS Endlich Ruhe.

Drei und Vier werfen einen Sack über den Kaktus und haken sich wieder an ihren Seilen fest. Alle machen sich bereit, zur Decke hinaufgezogen zu werden.

SCHMIDT *mit letzter Kraft* Nur eins noch! Wer seid ihr?

EINS Das System.

ZWEI Das 21. Jahrhundert.

DREI Die Geister, die ihr rieft.

VIER Diese Einheit zerstört sich in zwei Minuten von selbst.

Alle vier werden zur Decke hochgezogen und sind verschwunden.

SCHMIDT Davon haben wir nichts gewusst. *Stirbt.*

ENDE

203

Uraufführung am 22. April 2011
Düsseldorfer Schauspielhaus
Regie: Hans-Ulrich Becker

Personen

THOMAS, *31*
BETTY, *jung*
LEO, *väterliches Alter; kann durch eine Frau besetzt werden*
CHRISTA, *mütterliches Alter, allerdings ein Mann*
2 WÄRTERINNEN
DER NEUE LEO, *eine junge Frau*

Anmerkung

Raum 203, in dem die gesamte Handlung spielt, ist eine Art Wohnzimmer, Salon oder Lounge, altmodisch oder modern, karg oder üppig möbliert. Wichtig ist nur, dass jede der vier Hauptfiguren über einen festen Platz verfügt, von dem aus er/sie agiert und an den er/sie immer wieder zurückkehrt.

Leo sammelt Zeitungen, die neben seinem Platz am Boden gestapelt sind.

Szene 1

Leo, Betty und Thomas befinden sich auf ihren Positionen: Leo im Sessel, Betty auf einem langbeinigen Hocker an der Bar. Thomas liegt ausgestreckt auf der Chaiselongue, offensichtlich in tiefem Schlaf. Christas Stuhl am Tisch ist leer. Sie hat sich neben Thomas gekauert, streichelt ihm über die Stirn, fühlt seinen Puls etc.

BETTY Gekidnappt, gekidnappt! Wir haben sie abgeholt. Zu Hause. Mit Ankündigung. Am 24. Dezember, elf Uhr morgens. Der Flug nach Buenos Aires ging ab Frankfurt um drei.

LEO Aber sie wollte nicht mitkommen.

BETTY Die ging doch gar nicht mehr raus! Nach eurer Scheidung hat das angefangen. Hat nur noch zu Hause rumgesessen und alles im Internet bestellt. Essen, Klamotten, ihre Kampfschriften. Wie ein eingesperrtes Tier.

LEO Wo sie doch immer gegen Käfighaltung war.

Kurzes Schweigen.

LEO Andererseits spricht ja auch nichts dagegen, zu Hause zu bleiben. Mir hat die Rumfahrerei immer gestunken. *Parodiert sich selbst* »Um die Qualität eines hochwertigen Naturprodukts zu garantieren, verbinden die Balzer Hartkäsespezialisten ihre Erfahrung mit modernster Käsereitechnik.« *Räkelt sich.* Ich bin froh, dass ich jetzt zu Hause bleiben darf. Den Job hab ich nur für euch gemacht.

BETTY Klar. Nur für uns. Nicht etwa, weil du so in jeder x-beliebigen Stadt deinen kleinen Affären nachgehen konntest.

LEO Wenn ich überhaupt ein Leben geführt hab, dann das einer Milchkuh. Ausgemolken für die Familie.

BETTY Deinen Job hätt ich mit Handkuss genommen. Wenn ich abends im Bett lag, sind endlose Reihen von Lebensmitteln auf mich zu gefahren. Maisdosen, Weinflaschen, Cornflakesschachteln. Schinkenpackungen, Butterwürfel, Sahnebecher. Als sollte ich das alles selber fressen.

LEO Immer noch besser, als wenn du Tag und Nacht die Fahrbahnmarkierungen auf dich zurasen siehst. Wenn ich die Augen schließe, sehe ich heute noch, wie das Auto die weißen Stücke vom Mittelstreifen frisst. Schluck, schluck, schluck.

BETTY *sich selbst parodierend* »Willkommen bei REAL. Haben Sie unsere Kundenkarte? Wollen Sie unsere Kundenkarte? Die Tomaten müssen Sie aber wiegen. Heben Sie mal den Wasserkasten hoch. Darf ich Ihre Postleitzahl notieren?«

LEO *sich selbst parodierend* »Mit Balzer Hartkäsespezialitäten in Ihrem Sortiment werden Sie auch anspruchsvolle Endkunden zufriedenstellen. Beim Kauf von drei Tonnen Balzer Hartkäse erhalten sie zehn Kilo Balzer Extrahartkäse gratis dazu.«

BETTY Euer scheiß Emmentaler ist immer im Scanner hängen geblieben. Jedes Mal Barcode von Hand eingeben. Konnte ich irgendwann auswendig.

Kurzes Schweigen.

LEO Wo wolltet ihr überhaupt mit ihr hin?

BETTY Nach Buenos Aires. Hab ich doch gesagt.

LEO Wieso Buenos Aires?

BETTY Hallo! Da haben wir gewohnt!

LEO Stimmt. Thomas musste ja plötzlich ins Ausland.

BETTY Ich wollte unbedingt, dass Mama Weihnachten mit uns feiert. Thomas war total süß. Hat alles vorbereitet. Eine Palme geschmückt. Einen Fleischbraten vorbestellt.

LEO Fleisch? Für Christa?

BETTY *überlegt kurz* Einen Nudelauflauf. Mit Gemüse.

LEO War da Speck drin?

CHRISTA Der pennt ja ewig.

BETTY Es war ein vegetarischer Nudelauflauf.

CHRISTA Kommt das nur mir so vor, dass der ewig pennt?

LEO Mit Sahne? Oder Eiern? In den Nudeln?

BETTY *wütend* Vegan. Der blöde Nudelauflauf war vegan.

CHRISTA Der müsste längst wach sein.

BETTY Nie kannst du einen mal erzählen lassen!

CHRISTA Thomas? *Rüttelt ihn an der Schulter* Thomas?

LEO Nicht anfassen!

CHRISTA Wie ne Leiche.

BETTY Speck! Sahne! Nudelauflauf! Gehört doch alles überhaupt nicht zum Thema!

LEO Sorry, Betty. Also. Alle Vorbereitungen getroffen, den Flug für Christa gebucht. Und dann?

BETTY Sagt sie ab.

LEO *mit Blick auf Christa* Mein kratzbürstiges Kätzchen.

BETTY Deine neurotische Ex-Frau!

LEO Weiter.

BETTY Thomas hat geredet wie in einem Gangsterfilm. Christa kommt nach Buenos Aires, tot oder lebendig, koste es, was es wolle.

LEO Da habt ihr beschlossen, sie abzuholen.

BETTY Thomas wollte mich nicht allein fliegen lassen.

LEO Am liebsten würde er dich auffressen, was?

BETTY Wir beide also nach Deutschland. Stell dir den Aufwand vor. 23 Stunden im Flugzeug!

LEO Zu lang.

BETTY Was?

LEO 23 Stunden sind zu viel. Sagen wir 13. Ist ja auch egal. Was hat sie gemacht, als ihr plötzlich vor der Tür standet?

BETTY Wollte nicht mitkommen. Wenn wir schon mal da sind, können wir auch gleich bei ihr feiern. Thomas ist ausgerastet.

LEO Na klar! 13 Stunden Flug, der ganze Stress, die Kosten, und dann eine solche Unverschämtheit. Er hat sich vergessen und ist gewalttätig geworden. Ihr habt sie gefesselt und verschleppt. Und dann am Flughafen ...

BETTY Wir sind doch nicht gewalttätig geworden.

LEO Wie habt ihr sie denn dann aus dem Haus gekriegt?

BETTY *überlegt.*

LEO Du hast doch gesagt, dass sie nicht freiwillig mitkommen wollte.

BETTY Wir haben …

LEO *zu Christa* Sag doch auch mal was! Wie war das mit Weihnachten und Buenos Aires?

CHRISTA Wartet mal.

Thomas bewegt sich.

Szene 2

LEO Okay. Achtung.

Thomas richtet sich auf. Die anderen versammeln sich vor seinem Lager. Auf Leos Zeichen beginnen sie zu singen.

ALLE *außer Th.* Willkommen, willkommen auf 203 / Willkommen bei uns, du bist wieder dabei / Die Welt ist groß, der Mensch ist frei / Willkommen auf 203!

THOMAS *verwirrt* Wo bin ich?

LEO Na, wo wohl! Zu Hause, Thomas.

BETTY Du bist bei uns, bei deiner Familie!

THOMAS Wer ist Thomas?

CHRISTA Der auf dem Sofa ist immer Thomas.

Leo macht eine ermahnende Geste in Christas Richtung und gibt Betty einen kleinen Stoß.

BETTY *Thomas umarmend* Mein Liebster! Es ist so schön, dich wiederzuhaben.

CHRISTA Du hast gepennt wie ein Toter.

THOMAS *Betty abwehrend* Wer sind Sie? Was machen Sie in meiner … Das ist doch nicht meine Wohnung? *Er springt auf.*

LEO *lachend* Schauspieler hätte er werden sollen. *Thomas nachahmend* »Wer sind Sie? Was machen Sie in meiner Wohnung?«

THOMAS Entschuldigen Sie. Das ist … Ich weiß momentan wirklich nicht … *Lacht und hört abrupt wieder auf.* Oh Gott.

Er läuft zur Tür. Die Tür ist verschlossen.

THOMAS *rüttelt an der Klinke* Das kann doch nicht …

CHRISTA Kleiner Tipp: Hinsetzen, tief durchatmen.

Betty geht zu Thomas und berührt ihn am Arm. Entgeistert lässt er sich zurück zur Chaiselongue führen. Betty setzt sich neben ihn, streichelt ihn am Arm, am Knie, am Oberschenkel.

CHRISTA Pack ihm doch gleich an den Sack.

BETTY Hör mal! Das ist mein Mann, okay?

THOMAS Ich muss Sie bitten … *Zu Betty* Fassen Sie mich nicht an!

CHRISTA Kleine Ehekrise?

LEO Er ist nur ein bisschen verwirrt. Hat zu lang geschlafen. Stimmt's, Thomas?

THOMAS Mein Name ist Daniel. Daniel Marker.

LEO Jetzt mach mal halblang.

THOMAS Ich muss wohl ... Das klingt absurd, aber ich habe keine Ahnung, wo ich bin.

CHRISTA Komm, Junge. Du bist bei uns.

BETTY Bei deiner Familie!

LEO Merkt ihr nicht, dass er euch vereimert?

THOMAS Irgendwas ist ... Ich weiß nicht, wer Sie sind. Ich brauche ... möglicherweise ... brauche ich Hilfe.

BETTY Ganz langsam. Woran kannst du dich noch erinnern?

THOMAS An alles, eigentlich. Ein Scheißtag war das gestern. Mega-Stress. Der DAX im Keller wegen Ägypten. Von morgens bis abends Telephon. Niedermann macht uns die Hölle heiß, wir arbeiten wie die Ochsen. Ich weiß noch, wie ich sage: In ein paar Tagen geht das Ding durch die Decke. Das sprengt die 8.000, sage ich. Aber auf mich hört ja keiner. Schon gar nicht Niedermann.

BETTY Hör mal, Thomas, das ist schon ein bisschen gruselig. Du warst doch in Shanghai, wegen einer Ausstellungseröffnung. Weißt du das nicht mehr?

LEO Natürlich weiß er das. Das ist eins seiner Spielchen. *Zu Thomas* Ha, ha. Wir haben gelacht. Können wir jetzt aufhören?

BETTY Du bist völlig erledigt zurückgekommen.

CHRISTA Hattest dir wahrscheinlich im Flugzeug tüchtig einen reingegossen.

THOMAS Ich war erst kurz vor Mitternacht zu Hause. Völlig erledigt. Hab noch zwei Scotch gekippt.

CHRISTA Zwei Flaschen, meinst du.

THOMAS Kurz darauf muss ich eingeschlafen sein. Wie ein Stein. Das ist – alles.

CHRISTA Filmriss. Passiert jedem mal. *Zu Betty* Rumfingern hilft da nicht. *Zu Thomas* Ruh dich ein bisschen aus, dann bist du wie neu. Alles klar, Thomas?

THOMAS *springt heftig auf, laut* Ich bin nicht Thomas!

CHRISTA *erschrocken* Meine Güte!

THOMAS Ich fordere Sie nachdrücklich auf, mir zu sagen …

LEO Mir reicht das jetzt hier. *Geht zu seinem Sessel.*

CHRISTA *zu Betty* Komm her, Mäuschen. Ich seh doch, wie dich das mitnimmt. *Umarmt sie und schnuppert an ihrem Scheitel.* Das ist normal, Mäuschen.

BETTY *beschämt* Nicht, bitte. *Geht zu ihrem Platz.*

CHRISTA *zu Betty* Mimöse.

LEO *zu Thomas* Spinner.

BETTY Er kann sich doch wirklich nicht erinnern.

LEO Dann soll er sich anstrengen.

THOMAS Scheiß doch drauf.

Szene 3

Thomas rennt durch den Raum, probiert immer wieder die Tür. Die drei anderen sitzen auf ihren Positionen.

BETTY *zu Leo* Sei doch nicht immer so fies zu ihm. Das nervt.

LEO Hättest dir ja einen Mann mit Mumm in den Knochen suchen können.

BETTY *wütend* Dich vielleicht?

CHRISTA *zu Leo* Bist du eifersüchtig?

THOMAS *an der Tür rüttelnd* Die scheiß Tür ist zu!

LEO *zu Thomas* Zu unserer eigenen Sicherheit. *Zu Christa* Ist das nicht verrückt? Die einen wollen unbedingt raus, die anderen muss man kidnappen, damit sie mal vor die Tür gehen.

CHRISTA Rausgehen ist Unterwerfung.

LEO Eine neue Parole?

BETTY Das könnte fast von Immanuel Kant sein.

THOMAS *bleibt stehen* Cantz?

BETTY Kant glaubte auch, dass es draußen nichts zu sehen gibt.

CHRISTA Die Parole ist nicht neu, sondern uralt. Wenn du mir irgendwann mal zugehört hättest, wüsstest du das.

THOMAS Guido Cantz?

BETTY Pass mal auf, Thomas, das ist wirklich spannend. Kant meinte, dass die Dinge da draußen sowieso nur Erscheinungen sind. Wir können nur sehen, was unsere Sinne uns zeigen.

THOMAS Verstehen Sie Spaß! Das ist es! *Schaut sich nach Kameras um.*

CHRISTA Die Welt da draußen hat sich doch längst in einen riesigen Kuhstall verwandelt! Das sind keine Bürger mehr, das ist Mastvieh. Keine Politik, sondern Herdenmanagement.

BETTY So betrachtet, gibt es keine Wirklichkeit. Nur Erscheinungen. Erfindungen.

LEO Betty!

THOMAS *an Leo herantretend* Sie können Guido Cantz sagen, dass er rauskommen soll.

Leo ignoriert Thomas.

CHRISTA Der öffentliche Raum ist ein Gehege. Lauflinien am Boden, Kameras in der Luft.

THOMAS Versteckte Kameras! Sag ich doch. Ich find die Dinger.

Auf der Suche nach einer Kamera stellt er das Zimmer auf den Kopf.

CHRISTA Dazwischen Rolltreppen, Fahrstühle, Geländer, Türschleusen, Fresstheken, Fickkabinen.

BETTY *zu Thomas* Auch der Mensch ist nichts weiter als seine eigene Erzählung, weißt du. Innensteuerung heißt das Zauberwort.

LEO Hallo, Betty! Nix Innensteuerung. Supermarkt, Barcode, Kassenband.

CHRISTA Da hat er recht, Mäuschen.

BETTY *kommt zu sich* Verzeihung. Ich mein, sorry.

CHRISTA *zu Leo* Freiheit gibt's nur noch zu Hause. Draußen ist Massentierhaltung.

LEO Und deshalb isst du kein Fleisch?

CHRISTA Das mit dem Kuhstall ist natürlich ne Metapher, aber … Alles hängt zusammen.

LEO Das ist doch total unlogisch.

CHRISTA *wütend* Kann ich doch nix dafür! *Fängt sich sofort wieder.* Du willst es eben einfach nicht kapieren.

THOMAS Wo – ist die – scheiß Kamera?

Er schleudert ein Sofakissen durch den Raum und gibt auf.

CHRISTA Fleisch ist Mord, Käse ist Körperverletzung!

LEO Gib's doch zu, Christa. Wenn ich Vertreter für Haushaltsgeräte geworden wäre, dann wären Spülmaschinen Mord und Staubsauger Körperverletzung.

THOMAS *gesellt sich zu den anderen* Gut. Oder auch nicht gut.

BETTY *streckt die Hand nach ihm aus* Na, du?

THOMAS *nimmt die Hand, lässt gleich wieder los* So was kennt man aus Filmen, nicht wahr? Der Held wacht auf und weiß nicht, wo er ist. *Lacht künstlich.*

CHRISTA Die Welt da draußen ist eine riesige Fleischmaschine. Alles, was lebt, wird oben reingeschmissen.

THOMAS Ich schlage vor …

CHRISTA Rinder, Hühner, Schweine, Menschen. Durch den Wolf gedreht und an die anderen verfüttert.

THOMAS … wir hören jetzt auf mit dem Quatsch.

LEO *in Christas Richtung* Da hat er ausnahmsweise mal recht.

THOMAS Das meinte ich nicht.

BETTY Mama, dir ging's einfach schlecht. Wegen Papa. Deshalb bist du nicht mehr raus.

CHRISTA Erzähl du mir nicht, wie's mir ging.

THOMAS *laut* Sie hören mir jetzt zu! Ich bestehe darauf!

LEO Na, guck. Er strafft sich.

Pause.

THOMAS Ich schlage einen Zwei-Punkte-Plan vor. Eins: Sie sagen mir, wer Sie sind. Zwei: Wir finden gemeinsam eine Lösung.

BETTY *versonnen* Lösungen ohne Probleme führen im politisch-historischen Rahmen zu größeren Katastrophen als Probleme ohne Lösungen.

LEO Betty!

BETTY Tschuldigung.

THOMAS *laut* Wer sind Sie?

LEO *ironisch* Gestatten: Leo Langer, Handelsvertreter für Milchprodukte und andere Körperverletzungen. Im Ruhestand.

BETTY *sich an Thomas schmiegend, was dieser sich gefallen lässt* Ich bin die, die dir immer was vorsingt, wenn du nicht schlafen kannst. *Singt leise* Drüben hinterm Dorfe / Steht ein Leiermann …

CHRISTA *Thomas fixierend* Hallo, Thomas. Ich bin deine Schwiegermutter.

Diese Aussage der (eindeutig männlichen) Christa setzt Thomas unter Schock. Er stößt Betty von sich und weicht zurück.

THOMAS Okay … okay … Ich hab's kapiert. Ihr seid … Das ist ne Irrenanstalt. Ich bin in der Klapse. Versehentlich. Oder der Burnout hat mich erwischt.

Szene 4

Thomas sinkt auf die Chaiselongue und hält sich den Kopf. Jetzt sitzen alle vier auf ihren Plätzen.

BETTY *Thomas beobachtend* Da macht man sich schon Sorgen.

CHRISTA Du warst auch nicht einfach.

LEO Sie meint: als Kind.

CHRISTA Woher willst du wissen, wie deine Tochter als Kind war?

LEO Sehr witzig.

CHRISTA Glänzt wochenlang durch Abwesenheit und stehst dann plötzlich mit einem riesigen Rosenstrauß vor der Tür. Heile Familie auf Knopfdruck.

LEO *zu Betty* War ich so ein schlechter Vater?

CHRISTA Mein Job bei »Animal Rights«, das war natürlich keine Arbeit aus deiner Sicht. Internationale Presse, Eröffnung unseres Büros in Brüssel, die Großkampagne »Freiheit statt Fleisch« – alles Hobby. Deiner Meinung nach bestand mein Job darin, auf dich zu warten. Falls du mal wieder auftauchst, um den Familienpapa zu spielen.

LEO *zu Betty* Siehst du das auch so?

BETTY Du bist halt manchmal ... Du denkst, dir gehört hier alles.

LEO Ach ja. Und eben erzählst du mir noch, was für eine neurotische Kuh deine Mutter ist.

BETTY Stimmt doch gar nicht.

CHRISTA *zu Leo* Nicht mal deine eigene Scheidung hat dich interessiert. Die neurotische Kuh will sich scheiden lassen, schön, auch egal.

BETTY Ich hab nie behauptet, dass du eine Kuh bist, Mama.

CHRISTA Hat keine vier Wochen gedauert, da standest du wieder vor der Tür. Rosen, Rotwein, reumütiges Lächeln.

LEO Und wer hat mich reingelassen? Mein kratzbürstiges Kätzchen!

BETTY Thomas! Sag ihr, dass ich das nie gesagt habe.

THOMAS *aufschauend, wie zu einem kleinen Kind* Das hast du nie gesagt.

LEO *zu Christa* Du hast dich gefreut, wenn ich vorbeikam. *Zu Thomas* Hat sie doch, was, Thomas?

THOMAS *wie zu einem Kind* Sie hat sich gefreut, wenn du vorbeikamst.

CHRISTA Arschlecken! Terrorisiert hast du mich, über Jahre hinweg! *Zu Thomas* Oder nicht?

THOMAS Jahrelang hat er dich terrorisiert.

BETTY *zu Thomas* Und an Weihnachten, als wir Christa nach Buenos Aires holen wollten, da sind wir doch nicht gewalttätig geworden?

THOMAS Da sind wir nicht gewalttätig geworden. Irren soll man ihren Willen lassen.

Betty wirft ihm einen Luft-Kuss zu, den er laut schmatzend erwidert.

THOMAS Süß, wie sie sich über die kleinsten Dinge freuen.

Szene 5

Die Tür geht auf. Die beiden Wärterinnen treten ein.

THOMAS *sich erhebend* Endlich.

WÄRTERIN 2 *zu Wärterin 1* Wie läuft's mit deinem Mann?

WÄRTERIN 1 Unverändert.

Die Wärterinnen präparieren Spritzen, Fesseln und Gummiknüppel.

THOMAS Guten Tag, mein Name ist Daniel Marker. Offensichtlich bin ich heute in diese Einrichtung eingeliefert worden. Die näheren Umstände sind mir leider nicht bekannt. Dürfte ich Ihnen zunächst ein paar Fragen stellen?

WÄRTERIN 1 Alles muss ich allein machen. Nach der Arbeit Linus abholen. Einkaufen. Behördengänge erledigen. Kochen, waschen, Staub saugen.

THOMAS Höchstwahrscheinlich liegt eine Verwechslung vor.

WÄRTERIN 2 Und dein Mann?

WÄRTERIN 1 Liegt auf der Couch. *Zieht die erste Spritze auf.*

WÄRTERIN 2 Krank?

WÄRTERIN 1 *ironisch* Schaffenskrise. *Zieht die zweite Spritze auf.*

THOMAS Bitte, wer ist der behandelnde Arzt?

Wärterin 2 greift nach Thomas. Er reißt sich los.

THOMAS He!

Wärterin 2 fasst Thomas am Ellbogen. Als er Widerstand leistet, dreht sie ihm routiniert den Arm auf den Rücken. Er schreit auf.

THOMAS Sind Sie verrückt geworden?

BETTY Nicht wehren, Thomas!

THOMAS Ich will einen Arzt sprechen!

LEO Bist du taub? Nicht wehren!

WÄRTERIN 2 Gott, ist der nervig.

WÄRTERIN 1 Neuzugang.

Wärterin 1 verpasst Thomas einen gezielten Schlag mit dem Gummiknüppel. Er sinkt in die Knie. Wärterin 2 fesselt ihm die Hände.

BETTY Scheiße. Du Ärmster.

WÄRTERIN 1 Das ist, als hättest du zwei kleine Kinder. Nur dass eins davon aussieht wie ein erwachsener Mann. *Setzt die erste Spritze.*

THOMAS *stöhnt* Ich will keine Spritze.

LEO Das ist nur die Impfung.

WÄRTERIN 2 *Thomas zu Boden drückend* Mensch, Betty, du machst echt was mit.

WÄRTERIN 1 Da sagste was. *Setzt die zweite Spritze.*

LEO Antibiotika.

THOMAS Das ist Körperverletzung. Ich will telephonieren. Ich will einen Aaah…

Wärterin 1 macht sich daran, Thomas mit einem Spray zu reinigen. Besonders sorgfältig wird der Mund ausgesprüht.

WÄRTERIN 1 Erst waren es Fahrstühle und Rolltreppen.

LEO Hygiene.

WÄRTERIN 1 Dann Busse und Straßenbahnen.

WÄRTERIN 2 Dein Mann hat Schiss vor Verkehrsmitteln?

Wärterin 1 packt die Ausrüstung zusammen, Wärterin 2 bindet Thomas los, der wie betäubt liegen bleibt.

WÄRTERIN 1 Autofahren ging noch nie. Das heißt, auf dem Beifahrersitz schon. Hinterm Steuer kriegt er Panik.

Auf dem Weg zum Ausgang bleiben sie vor Leos Sessel stehen. Leo erhebt sich. Wärterin 2 betastet ihn.

WÄRTERIN 2 Wie lang hat der hier schon?

LEO 23 Tage.

WÄRTERIN 1 Muss ich gucken. *Holt ein Notizbuch hervor.*

LEO 23 Tage!

WÄRTERIN 1 23 Tage.

WÄRTERIN 2 Die 30 sollte der noch voll machen.

WÄRTERIN 1 Schaffen wir doch kaum noch, heutzutage. Muss ja immer alles schnell-schnell.

WÄRTERIN 2 Ich dachte, das ist Luxusware?

WÄRTERIN 1 Gibt doch keine echte Qualität mehr.

THOMAS Ich bin Privatpatient! So können Sie mich nicht behandeln!

Die Wärterinnen gehen zur Tür. Thomas ist aufgesprungen und läuft ihnen nach.

WÄRTERIN 2 Das heißt, du musst deinen Mann überall hinfahren?

WÄRTERIN 1 Wenn's nur das wäre.

THOMAS Das wird ein Nachspiel haben!

WÄRTERIN 1 *hält Thomas mit dem Gummiknüppel von der Tür fern* Sein neuester Spleen ist, dass er nicht mehr über Brücken gehen kann.

Die Tür fällt ins Schloss.

Szene 6

Betty nähert sich Thomas, sie will seinen Kopf untersuchen.

BETTY Mein armer Liebling. Tut's noch weh?

THOMAS *aufgeregt* Es gibt immer noch Bürgerrechte, Grundrechte, Menschenrechte!

BETTY Lass mich mal gucken.

THOMAS Erst zuschauen, wie sie mich fertigmachen, dann wieder an mir rumstreicheln.

LEO Es bringt gar nichts, sich so aufzuregen, Thomas.

THOMAS Ihr hättet mich verteidigen können, ihr Matschbirnen!

CHRISTA Wer ist hier ne Matschbirne, Thomas?

THOMAS Ich heiße nicht Thomas!

BETTY Bitte, Thomas, beruhig dich doch!

THOMAS *schreit* Mein Name ist nicht Thomas! Ich bin Daniel Marker, 31 Jahre, BWL-Studium mit Bestnote. Am Tag des Examens von McKinsey weggecastet, mit 26 Mitglied der Geschäftsführung, mit 29 als Global Investment Officer zu Goldman Sachs. Unverheiratet, kinderlos.

LEO Das ist doch …

CHRISTA *mit warnender Geste zu Leo* … völlig richtig. Gewesen.

THOMAS 60-Stunden-Woche, 250.000 im Jahr. Ohne Prämien.

LEO *mit anerkennender Geste zu Christa* Sehr richtig! Gehabt, gemacht, gewesen!

CHRISTA *zu Thomas* Das wissen wir doch alles. Du warst der Beste. Natural Born Überflieger. Die Mädels haben sich das Höschen nass gemacht, wenn sie dich von Weitem sahen.

THOMAS *geht drohend auf Leo zu* Penthouse mit Dachterrasse und Jacuzzi. Firmenwagen. Kein Spasti wie du, der sich rumschubsen lässt.

Thomas tritt nach einem Zeitungsstapel; die wohlsortierten Blätter rutschen durcheinander.

LEO Bist du wahnsinnig! Das sind Leos Zeitungen!

THOMAS Das stört dich wohl, Spasti?

Thomas packt einen Arm voll Zeitungen, um sie zu zerreißen.

LEO *mit Thomas ringend* Leg – das – zurück!

BETTY Papa! Thomas!

Alle sind aufgesprungen. Christa will Betty schützend in den Arm nehmen – dabei versucht sie, an Bettys Haaren und an ihrem Hals zu riechen. Thomas und Leo ringen um die Zeitungen.

CHRISTA Eine Wahnsinns-Karriere hast du hingelegt. The sky is the limit. Bis eines Tages …

LEO … bis du diesen dummen, kleinen Fehler gemacht hast.

Bei dieser Bemerkung hält Thomas inne und lässt die Zeitungen fallen.

THOMAS Was meinst du damit?

LEO Na, du weißt schon. Dieser Ausrutscher.

THOMAS *blass* Ich hab keine Ahnung, wovon du sprichst.

CHRISTA *zu Thomas* Komm schon, Junge. Goldman Sachs. Den ganzen Tag lang beide Arme im Geld von anderen Leuten. Bis über die Ellenbogen.

THOMAS Ihr wisst überhaupt nichts über mich.

CHRISTA Im Zweifel trifft's ja nicht die Falschen. Ist ja nur noch virtuell, die Kohle, mit der ihr da rumgespielt habt.

LEO *eine Zeitung hochhaltend* Managergier. Finanzkrise. Bankensterben.

THOMAS Halluzinationen sind das! Ihr seid krank!

LEO *süffisant* Ach ja?

Plötzlich wird Thomas nachdenklich. Misstrauisch mustert er Leo.

CHRISTA Und jetzt pass auf, Junge. Am Ende hat alles sein Gutes. Dein Job hat dich doch völlig aufgefressen.

THOMAS Kann das wirklich … Das gibt's doch nicht.

Thomas zieht sich auf seine Chaiselongue zurück und grübelt. Auch die anderen setzen sich wieder.

BETTY Genau! Nach deinem … Ausrutscher ist dir klar geworden, dass das kein Leben ist.

CHRISTA Du hast für eine kannibalische Industrie gearbeitet. Eine Maschine, die sich von Menschenleben ernährt.

BETTY Du bist ausgestiegen. Und genau an dem Tag haben wir uns kennengelernt. Ich saß bei REAL an der Kasse und hab dich beobachtet. In der Obstabteilung hast du rumgestanden, mit einem Apfel in der Hand. Den hast du angeguckt, als hättest du so was noch nie gesehen. Völlig kaputt sahst du aus, aber irgendwie auch glücklich. Als wärst du gerade aus einem schlimmen Traum erwacht.

CHRISTA Ich konnte dich gut leiden, auch wenn wir uns am Anfang nur gezofft haben. Politisch, mein ich. Ich die Weltverbesserin, du der ganz harte Brocken. Aber mit der Zeit hast du verstanden, worum es mir ging.

LEO Da draußen ist so ein Fehltritt das Ende. Freunde, Kollegen, Arbeitgeber – die lassen dich fallen wie eine heiße Kartoffel.

Thomas will etwas sagen und überlegt es sich anders. Er denkt intensiv über etwas nach.

BETTY Kunst wolltest du machen. Das fand ich mutig.

CHRISTA Politische Kunst.

BETTY Ich war bereit, dich zu unterstützen.

LEO Deshalb hieß es schweigen, lügen, vertuschen. Das hat dich von innen vergiftet.

BETTY Arbeiten macht mir nichts aus. Als Frau aus dem Osten …

CHRISTA Du bist nicht aus dem Osten.

BETTY Im Geist, meine ich. Im Geist war ich immer wie eine Frau aus dem Osten, die für sich selbst sorgen kann. Auch für Mann und Kinder, wenn es sein muss.

LEO Manchmal hast du dich innerlich richtig abgestorben gefühlt.

CHRISTA *zu Thomas* Du warst lange genug Teil des kannibalischen Systems, um es künstlerisch zu kritisieren.

LEO Aber damit ist jetzt Schluss, verstehst du? Vor uns brauchst du dich nicht zu verstecken.

BETTY Du warst zu Hause, hast an deiner Kunst gearbeitet, und wenn ich abends kam, hast du mir deine Werke gezeigt.

LEO Wir sind deine Familie. Wir fangen dich auf, halten zu dir, egal, was du getan hast.

BETTY Über Anverwandlung haben wir gesprochen, über Mimesis und über die Probleme einer verwalteten Welt.

CHRISTA Na, na.

BETTY *zu Christa* Wenn du »Arschlecken« und »Mimöse« sagen darfst, darf ich auch »Anverwandlung« und »Mimesis« sagen! *Zu Thomas* Das Politische, hab ich dir erklärt, zerfällt heutzutage in zwei Pfeiler: Administration und Showbusiness.

CHRISTA Langsam, Betty!

LEO *feierlich* Uns kannst du alles sagen. Hier bei uns bist du ein neuer Mensch. Falsch: Du bist endlich du selbst!

BETTY Wir leben in einer Diktatur, die nicht durch Zwang, sondern durch Fürsorge und Entertainment bestimmt wird. Sophie, hast du manchmal zu mir gesagt …

THOMAS Ha!

BETTY … du bist eine richtige Philosophin.

THOMAS Ich dachte, du heißt Betty.

CHRISTA Sie hat sich versprochen.

THOMAS Sophie, die Philosophin, hä? Anverwandlung und Mimesis! So spricht doch keine Kassiererin.

LEO Wenn sie blöd wäre, hättest du sie wohl kaum geheiratet.

THOMAS *nur zu Leo* Sie können aufhören mit dem Theater. Ich weiß, für wen Sie arbeiten.

CHRISTA Natürlich weiß du das. Du hast ihn doch immer verarscht wegen seinem Job. Fragt ein Kannibale einen anderen: Was ist Leo mit einem Pfeil im Rücken? Antwort: ein Käsehäppchen!

BETTY *schnell* Aber dann kam die Schaffenskrise. Weißt du noch, Thomas? Du hast nur noch auf der Couch gelegen.

THOMAS BKA. Bundespolizei. Nein, Bankenaufsicht. Oder sind Sie vielleicht sogar vom Verfassungsschutz?

LEO *lacht* Junge, jetzt bist du es, der halluziniert.

THOMAS Hut ab. Ich wusste nicht, wie ausgefeilt eure Verhörmethoden heutzutage sind.

BETTY *lauter* Erst waren es Fahrstühle und Rolltreppen.

LEO Mal ganz im Ernst, Thomas. Du musst keine Angst vor uns haben.

THOMAS Habt ihr das System hier im Anti-Terror-Kampf entwickelt?

BETTY Dann Busse und Straßenbahnen.

LEO Wir sind deine Familie.

THOMAS Ich sage gar nichts mehr.

LEO Ich hör's.

BETTY Dein neuester Spleen war, dass du nicht mehr über Brücken gehen konntest.

Szene 7

In einem Nachbarraum erklingt Geheul wie von verzweifelten Hunden.

THOMAS Gibt's hier Tiere?

LEO Es geht los. *Erhebt sich. Zu den anderen* Auf!

Auch Betty und Christa stehen auf.

THOMAS *in Leos Richtung* Wissen Sie, was merkwürdig ist? Ich fühl mich besser. Irgendwie erleichtert. Anscheinend ist mir das BKA lieber als eine Irrenanstalt.

Die Tür geht auf. Leo beginnt zu singen, Christa und Betty stimmen ein. Im Folgenden wiederholen sie das Lied, solange sie können, wobei wegen der Fütterung einer nach dem anderen verstummt. (Die nicht notierte Strophe des Lieds ist wegzulassen.)

ALLE *außer Th.* Drüben hinterm Dorfe / Steht ein Leiermann, / Und mit starren Fingern / Dreht er, was er kann. / Barfuß auf dem Eise / Wankt er hin und her, / Und sein kleiner Teller / Bleibt ihm immer leer. / Keiner mag ihn hören, / Keiner sieht ihn an; / Und die Hunde knurren / Um den alten Mann. / Und er lässt es gehen / Alles, wie es will, / Dreht, und seine Leier / Steht ihm nimmer still.

THOMAS Auf diese Weise begegnen wir uns auf Augenhöhe. Wenn auch am Rande des Rechtsstaats. Sie haben ein Interesse, ich habe ein Interesse. Damit kann man arbeiten.

Die Wärterinnen betreten den Raum. Sie tragen eine Maschine mit Schlauch, einem Staubsauger nicht unähnlich. Wärterin 2 legt den Boden in der Mitte des Raums mit Zeitungspapier aus.

THOMAS *zum singenden Leo* Sie wollen Niedermann, was? Wenn ich Ihnen Niedermann gebe, was dann? Kronzeugenregelung?

WÄRTERIN 2 *zu Wärterin 1* Du, Betty? Was sagt eigentlich dein Bruder dazu?

WÄRTERIN 1 Thomas?

THOMAS *hätte fast mit »Ja« geantwortet, merkt es im letzten Moment und lacht. Zu den Wärterinnen* Na, was wird das Schönes? Die nächste Folter des Verdächtigen? Wieder im Gewand einer medizinischen Behandlung?

Thomas erhebt sich, schlendert durch den Raum, begutachtet die Maschine und nähert sich dabei »unauffällig« der Tür.

WÄRTERIN 2 Ihr habt euch doch immer gut verstanden.

WÄRTERIN 1 Das schon. Aber mit Thomas kann ich nicht über meinen Mann sprechen.

Wärterin 1 holt Leo, der sich widerstandslos am Arm auf das Zeitungspapier führen lässt und tapfer weitersingt. Thomas stürzt sich mit einem Ausfallschritt auf die Tür, die aber verschlossen ist.

THOMAS Hätte ja sein können. Sind schließlich nicht bei der CIA.

Wärterin 1 hält Leos Arme fest, Wärterin 2 führt den Schlauch in seinen Mund ein. Leo singt weiter, so gut er kann.

THOMAS *kommt näher* Sie nehmen sich die eigenen Beamten vor?

WÄRTERIN 1 Gib dem ordentlich. Der braucht's.

THOMAS *verwundert* Damit ich glaube, dass er auf meiner Seite ist? Ganz harte Nummer.

Wärterin 2 stellt die Maschine an. Leo wird mit Fettbrei vollgepumpt. Der Vorgang dauert nur wenige Sekunden und ist äußerst brutal. Gurgeln, Würgen, krampfartiges Zucken. Anschließend bricht Leo zusammen. Die Wärterinnen lassen ihn neben dem Zeitungspapier auf den Boden gleiten. Thomas hat aus nächster Nähe zugesehen. Die anderen singen weiter.

THOMAS *starr vor Entsetzen* Krass!

WÄRTERIN 2 *nach Thomas greifend* Der kann's ja kaum erwarten.

WÄRTERIN 1 Das ist der Neue. Der heute nur halb.

Bevor Thomas weiß, wie ihm geschieht, haben sie die Fütterung bei ihm durchgeführt und legen ihn neben Leo auf den Boden. Im Folgenden wiederholen sie den Vorgang bei Betty und Christa. Als alle vier am Boden liegen, packen die Wärterinnen zusammen. Das Zeitungspapier bleibt zurück.

WÄRTERIN 1 Mein Bruder hat von Anfang an gesagt: Der ist nix für dich.

WÄRTERIN 2 Da hat er ja wohl irgendwie recht gehabt.

WÄRTERIN 1 Er hat ihn gehasst. Vom ersten Tag an. *Im Rausgehen* Manchmal denk ich, Thomas bringt meinen Mann eines Tages noch um.

Die Tür fällt zu.

Szene 8

Eine Weile liegen sie schweigend.

THOMAS *hustet.*

CHRISTA Behalt's drin. Sonst füllen sie nach.

Schweigen.

BETTY Er war dunkelhaarig. Schweigsam. Ein Blick wie Röntgenstrahlen. Ihm gehörte diese Disco. Stand mitten im Gewühl wie eine Statue und sah den Leuten zu. Als wüsste er alles. Über jeden. Und sah dabei so unglücklich aus. Voll trauriger Sehnsucht. Ich erkannte sofort, was ihm fehlte: ein Geheimnis. Das wollte ich für ihn sein. Ein Rätsel, für dessen Lösung man ein ganzes Leben braucht. Wir waren so glücklich miteinander.

LEO *schwach, versucht trotzdem, Betty zu übertönen* Erinnerungen. Zum größten Teil haben sie mit der Wirklichkeit gar nichts zu tun. Wissenschaftler haben das untersucht. Der Mensch erzählt sich sein Leben wie eine Geschichte, mit sich selbst als Hauptfigur.

BETTY Bis er mich gefragt hat, ob ich nach Buenos Aires fahren kann, um ein Päckchen für ihn abzuholen. Nur ein kleines Päckchen. Ich hätte alles für ihn getan. *Beginnt leise zu weinen.*

LEO Was nicht reinpasst, wird verändert oder vergessen. Stand neulich in der Zeitung. Interessant, oder, Betty?

Betty kriecht zu Thomas und schmiegt sich an ihn.

BETTY Liebst du mich?

THOMAS Wenn ich an Liebe denke, sehe ich riesige, zweidimensionale Gesichter mit aufgerissenen Mündern, die sich gegenseitig Pralinen auf die Zungen legen. Ich denke an Liebe und sehe eine perfekt passende Jeans. Ich denke an Liebe und sehe ein blondes Mädchen auf einer Schaukel, das sich über den Abschluss der richtigen Lebensversicherung freut. Ich denke an Liebe und sehe Haut, glatt wie ein rosafarbener Taucheranzug. Ich denke an Liebe und mir wird schlecht.

BETTY *sich enger anschmiegend* Spürst du gar nichts?

THOMAS Nein. *Umarmt sie plötzlich.* Doch. Ein bisschen.

CHRISTA Sie riechen so gut. Je jünger, desto besser. Ich wollte meine Nase in ihnen vergraben, in ihren Haaren, an ihrem Hals, in ihrem Bauch. Ganz in sie reinkriechen. Eins von ihnen werden.

LEO *kräftiger, um Christa zu übertönen* Vor Gericht ist das richtig problematisch. Zeugen beschreiben ein Ereignis in allen Einzelheiten. Sie beschwören ihre Aussage. Sie glauben felsenfest, die Wahrheit zu sagen. Später stellt sich heraus, dass nichts davon stimmte.

CHRISTA Monatelang hab ich auf dem Spielplatz gesessen und sie nur angeschaut. Bin ihnen gefolgt, wenn sie an den Händen ihrer Mütter nach Hause gingen. Das war die glücklichste Zeit meines Lebens. Bis eines Tages … dieser kleine Junge. Er hatte sich verlaufen. Ich hab ihn einfach mitgenommen … nach Hause. Dann ist es irgendwie … passiert.

LEO *laut* Christa! Die Zeugen, hörst du? Sie haben nicht gelogen. Sie haben sich erinnert. Spannendes Phänomen, was, Christa?

CHRISTA Ist ja gut, Leo. Noch mal von vorn. Das war die glücklichste Zeit meines Lebens. Bis eines Tages … du in mein Leben kamst.

BETTY Du liebst mich. Weil ich hier bin. Liebe braucht Ausweglosigkeit.

THOMAS Eine Kassiererin sagt nicht »Ausweglosigkeit«.

BETTY Dann eben, weil ich so sexy bin. *Sie lachen.*

LEO Wir glauben an Liebe. Wir glauben an Gott. Aber kein Glaube ist so groß und so falsch wie der an die eigene Erinnerung.

CHRISTA Du warst nie da, und wenn du da warst, hast du nach Käse gerochen. Mir blieb gar nichts anderes übrig als politisch zu werden.

THOMAS Erzähl mir von ihm.

BETTY Von wem?

THOMAS Von Thomas.

CHRISTA *dreht sich auf den Rücken und doziert* Sind Demokratie und Kannibalismus wirklich Zwillingsbrüder? Welche Alternativen zum kannibalischen Wirtschaftssystem lassen sich im 21. Jahrhundert denken? Bedeutet die Banken- und Finanzkrise auch eine allgemeine Krise des Kannibalismus?

BETTY Der Thomas. Das ist ein ganz Lieber.

LEO Und weißt du was, Christa?

CHRISTA Wie lange wollen wir noch in einem System leben, das Menschen zu Tieren und Tiere zu Sachen macht?

BETTY Außen ein erwachsener Mann. Hart und kantig. Aber da drinnen hockt ein sensibler und verletzlicher Geist, den man immer streicheln und pflegen und hätscheln muss. *Hätschelt ihn.*

THOMAS *unbehaglich* Lass.

LEO Hör mal zu, Christa. Das ist jetzt wichtig.

CHRISTA Gefüttert, gewaschen, ausgemistet. Sicher verwahrt von der Geburt bis zum Tod. So will man uns –

kleine Allesfresser, die möglichst viel konsumieren und möglichst wenig Fragen stellen.

BETTY Den ganzen Tag hast du auf der Couch gelegen. Nachdenken hast du das genannt. Monatelang kein Bild, keine Skulptur, nicht mal eine Skizze.

THOMAS Das passt nicht.

BETTY Am Anfang hast du wenigstens noch Linus morgens zur Tagesmutter gebracht.

CHRISTA Wir wollen es ja selbst: große Mägen, kleine Köpfe … *Unterbricht sich, hört Betty zu.*

THOMAS Linus?

LEO Christa, hallo?

BETTY Aber dann haben wir diesen Krippenplatz für Linus bekommen. Die Krippe lag auf der anderen Seite der Stadtautobahn.

LEO Pass auf, jetzt kommt's: Diese Geschichten, die wir uns über unser Leben erzählen – die sind der Kern unserer Freiheit.

BETTY Man muss über die Slawomir-Brücke gehen. Die führt über die Stadtautobahn.

CHRISTA Moment mal.

BETTY Ich fahr gerade zur Arbeit, da kommt dein Anruf. Plötzlich kannst du keinen Fuß auf diese Slawomir-Brücke setzen. Auch auf keine andere Brücke. Nie wieder. Im Hintergrund höre ich Linus weinen.

CHRISTA Betty, wer ist Linus?

THOMAS Das ist doch emotionale Erpressung.

LEO *richtet sich auf* Christa, das ist wichtig! Solange wir erzählen, sind wir frei! Du musst diese Erkenntnis an die Kinder weitergeben. Wenn ich mal nicht mehr bin.

CHRISTA Quatsch nicht rum, hör lieber zu.

BETTY Zu jeder Anforderung eine Neurose. Das war von Anfang an deine Tour.

THOMAS Ekelhaft. Wenn ich Frau und Kind hätte, würde ich für sie sorgen.

BETTY *spöttisch* Als Künstler?

THOMAS Wenn ich was mache, dann richtig. War schon immer so.

BETTY Die ganze Arbeit hast du auf mich abgewälzt. Job, Haushalt, Kind.

THOMAS *wütend* Das ist kompletter Blödsinn!

CHRISTA Betty! Ihr habt keine Kinder.

BETTY Warum nicht?

LEO Lass sie doch.

CHRISTA *zu Leo, zitierend* »Mein Bruder hat von Anfang an gesagt: Der ist nix für dich.«

LEO Hm.

CHRISTA Und dann: »Manchmal denk ich, Thomas bringt meinen Mann eines Tages noch um.«

LEO *überlegt kurz* Tatsache.

THOMAS Ich als Thomas, das wär ne ganz andere Nummer. Ich wäre zum Beispiel – ein erfolgreicher Schriftsteller. Bestsellerautor. Du würdest mich auf Lesungen begleiten. In einem Kleid von Oscar de la Renta. Und diesen Wahnsinns-Kroko-Stiefeln von Louis Vuitton.

LEO *setzt sich auf* Schluss damit.

BETTY *setzt sich auf* Ich hab einen kleinen Sohn!

LEO *streng* Hast du nicht.

BETTY Eine Mutter spürt so was.

LEO Ihr seid Geschwister, verdammt noch mal! Ende der Debatte!

Szene 9

Leo erhebt sich mühsam und beginnt, die Zeitungsseiten einzusammeln, die die Wärterinnen am Boden zurückgelassen haben. Er faltet die Zeitung liebevoll, wobei er versucht, eine »frische« Ausgabe herzustellen.

LEO Internet gut und schön, aber ohne Tageszeitung geht's für mich nicht. Zum Frühstück muss einfach die Zeitung da sein. Sonst fängt der Tag völlig falsch an.

Er schleppt sich zum Sessel, schlägt die soeben gefaltete Zeitung genüsslich auf und liest. Auch die anderen rappeln sich nach und nach auf. Offensichtlich haben alle Leibschmerzen.

BETTY *schockiert* Aber ... ich liebe Thomas.

LEO *ohne aufzuschauen* Natürlich liebst du deinen Bruder.

BETTY Und die Brücken? Straßenbahnen, Busse?

THOMAS Passt nicht zu mir. Hab ich doch gleich gesagt. Das war ein anderer.

CHRISTA *nachdenklich, nickt* Völlig richtig. So geht's auf.

BETTY *aufgeregt* Und wo ist dieser andere? Wo ist mein Mann??

THOMAS Tot.

LEO *aufschauend* Sehr gut.

BETTY *als hätte sie soeben eine schreckliche Nachricht erhalten* Nein!!

THOMAS Hat sich umgebracht.

CHRISTA *anerkennend* Logisch. Bei den vielen Neurosen.

LEO *anerkennend* Gut beobachtet, Junge.

THOMAS Danke.

BETTY Oh Gott, nein!

CHRISTA Mein armes Mäuschen. *Zu Thomas* Wir wollten es ihr doch schonend beibringen.

Christa beginnt, Betty »tröstend« zu streicheln, wobei sie an Bettys Schultern schnuppert. Thomas drängt sich dazwischen.

THOMAS Ich konnte das Arschloch von Anfang an nicht leiden. Feiger Wichser.

LEO Klug, aber nicht sehr diplomatisch. So war unser Tommy schon als Kind.

Betty bricht in Tränen aus. Thomas nimmt sie in die Arme. Sie halten sich fest. Ein stiller Moment.

THOMAS Was mach ich hier eigentlich. Ich steh hier mit einer Frau im Arm, die ich nicht kenne. Ich hab keine Ahnung, wo ich bin. Irrenanstalt. Hölle. Gefängnis. Fernsehshow. Aber die Frau, die fühlt sich so … echt an.

Bettys Finger kriechen unter seine Kleider.

THOMAS Ich bin Daniel Marker, erfolgreicher Banker. Ich bin Daniel Marker, erfolgreicher …

Betty zieht seinen Kopf zu sich und küsst ihn auf den Mund. Der Kuss wird leidenschaftlich.

CHRISTA Seid ihr verrückt geworden?

Christa versucht, die beiden auseinanderzubringen. Mit einem Arm schleudert Thomas sie beiseite.

LEO *laut, autoritär* Nicht in meinem Haus!

Thomas und Betty lassen voneinander ab.

THOMAS *zu Leo* Was geht dich das an?

LEO Das ist deine Schwester, verdammt noch mal! *Zu Betty, drohend* Schon vergessen, wo das hinführt, Betty?

BETTY Nein.

LEO Willst du etwa, dass sich das Drama von damals wiederholt?

BETTY Nein, Papa.

LEO Du weißt, unter welchen Bedingungen du mit deinem Bruder Umgang haben darfst?

BETTY Ja, Papa.

THOMAS Gott, spielt der sich auf.

LEO *zu Thomas* Du setzt dich hin und machst Pause.

THOMAS Du hast mir gar nichts zu sagen.

LEO Eines Tages kommst du an die Reihe. Dann bist du der Boss.

CHRISTA Und bis dahin lässt du deine schmierigen Finger von ihr. Kapiert?

THOMAS Musst du grad sagen.

CHRISTA Ich bin ihre Mutter.

THOMAS Eben. Ich bin ihr Bruder.

CHRISTA Eben!

THOMAS *stöhnt* Was tu ich hier. Wieso rede ich mit denen. Ich verlier den Verstand. *Schreit* Scheiß auf euch! *Setzt sich auf die Chaiselongue.*

Szene 10

Auch Betty und Christa ziehen sich auf ihre Plätze zurück, so dass sich alle vier wieder auf ihren Positionen befinden. Thomas reibt sich das Gesicht, schüttelt den Kopf, als müsste er einen schlimmen Traum loswerden. Eine Weile herrscht Schweigen.

LEO *liest aus der Zeitung vor* »Wir haben es mit einer neuen Lage zu tun, sagt Innenminister Thomas de Maizière. Es gibt sehr konkrete Spuren und Ermittlungsansätze, denen zufolge zwei bis vier Mitglieder der Terrororganisation al-Qaida auf dem Weg nach Deutschland sind, um dort

Anschläge auf Weihnachtsmärkte oder andere Orte mit großen Menschenansammlungen zu verüben.«

CHRISTA *gelangweilt* Hilfe!

BETTY *gelangweilt* Ich sterbe vor Angst.

LEO Wir werden zu erhöhter Wachsamkeit aufgerufen.

Betty und Christa machen misstrauische Mienen.

LEO »Achten Sie auf herrenlose Taschen …«

Betty und Christa sehen sich nach verdächtigen Gepäckstücken um.

LEO »… und auf seltsames Verhalten.«

Betty und Christa nehmen Thomas ins Visier, der das Gesicht in den Händen verborgen hat und den Oberkörper vor und zurück wiegt.

LEO »Stärke zeigen, sich nicht einschüchtern lassen!«

Betty stürzt sich auf Thomas, um ihn durchzukitzeln.

BETTY Ein Terrorist! Ich hab ihn!

Alle außer Thomas lachen.

THOMAS *springt auf* Lass doch den Scheiß!

LEO Wenn die sich da draußen erst mal alle gegenseitig angezeigt haben, ist das Land endlich sicher. *Blättert um.* Apropos sicher. *Liest* »Schwerkriminelle in Sicherungsverwahrung können nicht damit rechnen, kommendes Jahr entlassen zu werden.«

CHRISTA Und übernächstes auch nicht. Überübernächstes genauso wenig.

BETTY Klingt ja gemütlich. »Sicher verwahrt«.

CHRISTA Rauslassen ist viel zu teuer.

LEO *liest* »Die Kosten der Überwachung nach einer Freilassung würden sich auf zwei Millionen Euro pro Gefährder belaufen.«

CHRISTA Drinlassen ist auch zu teuer.

LEO *liest* »Allerdings verursacht die Verwahrung und Therapie eines Gefährders Kosten in Höhe von rund 10.000 Euro im Monat. Mehr als ein Luxushotel.«

BETTY Worüber redet ihr denn da?

CHRISTA Logik, Mäuschen. Rauslassen zu teuer, drinlassen zu teuer. Also?

LEO *fährt sich mit der Hand über den Hals* Beseitigen. Kriegt ja keiner mit.

Thomas ist aufgestanden und kommt heran.

THOMAS Leo? Auf ein Wort.

CHRISTA Sind doch eh Mörder. Haben es nicht besser verdient.

LEO Nicht nur Mörder. *Liest* »Unter den 536 Personen, die sich derzeit in Sicherungsverwahrung befinden, sind neben Mördern auch rechtskräftig verurteilte Vergewaltiger, Drogenkriminelle und Wirtschaftsbetrüger. Ihnen allen ist gemeinsam, dass ihre schlechte Prognose einer Wiedereingliederung in die Gesellschaft im Wege steht.«

THOMAS *zu Leo* Ich würde gern mal in aller Nüchternheit mit Ihnen reden.

CHRISTA Wenn die rauskommen, tun sie's wieder. Morden. Vergewaltigen. Betrügen. Drogen aus Buenos Aires holen.

LEO Da bin ich ganz deiner Meinung. Das Gesocks hat's nicht anders verdient. Warum soll der Staat die noch durchfüttern?

THOMAS Sie sind kein Irrer, Leo. Auch kein Showmaster. Und Sie arbeiten auch nicht fürs BKA.

CHRISTA Weg mit den Parasiten. Zum Schutz der Gesellschaft.

LEO Aber nicht einfach abknallen und verscharren. Wär doch schade drum.

THOMAS Leo, von … Mann zu Mann. *Deutlich* Wo – sind – wir?

CHRISTA In einer kannibalischen Gesellschaft lässt sich alles zu Geld machen.

BETTY *blass geworden* Warum redet ihr so?

LEO Ist doch wichtig zu wissen, was in der Welt passiert.

THOMAS Leo! Das sind ganz einfache Fragen! Wo befinden wir uns? Wer hält uns gefangen? Und warum? *Zu Christa* Ist der taub?

CHRISTA Er liest Zeitung. Siehst du doch.

BETTY *sehr angegriffen* Hört sofort auf damit! Ich ertrag das nicht, wenn ihr so redet. Das ist zu viel!

LEO Schon gut, Liebes.

THOMAS *laut* Also schön. Versuchen wir es anders. Alle mal herhören!

BETTY *beherrscht, zu Thomas* Ja, Liebster. Ich hör dir zu.

THOMAS Die sind zu zweit, richtig? Keine scharfen Waffen. Wir sind vier.

CHRISTA Was soll das werden?

THOMAS Ganz einfach. Wir verstecken uns in der Nähe der Tür, und wenn sie reinkommen – zack.

CHRISTA Ach, darum geht's. Das langweilt mich. *Zu Betty* Dein Part, Mäuschen. *Zieht sich auf ihren Platz zurück.*

BETTY *zu Thomas* Und wozu?

THOMAS Was heißt »wozu«? Ich will raus! Ihr etwa nicht?

BETTY Wo, raus? Wir wohnen hier!

THOMAS Ihr wohnt nicht, ihr seid eingesperrt! *Rennt zur Tür.* Da! Abgeschlossen!

LEO Natürlich ist die Tür abgeschlossen. Nur Idioten lassen die Tür offen. In diesen Zeiten.

THOMAS Ach ja? Und wer hat die Tür abgeschlossen? Du etwa? Das waren diese ... diese ... Krankenschwestern! Kannst du etwa hier rausspazieren, wenn du Lust hast? Das kannst du nicht! Du bist eingesperrt, Leo! Erzähl mir nicht, dass du das nicht kapierst!

LEO Ich will doch gar nicht raus. Also bin ich auch nicht eingesperrt.

THOMAS Das ist erbärmlich! Würdelos!

LEO Im Gegenteil. Wie fängt ein Mathematiker einen Löwen?

THOMAS Was?

LEO Beantworte meine Frage. Wie fängt ein Mathematiker einen Löwen?

THOMAS Ich … Keine Ahnung.

LEO Er zäunt sich ein und definiert sich als draußen.

THOMAS *stampft mit dem Fuß auf* Ich hab keinen Bock mehr auf dieses Gelaber!

LEO Jetzt schau uns mal an, mein Sohn. Wer hat mehr Würde? Du oder ich?

THOMAS Alles hört auf mein Kommando! Leo und Christa – links neben die Tür. Betty – hier mitten im Raum, ganz unschuldig, damit sie keinen Verdacht schöpfen.

BETTY Was willst du denn so dringend da draußen?

THOMAS *fassungslos* Was ich da will?

LEO *Thomas spöttisch zitierend* »Eine ganz einfache Frage.«

THOMAS Ich will … Ich will … nach Hause.

BETTY Wir sind doch zu Hause.

THOMAS Ich will … in meine Wohnung! Ich will … ein Buch lesen.

LEO Du liest Bücher?

THOMAS Ich will … spazieren gehen! Die Vögel fliegen sehen! Frische Luft atmen!

LEO Wann warst du denn das letzte Mal spazieren?

THOMAS Ich will in meiner Küche sitzen und mir ein Spiegelei braten!

BETTY Sag bloß, du hast Hunger.

THOMAS Ich will – meine Freiheit!

LEO Hast du nicht zugehört? Freiheit heißt jetzt Sicherheit. Da draußen zeigen sich die Leute gegenseitig an, weil sie den falschen Koffer dabei haben.

THOMAS Gut. Okay. Fickt euch. Dann zieh ich das eben allein durch.

Als Thomas sich abwenden will, fällt Betty ihm um den Hals und schiebt die Hände unter sein Hemd.

BETTY Verlass mich nicht!

THOMAS He! Moment mal. *Wird weich* Nicht weinen.

BETTY Ich hab niemanden außer dir. Bleib bei mir.

THOMAS *rafft sich auf* So kriegst du mich nicht. Wenn du unbedingt hierbleiben willst – schön. Ich werd mich hinter der Tür verstecken, und wenn die Krankenschwestern reinkommen …

LEO *springt plötzlich auf, aggressiv* Du machst es schon wieder!

THOMAS Hä?

LEO *laut* Ich hab gesagt, ich dulde das nicht in meinem Haus. *Packt Betty am Arm, zieht sie von Thomas weg.* Du lässt deine Schwester los.

BETTY Wir haben gar nichts gemacht!

LEO *Betty grob schüttelnd* Du zwingst mich wieder dazu!

CHRISTA *aufschauend* Wozu eigentlich?

BETTY Nein! Papa! Bitte!

CHRISTA Leo! Sag doch mal! Wozu zwingt sie dich?

THOMAS Jetzt reicht's mir!

Thomas stürzt sich auf Leo und trennt ihn von Betty, die sich zu Christa flüchtet. Schließlich gelingt es Thomas, Leo zu Boden zu schleudern.

THOMAS Du fasst sie nie wieder an!

CHRISTA *nimmt Betty erfreut in den Arm* Hoppla, Mäuschen! *Riecht an ihr.* Was ist denn los?

BETTY *zeigt auf Leo* Er hat ...

CHRISTA Hör auf zu heulen! Was hat er?

BETTY Er hat mich eingesperrt.

CHRISTA Wo? Wann?

BETTY Nach eurer Scheidung. Dir hat er erzählt, dass ich dich nicht mehr sehen will. In Wahrheit hab ich in einem Kerker gelebt.

CHRISTA *zu Leo* Sie phantasiert doch, oder?

BETTY Tu ich nicht! Papa ist mit mir in dieses schreckliche Haus gezogen. Im Keller war eine Einliegerwohnung. Dort hat er mich gehalten. Wie ein Tier.

LEO Das war zu deinem eigenen Besten.

THOMAS Ist das widerlich.

Leo versucht aufzustehen; Thomas macht eine drohende Geste, so dass er am Boden bleibt.

BETTY Fenster vergittert, kein Telephon, kein Internet.

CHRISTA Leo! Sie war dreizehn, als wir uns getrennt haben!

LEO Sie hatte ein Verhältnis mit ihrem Bruder!

CHRISTA Sie waren Kinder!

BETTY Thomas war der Einzige, der davon gewusst hat. Wir haben uns heimlich Briefe geschrieben. *In Leos Richtung* Du selbst warst unser Postbote, blöd, wie du warst. Meine Briefe hast du mit dem Altpapier rausgebracht und die von Thomas mit den Mineralwasserflaschen rein.

THOMAS Wie lange ging das?

BETTY *zu Thomas* Du hast immer zu mir gehalten. In all den Jahren.

THOMAS Jahre??

CHRISTA Gott, Betty! Ich dachte, du brauchst Zeit! Die Scheidung, die Pubertät, wir hatten Schwierigkeiten …

BETTY Es ist nicht deine Schuld, Mama.

Thomas packt Leo, der sich gerade an seinem Sessel hochzieht, am Kragen.

LEO Das ist die 203! Hier spricht man miteinander! Zivilisiert!

THOMAS Dich sollte man einsperren! Du Schwein!

Szene 11

Auf dem Gang vor der Tür bricht Tumult los. Schlagende Türen, schnelle Schritte. Geschrei pflanzt sich von Zelle zu Zelle durch das Gebäude fort; tierische Laute aus mensch-

lichen Kehlen, die schließlich zu einem gemeinsamen Rhythmus finden. Sie skandieren: »Raus – raus – raus – raus«. Gleichzeitig wird im Takt gegen die Wände getrommelt.

THOMAS *lässt Leo los* Was ist das?

CHRISTA Das sind die anderen. Die Dummen.

LEO Hört euch das Geblöke ruhig an. So wird man, wenn man nicht miteinander redet. *Richtet seine Kleidung.* Deshalb sprechen wir. Zivilisiert. Kontrolliert. Von früh bis spät.

BETTY Ich hasse es, wenn sie so schreien.

CHRISTA Ekelhaft.

Stiefelschritte nähern sich. Die Tür wird aufgerissen. Wärterin 2 steckt den Kopf herein. Leo springt auf.

LEO *als würde er Meldung machen* 203 ist ruhig. Wie immer.

WÄRTERIN 2 *ohne Leo zu beachten, auf den Gang sprechend* 203 ist ruhig. Wie immer.

Wärterin 2 verschwindet. In der Eile schließt sie die Tür nicht richtig, so dass diese wieder aufschwingt.

BETTY *zu Thomas, den Lärm vom Gang übertönend* Ohne deine Briefe hätte ich den Verstand verloren. Schön waren die. Richtig poetisch. Man merkte schon, dass du mal Schriftsteller wirst.

CHRISTA Man denkt, man kennt seine Familie. Man denkt, solche Dinge passieren immer nur woanders. Und dann: die eigene Tochter! Eine zweite Natalie Kampusch!

THOMAS *abwesend* Natascha.

CHRISTA Komm her, Mäuschen. *Versucht, Betty zu umarmen.* Was du durchgemacht hast!

BETTY *unbehaglich, macht sich los* Schon gut, Mama.

LEO Ich hab sie nicht angerührt, verstanden? Ich hab sie vor dem da beschützt! *Zeigt auf Thomas.*

THOMAS Die Tür ist offen.

BETTY Manche von Thomas' Briefen kann ich noch auswendig, so oft hab ich sie gelesen.

Vorsichtig nähert sich Thomas der Tür. Auf dem Gang immer noch Lärm.

LEO Hat es ihr vielleicht geschadet? Schaut sie doch an!

THOMAS *dreht sich zu Leo um, spuckt aus* Abschaum! *Widmet sich wieder der Tür.*

BETTY *zitiert* »Geliebte Schwester! Tag und Nacht suche ich nach einem Wort, das ausdrücken könnte, wie sehr ich dich vermisse. Und wenn ich nicht an dich denke, suche ich ein Wort, das meinen Hass beschreibt. Meinen Hass auf den Mann, der uns das angetan hat.«

Während Betty spricht, zieht Thomas die Tür ein Stück weiter auf. Draußen beginnt ein Mann zu schreien; er wird anscheinend zusammengeschlagen. Thomas weicht zurück. Plötzlich bricht das Geschrei ab; auch der Aufstand erstirbt. Unheimliche Stille.

LEO *zu Thomas* Spiel dich bloß nicht auf! Du hast es doch gewusst! Warum hast du nichts unternommen?

BETTY Weißt du noch, wie du deine Briefe unterschrieben hast? Mit »Daniel Marker«!

CHRISTA Thomas, das ist wichtig. Du hättest zu mir kommen können. Die Polizei informieren. Warum hast du keinem was erzählt?

LEO *zu Christa* Das kann ich dir sagen.

THOMAS Ich glaub, die Luft ist rein.

LEO Weil er's gut fand.

BETTY Daniel Marker! So ist dein Pseudonym entstanden!

THOMAS *nimmt Betty an der Hand* Komm.

BETTY *sträubt sich* Wo willst du hin?

LEO So konnte sie wenigstens kein anderer kriegen.

THOMAS Ist doch scheißegal, wohin. Weg von diesem Perversen. *Zieht an ihr.*

BETTY Weg? Einfach so?

THOMAS *aufgeregt* Die Tür ist offen! Komm!

BETTY Nach Buenos Aires?

THOMAS Liebst du mich?

BETTY Schon.

THOMAS Dann benutz deine Beine! *Zieht an ihr.* Lauf!

BETTY Das kommt jetzt ein bisschen plötzlich.

THOMAS Mein Leben lang bin ich allein gewesen. Schon in der Schule. Immer erfolgreich, immer der Beste, aber immer allein. Ich dachte, ich find keine, die zu mir passt. Aber jetzt … mit dir … Betty, vielleicht hat die ganze Scheiße hier ein Gutes! Wir haben uns gefunden, wir gehören zusammen!

BETTY Ach, wie wundervoll, dass du so was sagst … *Will ihn umarmen.*

THOMAS *reißt sich los* Gott, was mach ich hier überhaupt. Ich bin so was von bescheuert. *Lässt sie los und rennt zur Tür, wo er mit den Wärterinnen zusammenstößt.*

Szene 12

Die Wärterinnen beachten Thomas kaum, treten ein und werfen die Tür hinter sich ins Schloss. Sie haben Reinigungsutensilien dabei.

THOMAS Nein!!

Thomas fasst nach der Klinke. Wärterin 1 verscheucht ihn mit dem Gummiknüppel wie ein lästiges Insekt.

WÄRTERIN 1 *wütend* Brüssel! Die haben einfach keine Ahnung! Sitzen da an ihren Schreibtischen, während wir die Drecksarbeit machen. *Sie beginnen, den Raum zu wischen.* Erst heißt es: weniger Antibiotika. Na schön, also putzen wir den ganzen Tag wegen der Seuchengefahr. Dann heißt es: keine Beruhigungsmittel mehr. Hier bricht die Hölle los, und wir können es ausbaden! Seit der neuen Diazepam-Richtlinie ist das hier wie im Affenhaus. Scheiß Bio-Siegel. Scheiß EU.

THOMAS *entgeistert* Bio-Siegel?

WÄRTERIN 2 War der tot?

WÄRTERIN 1 Keine Ahnung. Kaputt war der auf alle Fälle. Das gibt Ärger.

WÄRTERIN 2 Konnten wir ja nix für.

WÄRTERIN 1 Interessiert keinen. Für Ordnung sorgen – klar, aber bloß keine teure Ware beschädigen.

Während die anderen betreten schweigen, nähert sich Thomas den Wärterinnen, saugt jedes einzelne Wort in sich auf. Mit dem Verständnis wächst das Entsetzen.

THOMAS Ware?

WÄRTERIN 2 Was kostet eigentlich so einer?

WÄRTERIN 1 Ein – was?

WÄRTERIN 2 Na, so ein – Mensch.

WÄRTERIN 1 Je nach Gewicht natürlich. Mann um die achtzigtausend, Frau um die sechzig.

WÄRTERIN 2 Mehr als ein Auto!

WÄRTERIN 1 *achselzuckend* Wenn du gar nicht mehr weißt, wo du noch hinsollst mit dem Geld … Und dann ist Silberhochzeit oder so …

Thomas beginnt zu würgen. Betty eilt zu ihm.

BETTY Alles, nur das nicht! *Legt ihm eine Hand über den Mund.* Was hast du denn?

Thomas sinkt auf die Knie, völlig fertig mit den Nerven.

THOMAS *mühsam* Die fressen uns.

BETTY *muss lachen* Die fressen uns nicht. Die machen hier sauber.

THOMAS Die reden darüber! Hör doch zu!

WÄRTERIN 2 *hält im Putzen inne, sieht sich um* Hier ist es schön ruhig.

WÄRTERIN 1 Die 203 ist ne richtige Erholung. Nicht mal anbinden müssen wir die.

WÄRTERIN 2 Kriegen die noch Beruhigungsmittel?

WÄRTERIN 1 Keiner kriegt mehr was. Nur Impfung, Antibiotika.

WÄRTERIN 2 Und trotzdem sind die so – friedlich?

WÄRTERIN 1 War von Anfang an so. Nur in diesem Raum. Wir dachten schon, irgendwelche Dämpfe von den Möbeln. *Zuckt die Achseln.*

BETTY Die sagen doch nur, dass es schön ist bei uns.

THOMAS *schüttelt den Kopf, kann nicht sprechen.*

WÄRTERIN 2 *nachdenklich* Die quatschen halt ständig. Das wird's sein.

WÄRTEIN 1 Ja, die 203 quatscht.

THOMAS *Bettys Hände nehmend, mühsam* Ihr wisst es alle, nicht wahr?

BETTY *freut sich über die Zärtlichkeit, lacht* Was denn?

THOMAS Deshalb seid ihr so. Deshalb spielt ihr. *Drückt sich an sie.*

BETTY Du Süßer.

THOMAS Wir werden alle sterben!

BETTY *lacht* Nicht heute. Nicht wir zwei.

THOMAS *heult.*

BETTY *zärtlich streng* Thomas. Sag jetzt, was du hast. Oder reiß dich zusammen.

THOMAS Das ist … *Bringt die Wahrheit nicht über die Lippen.*

WÄRTERIN 2 Noch mal wegen deinem Mann.

WÄRTERIN 1 Hm?

BETTY Also?

THOMAS Das ist … *Entscheidet sich* Es ist wegen deinem Mann. *Steht auf, wischt die Tränen ab.*

BETTY Na, siehst du. *Klopft ihm auf den Rücken wie einem braven Kind.* Wegen meinem Mann. Nimm dir das nicht so zu Herzen. Ich bin drüber weg.

WÄRTERIN 2 Wieso hast du den überhaupt geheiratet?

WÄRTERIN 1 Meine Mutter hat ihn angeschleppt.

THOMAS Du hast ihn nie geliebt, stimmt's? Immer nur mich. *Umarmt sie.* Sag es.

BETTY Ich liebe dich.

THOMAS Ich bin so froh, dass du hier bist.

BETTY Ich auch, Thomas. Sehr froh.

Die Wärterinnen beenden die Reinigung und packen das Putzzeug zusammen. Währenddessen löst sich Thomas von Betty, gewinnt seine Haltung zurück. Er hat eine Entscheidung getroffen.

WÄRTERIN 1 Um die Wahrheit zu sagen, ich wollte einfach nur von zu Hause weg. Mein Vater. *Macht eine abfällige Geste.* Da hätte ich jeden genommen.

WÄRTERIN 2 Dumm gelaufen.

THOMAS *laut, an alle* Wir hatten das von Anfang an geplant.

Die Wärterinnen gehen zur Tür.

WÄRTERIN 2 Und was machen wir wegen dem Kaputten?

WÄRTERIN 1 Selbstmord in die Akte schreiben. Klappt fast immer.

Die Tür knallt zu.

Szene 13

Thomas mitten im Raum, das Geschehen beherrschend.

THOMAS Folgendes. *Zu Betty* Ihr hattet diese Abmachung, Leo und du. An dem Tag, wo du einen anderen Mann heiratest, lässt er dich gehen. *Zu Leo* Korrekt?

LEO Wenn ich auch mal was sagen dürfte. Ich wollte das längst erzählen. Aber mir hört ja keiner zu.

CHRISTA Deshalb sollte ich Thomas unbedingt helfen, einen Mann für Betty zu finden!

LEO *lauter* Ich hab Betty nicht eingesperrt, sondern sicher verwahrt. Bis sie ihren Bruder vergisst und sich einen richtigen Mann sucht. Das war sinnvoll und notwendig.

THOMAS *zu Christa* Konnte ich ja schlecht selbst machen. Da hätte Leo sofort Verdacht geschöpft.

LEO *zu Thomas* Du kannst auch mit mir reden. Nicht nur über mich.

BETTY *zitiert* »Geliebte Schwester! Endlich ist es so weit. Mama wird ein Treffen arrangieren zwischen dir und diesem Trottel.«

CHRISTA Der Sohn einer Freundin. Netter Junge, aber ziemlich weich. Drei-Tage-Bart, Turnschuhe, kein Führerschein.

BETTY *zitiert* »Ich flehe dich an, nimm ihn! Leb ein normales Leben mit ihm, so gut es geht. Sobald ich die nötige Kohle zusammen habe, hauen wir ab. Nach Buenos Aires, wo uns keiner kennt.«

THOMAS Wie ich geackert habe für uns! 14 Stunden am Tag, der reinste Krieg. Mein Chef wartet darauf, dass ich einen Fehler mache, weil ich ihm sonst gefährlich werden könnte. Die jungen Broker warten darauf, dass ich einen Fehler mache, damit sie mir gefährlich werden können.

LEO Eben noch Heulsuse, jetzt Held.

THOMAS Und alle wollen Geld. Die Kunden, die Aktionäre, der Vorstand, das Finanzamt.

LEO Ich hab auch ein Leben lang gearbeitet.

CHRISTA Bettys Mann, der war voll Neunziger. Einer von diesen Arbeiten-ist-Chauvinismus-Typen. Diese Künstler, Langzeitstudenten und andere Vollpfosten. Die gehen mir so was von auf den Sack.

THOMAS Aber das Geld reicht nicht. Niemals.

CHRISTA Sitzen auf der Couch, während die Frau die ganze Arbeit macht. Geld verdienen und Haushalt. Das ist die Bilanz der Emanzipation.

LEO Ich arbeite sogar im Ruhestand. Hier. Für euch. Da guckt ihr, was? Das ist auch Arbeit, was ich hier mache!

THOMAS Wie viel Geld braucht man, um den Rest des Lebens in Buenos Aires zu verbringen?

BETTY Wir hätten bescheiden leben können.

THOMAS Eine Million ist schnell weg. Zwei Millionen? Besser zehn, das ist sicherer.

BETTY Ich hab auf dich gewartet, Tag für Tag. Von früh bis spät an der Kasse gesessen, abends meinen neurotischen Mann versorgt. Ist ja nur für ein paar Monate – das hab ich mir jeden Tag gesagt. Plötzlich waren es Jahre.

THOMAS Also wollte ich die zehn Millionen klar machen.

LEO *laut* Nach der Fütterung maximal eine halbe Stunde Pause, sechs Stunden Nachtschlaf. Ansonsten wird geredet. Das sind auch 14-Stunden-Tage!

BETTY Ist ja gut, Papa. Wir reden ja die ganze Zeit. *Zu Thomas* Dachte schon, du hast mich vergessen, in deinem Büroturm aus Glas, wo du bis zu den Knien in Millionen watest, während ich bei REAL Zehn-Cent-Rollen auf den Kassenrand schlage.

CHRISTA Ganz schön lange Sätze für ne Kassiererin.

BETTY *zu Christa, leise* Du gehst mir so was von auf den Sack.

THOMAS Ich hab dich nicht vergessen, Liebes. Ich hab auf den richtigen Moment gewartet. Dann kam dieser Tag. Eigentlich war alles wie immer. Mega-Stress, der DAX im Keller, die Telephone am Dauerklingeln. Der Chef macht uns die Hölle heiß, wir arbeiten wie die Ochsen. Komme um Mitternacht nach Hause. Völlig erledigt. Kippe zwei Scotch, penne weg. Und als ich aufwache, ist alles – anders.

BETTY *gespannt* Wie, anders?

LEO Eine Erweckungsgeschichte. Wie rührend.

THOMAS Ich wusste plötzlich: Ich bin kein Verbrecher! Ich muss den Scheiß-Job kündigen und dieses Buch schreiben.

BETTY Den Bestseller!

LEO Der Super-Held schreibt ein Super-Buch.

BETTY *zu Leo* Jetzt lass ihn doch mal.

CHRISTA Euer Vater wird böse, wenn er mal nicht im Mittelpunkt steht.

LEO Blödsinn.

THOMAS Titel: »203«.

BETTY *begeistert* »203«! Von Daniel Marker. Klingt gut.

CHRISTA Wieso »203«?

THOMAS Das ist die Nummer von einem Zimmer. Der Held wacht eines Morgens auf und befindet sich mit drei wildfremden Personen in einem Raum. Nämlich in der 203.

BETTY Spannend.

THOMAS Er geht alle Möglichkeiten durch. Eine Verwechslung, eine Entführung. Vielleicht ist er im Irrenhaus. Oder bei der CIA. Schließlich hat er keine ganz reine Weste. Um seine Schwester zu retten, hat er der Bank, bei der er angestellt war, in die Tasche gegriffen. Ziemlich tief.

LEO Schau an. Also doch.

THOMAS *zu Leo, wütend* Musst du grad sagen! Ihr habt doch alle Dreck am Stecken! Denkst du, ich check das nicht?

CHRISTA *zu Leo* Halt endlich die Schnauze! Ich will den Roman hören.

LEO Willst du das? Und was ich zu sagen habe, willst du das auch hören?

BETTY Und dann?

THOMAS Der Held findet raus, was da los ist.

LEO Ich bin krank.

BETTY Und? Was ist da los?

THOMAS Ganz simple Rechnung. Eine dekadente, vom Geld beherrschte Welt. Eine kleine Elite, die immer reicher, aber auch immer gelangweilter wird. Auf der anderen Seite soziale Probleme, die Gefängnisse voll, keiner weiß mehr wohin mit den Sicherheitsverwahrten.

LEO *lauter* Ich bin sehr krank!

BETTY Na und?

THOMAS Man muss zwei und zwei zusammenzählen. Die Gefängnisse in Mastanstalten umwandeln und fette Braten für die Superreichen züchten. Der ultimative Kick für die ultimative Party. Genial, oder?

LEO Extrem krank!

BETTY Weiß nicht. Klingt nach einer Mischung aus Brecht und Beckett.

CHRISTA Betty!

BETTY Will sagen: Mit so ner ekligen Story hast du ne Million Bücher verkauft?

THOMAS Das war ein Enthüllungsbuch! Der totale Skandal!

LEO *laut* Ich sterbe!

BETTY *erschrocken* Was hast du gesagt, Papa?

THOMAS Der will doch nur Aufmerksamkeit.

CHRISTA Und wenn er uns mit seinem Tod erpressen muss.

BETTY So was zu sagen ist abscheulich!

LEO Lang hab ich geschwiegen, um euch zu schonen. Aber es lässt sich nicht mehr verheimlichen. Ich bin todkrank.

BETTY Papa!

CHRISTA Wenn ich dich nicht reinlassen wollte, warst du auch immer krank.

LEO *ernst* Nein, Christa. Keine Spielchen diesmal. Mir bleibt nicht mehr lang.

CHRISTA Was heißt das konkret?

LEO Sehr bald. Es geht zu Ende.

CHRISTA *ernst* Leo. *Nimmt seine Hand.*

THOMAS Zufällig jetzt. Wo ich eine Geschichte erzähle.

BETTY Oh nein, Papa! Wir lassen dich nicht gehen! *Umarmt Leo.*

CHRISTA *zu Thomas* Komm mal zurück in die Realität. Hier stirbt einer.

BETTY *betroffen* Warum geht's plötzlich nur noch ums Sterben?

LEO *zu Thomas, giftig* Mit Sterben kennst du dich ja aus.

THOMAS Was soll das denn heißen?

LEO Statt von Romanen zu schwafeln, erzähl doch mal lieber die eigentliche Story zu Ende. Ich sage nur: Buenos Aires.

CHRISTA Das geht jetzt alles total durcheinander.

LEO Betty, Schätzchen, was wolltet ihr überhaupt dort?

BETTY *überlegt kurz, sortiert sich* Thomas wollte da hin.

LEO Aha. Warum Buenos Aires? Na los, Supermann, dann zeig mal, was du kannst. Warum ausgerechnet Buenos Aires?

THOMAS *unsicher* Buenos Aires ist ein Ort wie jeder andere.

LEO Buenos Aires ist kein Ort wie jeder andere. Buenos Aires ist vor allem verdammt weit weg.

CHRISTA Wovon reden wir jetzt eigentlich?

LEO Das wirst du gleich sehen.

THOMAS *zu Betty* Als sich dein Mann umgebracht hat, warst du völlig fertig. Richtig?

BETTY Total. Ich hab nichts mehr auf die Reihe gekriegt. Alles musstest du für mich machen, einkaufen, kochen, waschen, Behördengänge. Ganz süß hast du dich gekümmert, auch um das …

CHRISTA *schnell* Ihr habt keine …

BETTY *schnell* Ist ja gut!

THOMAS Wir wollten ja schon lange auswandern. Erst hatte ich das Geld nicht, und als ich es hatte, wolltest du deinen vertrottelten Mann nicht im Stich lassen.

BETTY Stimmt ja gar nicht!

LEO Doch, doch, das stimmt schon. Ohne es zu merken, bist du von ihm abhängig geworden. Versklavt hat er dich mit seinen Neurosen. Als Thomas die Kohle zusammen hatte mit seinem tollen Bestseller, hast du auf einmal kalte Füße gekriegt. Gewissensbisse.

THOMAS Danke. *Zu Betty* Nach dem tragischen Tod des Trottels war der Moment gekommen. Du brauchtest eine Luftveränderung. Tapetenwechsel.

LEO Als ob Luft und Tapeten was am Schicksal ändern könnten.

THOMAS Also sind wir nach Buenos Aires. *Zu Leo* Voilà. Total logisch.

LEO Schön. *Zu Betty* Wie schnell?

BETTY Was?

LEO Wie viele Tage nach dem Tod deines Mannes wollte Thomas aufbrechen?

BETTY *unsicher* Weiß nicht genau.

LEO Ich werde es dir sagen. Eine Woche danach. Weil sie die Leiche identifiziert hatten. *Läuft langsam zu Höchstform auf* Stellen wir uns das ruhig ganz plastisch vor. Ein Spaziergang zur Slawomir-Brücke am späten Abend. Wenig Betrieb auf den Straßen, ein guter Augenblick für ein Neurosen-Training. Bettys Mann, der arme Trottel, ist nassgeschwitzt vor Angst. Thomas fasst ihn am Arm. Lässt ihn die Augen schließen. Führt ihn wie einen Blinden. Und siehe da, es klappt! Schritt für Schritt nähern sie sich der Mitte der Brücke. Oben der Himmel, dunkelviolett in der Dämmerung. Unten die Stadtautobahn. Bettys Mann öffnet die Augen, lacht und weint zugleich. Er hat es geschafft, er steht auf der Slawomir-Brücke! Er würde seinem Schwager um den Hals fallen, wenn er sich nicht mit beiden Händen ans Geländer klammern müsste. Ihm ist so warm. Thomas hilft ihm aus der Jacke, in der sich Schlüssel, Telephon, die Brieftasche mit allen Papieren befinden. Jetzt die letzte Übung: Vorbeugen, über das Geländer. Die Angst besiegen. Noch ein Stückchen. Unten brausen die Lastwagen über die Autobahn. Ein kleiner Stoß. *Triumphierend, Thomas nachäffend* Voilà. Total logisch.

Schweigen.

Szene 14

CHRISTA *nachdenklich* Dass Thomas ihr Angst macht, hat sie am Telephon gesagt. Dass er so was Monströses an sich hat. Angerufen hat sie mich, aus Buenos Aires, immer wieder.

BETTY Aber doch nur wegen Weihnachten!

LEO Tut mal nicht so! Das war doch alles von Anfang an geplant! *Zeigt auf Christa* Du hast den Trottel ausgesucht. *Zeigt auf Betty* Du hast ihn geheiratet. *Zeigt auf Thomas* Und du hast ihn umgebracht.

THOMAS Aber nur, weil du *zeigt auf Leo* sie *zeigt auf Betty* eingesperrt hast! Sonst wär das alles nicht passiert!

LEO Nur blöd, dass man den Trottel identifizieren konnte. Die Lastwagen haben nicht viel von ihm übrig gelassen. Bis auf die Zähne. Am Ende verraten immer die Fresswerkzeuge, wer man ist.

CHRISTA Ich hab zwei Monster großgezogen.

THOMAS Du warst vor allem mit einem Monster verheiratet.

LEO Nein, mein Lieber! Den Spieß kriegst du nicht mehr rumgedreht!

THOMAS Abwarten. Bleiben wir noch ein bisschen bei Buenos Aires. Die Weihnachtsgeschichte. Betty, erzähl noch mal. Ganz von vorn.

BETTY Ich wollte unbedingt, dass Mama Weihnachten mit uns feiert. Du hast alles vorbereitet. Eine Palme geschmückt. Einen Fleischbraten vorbestellt.

CHRISTA Fleisch?

BETTY *schnell* Es war ein veganer Nudelauflauf.

THOMAS Kurz vorher sagt sie ab.

LEO Mein kratzbürstiges Kätzchen!

BETTY Deine neurotische Ex-Frau.

THOMAS Wir steigen ins Flugzeug, um sie abzuholen. Fliegen den ganzen Weg von Buenos Aires nach Düsseldorf.

BETTY Stehen bei ihr vor der Tür. Sie macht auf und sagt: Kinder, wie schön, dass ihr extra gekommen seid, um bei eurer alten Mutter Weihnachten zu feiern. *Zu Thomas* Du bist ausgerastet.

THOMAS Im Gegenteil. Ich war kühl und souverän. Du hast sie abgelenkt. Ich hab ihre Sachen gepackt. Wir hatten nur ein schmales Zeitfenster.

BETTY Aus dem Haus ging sie noch ganz ruhig mit. Aber als das Taxi kam, mussten wir alle Register ziehen. Ich hab ihr gut zugeredet, du hast sie angeschrien.

THOMAS Sie hat sich gewehrt wie Schlachtvieh.

CHRISTA Na, na.

THOMAS Nur mit Gewalt haben wir dich ins Taxi gekriegt! Ich dachte, der Taxifahrer zeigt uns an.

BETTY Ich hab ihm Geld gegeben. Das Dreifache im Voraus. *Stößt Thomas an, genüsslich* Wir schwammen schließlich im Geld. Wegen deinem Enthüllungsbuch.

THOMAS Mir war völlig schleierhaft, wie wir sie dazu bringen sollten, ins Flugzeug zu steigen.

BETTY Aber dann, als wir am Flughafen aus dem Taxi stiegen, beruhigte sie sich plötzlich. Neugierig schaute sie sich um.

CHRISTA Ich hätte stundenlang dort stehen können, an dieser Drehtür. Zusehen, wie sie alle rein und raus laufen. Zwei Geschäftsleute in Anzügen rein. Eine Kleinfamilie in Jogginghosen raus. Sieben Rentnerinnen rein, alle im gleichen karierten Hemd. Ein einzelner Mann mit Hund raus. Als würden sie da drinnen umgetauscht.

BETTY Im Terminal warst du dann richtig gut gelaunt. Wir ließen deine Arme los, vorsichtig. Du gingst trotzdem weiter zwischen uns her.

LEO Sehr hübsch. Kommen wir zum Punkt?

THOMAS Es lief gut. Sehr gut. Bis wir zur Kontrolle kamen.

BETTY Wir hatten alles dabei. Pässe, Visa, Impfausweise.

THOMAS Betty hält die Dokumente in der Hand. Wir treten an den Schalter. Mama sagt …

CHRISTA Ich sage: Komisch, ich fange fast an, mich auf die Reise zu freuen.

BETTY Da hab ich dir den Arm um die Schultern gelegt und dich kurz an mich gedrückt.

THOMAS Betty gibt dem Beamten die Papiere. Der Beamte schaut die Pässe an. Er schaut uns an. Die Pässe. Uns. Er muss einen Wink gegeben haben. Irgendeinen Knopf gedrückt, unter dem Tisch. Man greift von hinten nach unseren Armen. Man hat uns Handschellen angelegt, bevor wir auch nur fragen konnten, was los ist.

LEO Und?

THOMAS Was und?

LEO Was hat das mit mir zu tun?

THOMAS *zu Betty und Christa* Versteht mich hier jemand?

BETTY *langsam, Leo anschauend* Das würde Papa niemals tun.

THOMAS *triumphierend* Er war der Einzige, der Bescheid wusste! Er hat uns angezeigt!

LEO Ich und anzeigen! Ausgerechnet!

BETTY Wirklich, Thomas. Warum hätte er das tun sollen?

THOMAS Weil er die Wahrheit ahnte. Wir holten Mama nicht für Weihnachten. Wir holten sie für immer.

CHRISTA Ihr wolltet mich verschleppen?

BETTY Was? Wir wollten Weihnachten feiern!

THOMAS Lass uns die Karten offenlegen, Betty. *Zu Christa* Wir konnten einfach nicht mehr mit ansehen, wie er dich aufgerieben hat. Vier Wochen nach der Scheidung stand er schon wieder bei dir vor der Tür. Rosen, Rotwein, reumütiges Lächeln. Mit dir leben will er nicht, aber freigeben will er dich auch nicht.

LEO Du mieser kleiner …

THOMAS *zu Christa* Eine Riesen-Theorie hast du entwickelt, um zu erklären, warum du das Haus nicht mehr verlässt. »Die Welt hat sich in einen Kuhstall verwandelt.« »Rausgehen ist Unterwerfung.« Von wegen! Vor deinem Ex-Mann hast du dich versteckt. Der kreuzte immer auf, wenn's ihm schlecht ging. Hat dich ausgesaugt und fallen lassen.

LEO Du hörst dir diesen Quatsch doch nicht an, Christa?

CHRISTA Doch, ehrlich gesagt, schon.

THOMAS Sein neuester Einfall war, dich zu seiner Krankenpflegerin zu machen. *Leo nachahmend* »Ich bin todkrank. Mir bleibt nicht mehr lang.« *Zu Christa* Füttern, Windeln wechseln, am Ende um ihn weinen – das wäre dein Job gewesen. Er wusste genau, dass du es nicht schaffst, ihn zum Teufel zu schicken.

BETTY Das geht ein bisschen weit, Thomas. So ist Papa nicht.

THOMAS Wir konnten das nicht zulassen.

LEO Christa, du kapierst doch, was hier läuft, oder? Er fällt über mich her, weil ich krank bin! Wie der junge Wolf, der den alten angreift, sobald er Schwäche zeigt.

THOMAS Gib doch einmal im Leben etwas zu! Die Vorstellung, Mama würde eines Tages nicht mehr auf dich warten, wenn du an ihre Tür klopfst – das war zu viel für dich. Lieber lässt du sie verhaften, als dass sie dir wegläuft. Jetzt hast du alle sicher verwahrt, deine Frau und deine Tochter. *Böse grinsend* Nur dumm, dass ich auch hier bin.

LEO Faszinierend, wie du nach und nach dein wahres Gesicht zeigst.

Szene 15

Wärterin 2 kommt herein. Sie stellt sich hinter Leo und beginnt, ihn zu massieren. Betty und Christa sehen erschrocken zu.

THOMAS Dem geht's aber gut.

BETTY *zu Thomas, entsetzt* Du kapierst überhaupt nichts!

Schweigen.

THOMAS Betty?

BETTY Fass mich nicht an!

Schweigen.

CHRISTA *zu Leo* Wie fühlst du dich?

LEO Es geht.

THOMAS Großes Drama!

BETTY *zu Thomas* Siehst du nicht, dass er leidet?

THOMAS Nö.

Schweigen.

BETTY Wie kannst du so auf einen kranken Mann losgehen!

THOMAS Ich dachte, der arme kranke Mann hat dich jahrelang eingesperrt.

CHRISTA Lass gut sein, Junge. Das ist ein blöder Moment.

BETTY *zu Thomas* Du bist doch keinen Deut besser! Du … du hast mich doch nur befreit, um mich ein zweites Mal einzusperren! Wie der Vater, so der Sohn, und Betty das ewige Opfer.

THOMAS Was Besseres fällt dir wohl nicht ein.

BETTY Gleich nach unserer Ankunft in Buenos Aires ging es los. Du hast mir verboten, das Haus zu verlassen. Ein Ehemann, hast du gesagt, kann verlangen, dass die Frau ihm gehorcht.

CHRISTA Ehemann?

BETTY Wir sind als Mann und Frau eingereist. Schließlich haben wir den gleichen Nachnamen.

CHRISTA Deshalb hast du so geweint am Telephon!

THOMAS Das ist doch albern.

BETTY Ich war sein Eigentum. Er hat alles übernommen, arbeiten, einkaufen, Behördengänge, während ich zu Hause auf ihn warten musste.

LEO Weißt du, was ich gerade denke, Christa?

BETTY Ich war so verzweifelt. Verwirrt. Völlig allein in diesem fremden Land. Nur deshalb kam ich auf die Idee.

THOMAS Was für eine Idee?

BETTY Na, eben … die Idee.

THOMAS Dann lass mal hören. Wo ist die tolle Idee?

CHRISTA Es war meine Idee, Mäuschen.

BETTY Das musst du nicht tun, Mama.

LEO Ich denke gerade, dass wir eine Menge zusammen durchgemacht haben.

THOMAS Was für eine Idee?

LEO Ich hab Fehler gemacht, das ist mir klar. *Zu Wärterin 2* Nicht so fest, bitte.

CHRISTA *zu Thomas* Man hat leichtes Spiel mit dir. Wenn du dir was in den Kopf gesetzt hast, marschierst du los. Fernsteuern kann man dich, wie eine Maschine. Wenn ich mich weigere, an Weihnachten zu kommen, wirst du es eben erzwingen. Setzt dich ins Flugzeug und holst mich. Betty bringst du mit; schließlich kannst du sie nicht aus den Augen lassen.

LEO Ich hab dich verletzt. Auch betrogen. Das gebe ich zu. Aber ich bin immer wieder zu dir zurückgekehrt.

BETTY Jetzt fällt mir alles wieder ein! *Lacht.* Unglaublich, wie schnell man professionell wird. Man bleibt möglichst nah an der Wirklichkeit, weil das die Täuschung perfekt macht. Die Lügen gehen leichter über die Lippen als jede Wahrheit. Das Geschichtenerzählen wird zur zweiten Natur. Dann zur ersten.

THOMAS Ihr habt mich verarscht?

LEO Weil ich dich brauche, Christa.

BETTY Man findet sogar Freude daran. Freude am Lügen, an der Manipulation. Weil es so unglaublich einfach ist.

CHRISTA Ohne mich selbst loben zu wollen – mein Auftritt war filmreif.

BETTY Du warst super.

LEO Du musst mich nicht lieben. Du musst mir nicht verzeihen.

CHRISTA Der Taxifahrer muss geglaubt haben, ich sei geistesgestört. Und dann am Flughafen – plötzlich ganz brav, unauffällig, um kein Aufsehen zu erregen.

LEO Aber ich hab eine Bitte, Christa.

BETTY Irgendwann kann man gar nicht mehr damit aufhören. Täuschen macht süchtig. Ein Tag ohne Lügen kommt einem farblos vor. Als hätte er gar nicht stattgefunden. Stimmt's, Mama?

CHRISTA Genau, Mäuschen.

THOMAS Ihr habt mich nach Deutschland gelockt, um mich auszuliefern?

LEO *lauter* Christa?

CHRISTA *zu Leo* Moment noch. *Zu Thomas* Damit hast du nicht gerechnet, was?

THOMAS Ihr hübschen kleinen Verräterinnen! Und dann seid ihr am Flughafen in eure eigene Falle gelatscht.

LEO *will aufstehen, Wärterin 2 drückt ihn zurück* Ich versuche hier, mit meiner Frau zu reden!

THOMAS Bedankt euch bei dem da.

LEO Christa! Ich habe eine Frage!

CHRISTA Fragst du dich vielleicht, warum du auch hier sitzt?

LEO Nein, ich …

THOMAS Solltest du aber. *Zitierend* »Geliebter Bruder! Die langen Stunden, die ich eingesperrt in meinem Zimmer hocke, vertreibe ich mir mit Gedanken daran, was wir mit Papa machen, wenn die Stunde der Abrechnung kommt. Ich schlage vor, dass wir Papa waschen, trocken tupfen und rundherum scharf anbraten. Knoblauch und Zwiebeln schälen und in grobe Stücke schneiden, im Bräter andünsten und mit Rotwein aufgießen. Danach etwas abkühlen lassen und Papa zugeben. An einem kühlen Ort lassen wir Papa zwei Tage ziehen. Dann nehmen wir Papa aus dem Topf, trocknen Papa ab, braten Papa nochmals scharf an und garen Papa anschließend vier Stunden bei 120 Grad im Ofen. Dazu passen Klöße, Spätzle oder Kroketten.«

Szene 16

Während Thomas spricht, weicht Betty angeekelt vor ihm zurück. Gleichzeitig betritt Wärterin 1 den Raum. Sie schiebt eine Bahre auf Rädern vor sich her.

BETTY *zu Thomas* Das ist so was von widerlich, was du da erzählst!

THOMAS Hast du das geschrieben oder nicht?

BETTY *hysterisch* Hau ab!

CHRISTA Komm, Betty. Das bringt's nicht.

WÄRTERIN 2 *Leos Fettpolster befühlend* Der ist noch gar nicht so weit. Hat das Gewicht nicht.

WÄRTERIN 1 Tja. Ich zeig's dir.

Wärterin 1 blättert im Notizbuch; Thomas schaut ihr über die Schulter.

BETTY *zu Christa, in Bezug auf Thomas* Wie kann er ausgerechnet jetzt …

CHRISTA Egal. Weitermachen.

BETTY Okay. *Zu Leo* Papa! Was Thomas da zitiert, das hab ich nie über dich geschrieben!

LEO Ich weiß, Kindchen.

BETTY Ist nicht alles toll gelaufen, aber … Ich wollte mich nie an dir rächen.

CHRISTA Ich schon.

LEO Du?

WÄRTERIN 1 Hab's gleich.

CHRISTA Die Intrige gegen Thomas hat mich infiziert. Der Zauber des Verrats, die Erotik der Niedertracht. Plötzlich war da nur noch Hass. Auf dich, auf Thomas, auf alle Männer. Auf mein ganzes verpfuschtes Leben.

WÄRTERIN 1 Da ist es.

Thomas liest den Eintrag und weicht zurück. Er schaut sich um, sucht eine Waffe, greift schließlich nach Christas Stuhl.

WÄRTERIN 1 Vorbestellung für morgen. Geht sogar ins Ausland. Feierlicher Abschluss des G8-Gipfels in Kopenhagen.

WÄRTERIN 2 Schlachtung hier oder vor Ort?

WÄRTERIN 1 Hier. Transport auf Eis. *Steckt das Notizbuch weg* Immer nur schnell-schnell. Als ob der Kunde das nicht merkt.

CHRISTA Ich bin es gewesen. Ich hab dich angezeigt. Das wollte ich dir noch sagen.

Leo streckt die Hände nach Betty und Christa aus. Die Wärterinnen legen Leo auf die Bahre und schnallen ihn fest. Thomas nähert sich ihnen von hinten mit dem Stuhl. Er will Leo verteidigen.

LEO Christa. Meine Kinder. Ich bin so froh, dass wir reinen Tisch gemacht haben. *Als er Thomas bemerkt, der den Stuhl hebt, laut* Thomas! Nicht! *Besänftigend* Du meinst es gut, Junge. Aber du wirst es noch verstehen. Wir sind keine Tiere. Tiere liegen in Ketten. Sie werden geschlagen und getreten. Sie heulen und jaulen und beißen sich gegenseitig tot. Das hier ist die 203. Komm, setz dich zu uns.

Perplex stellt Thomas den Stuhl neben die Bahre und setzt sich.

LEO Christa, was ich dich fragen wollte. Jetzt, wo alles gesagt ist – meinst du, wir zwei haben noch eine Chance?

CHRISTA *ernst* Natürlich. Du bist ein klasse Typ. *Drückt seinen Arm.* Ich meine, ich hab nie aufgehört, dich zu lieben.

LEO Mein kratzbürstiges Kätzchen. Du machst mich so glücklich.

Sie küssen sich kurz auf den Mund.

LEO *zu Thomas und Betty* Kinder, ihr seid mein Ein und Alles. Das wisst ihr doch?

BETTY *den Tränen nah* Wir wissen es, Papa.

Die Wärterinnen schieben Leo zur Tür. Christa geht neben der Bahre her.

CHRISTA Leo, ich hab dir das nie gesagt. Du warst … stark.

LEO Ist gut, Christa.

CHRISTA Da wär noch so viel …

An der Tür scheuchen die Wärterinnen Christa weg. Sie bleibt hilflos zurück.

CHRISTA Ich krieg das hin! Verlass dich auf mich!

LEO Ich weiß, Christa! Ihr seid meine Familie!

BETTY *zu Thomas* Sag, dass du ihn liebst! Schnell!

THOMAS Ich … ich liebe dich, Papa!

LEO Danke, Thomas, ich weiß das zu schätzen!

Die Tür fällt zu.

CHRISTA *sich aufraffend, laut* Viel Glück bei der Operation!

Szene 17

Schweigen. Betty und Christa versuchen, ihre Betroffenheit in den Griff zu kriegen. Thomas starrt die Tür an.

THOMAS Ich pack's nicht.

CHRISTA *scharf* Er kommt wieder.

THOMAS Das glaubt du doch selbst nicht!

CHRISTA *mit neuer Autorität* Auf deinen Platz.

Alle drei setzen sich auf ihre Positionen; Leos Sessel bleibt leer.

CHRISTA Ihr hört mir jetzt zu. Euer Vater fährt nach Kopenhagen.

THOMAS *zynisch* Und was macht er Schönes in Kopenhagen?

CHRISTA Du hast doch gehört, dass er schwer krank ist. In Kopenhagen gibt es ein Spezialzentrum für Kardiologie.

THOMAS Ach ja? Könnte es sein, dass er da irgendwie draufgeht, in diesem Spezialzentrum?

BETTY Du bist immer so negativ!

THOMAS Vielleicht einfach nur realistisch?

CHRISTA *scharf* Schnauze! Ich hab gesagt, er kommt wieder, und damit basta.

BETTY *zu Thomas* Mama hat recht. Wir müssen weitermachen. Auch wenn es schwer ist.

CHRISTA In der Tat, ein schwerer Eingriff. Herztransplantation. Die Ärzte sagen, dass ihn das stark verändern kann. Vielleicht wirkt er erst einmal verwirrt, orientierungslos. Es könnte sogar sein, dass er uns nicht erkennt.

BETTY Wir nehmen ihn so, wie er ist.

CHRISTA Wir werden alles daran setzen, dass er sich zu Hause fühlt. Verstanden? *Wartet auf Antwort von Thomas. Schärfer* Verstanden?

THOMAS Wenn's dich freut.

Schweigen.

Szene 18

Die Tür fliegt auf. Die Wärterinnen kommen herein, eine Bahre schiebend, auf der eine schlafende junge Frau liegt. Wärterin 2 lacht über einen flotten Spruch, den sie soeben gehört hat.

WÄRTERIN 2 Deutschländer Würstchen! Der war gut!

BETTY Papa!

THOMAS *sehr überrascht* Das – das ging schnell.

CHRISTA Sag ich doch.

BETTY Er lebt! Er hat die OP überstanden!

WÄRTERIN 2 Deutschländer!

WÄRTERIN 1 So witzig war's auch wieder nicht.

Grob lassen sie die Schlafende auf Leos Sessel fallen.

WÄRTERIN 2 Wie heißt der eigentlich?

WÄRTERIN 1 Der Kollege vom Vollzug? Bully nennen sie den. Wegen den breiten Schultern. Russe, glaub ich.

WÄRTERIN 2 *im Rausgehen* Arbeitet der schon lange hier?

Die Tür fällt zu.

CHRISTA *beugt sich über den neuen Leo, beschnuppert ihn, erfreut* Schau mal einer an.

THOMAS Das ist eine junge Frau.

CHRISTA *zu Thomas, scharf* Was hab ich dir eben erklärt? *Zum neuen Leo* Mein lieber Leo. Jetzt hast du es hinter dir. Mitgenommen siehst du aus. Aber wir pflegen dich gesund.

THOMAS Das ist nicht Leo.

CHRISTA Der im Sessel ist immer Leo.

BETTY *zu Christa* Wer war eigentlich dieser Typ, der dich immer besucht hat? Während Papa im Krankenhaus war?

CHRISTA Was für ein Typ?

BETTY Dieser Russe. Mit den breiten Schultern.

CHRISTA Ach der. Vom Pflegedienst.

BETTY Wieso kommt der zu dir, wenn Papa gar nicht da ist?

CHRISTA Was willst du damit sagen?

BETTY Dass du Männerbesuch hattest.

CHRISTA Weißt du, wie schwer das ist mit einem Pflegefall in der Familie? Füttern, waschen, Windeln wechseln. Den ganzen Tag auf Achse. Du verschwindest neben einer solchen Aufgabe. Irgendwann bist du kein Mensch mehr. Schon gar keine Frau!

BETTY Das ist noch lange kein Grund dafür, sich mit so einem …

Der neue Leo regt sich.

CHRISTA Achtung.

Alle drei versammeln sich um den Sessel. Christa gibt das Zeichen. Thomas singt zögerlich mit.

ALLE Willkommen, willkommen auf 203 / Willkommen bei uns, du bist wieder dabei / Die Welt ist groß, der Mensch ist frei / Willkommen auf 203!

Der neue Leo richtet sich auf und beginnt zu zappeln. Christa und Betty halten ihn im Sessel fest.

NEUER LEO He! Was soll das!

CHRISTA Beruhig dich, Leo. Alles ist gut. *Tritt zurück, als sie erkennt, dass die junge Frau Angst vor ihr hat, und gibt Betty ein Zeichen.*

NEUER LEO Wo ... wo bin ich?

BETTY Zu Hause. Bei uns.

NEUER LEO 37 mal 14 ist 518. Der Amazonas mündet in den Atlantik. Ein Hektar sind hundert Ar. Der Stich einer Biene kann äußerst schmerzhaft sein. Die Hauptstadt von Malta heißt Valletta. – Okay. *Fasst sich an den Kopf.* Funktioniert noch.

THOMAS Oh Gott. Ist die süß.

BETTY *zum neuen Leo* Geht's dir gut, Leo?

NEUER LEO Hä?

THOMAS Ich ertrag das nicht.

CHRISTA *zu Thomas* Jetzt mach ihn doch nicht nervös.

THOMAS Sie haben ihn einfach ausgetauscht!

CHRISTA Reiß dich zusammen, verdammt noch mal!

THOMAS *zu Christa, langsam* Du bist der Nächste. Hab ich recht?

NEUER LEO Was seid ihr denn für Freaks?

Christa und Thomas sehen sich in die Augen. Ein angespannter Moment.

CHRISTA *leise, sehr scharf* Geh zum Sessel und begrüß deinen Vater.

Thomas starrt Christa noch einen Augenblick an, dann sinkt er in sich zusammen und nickt. Er kniet sich vor den Sessel und nimmt eine Hand des neuen Leo. Zutraulich schaut der neue Leo ihn an.

NEUER LEO Hallo.

THOMAS Hallo – Papa.

ENDE

Juli Zeh / Charlotte Roos
Yellow Line

Uraufführung am 10. Juni 2012
Staatstheater Braunschweig
Regie: Ivica Buljan

Personen

Doppelbesetzungen möglich
Keine Tiere erforderlich

PAUL
HELENE
CLARA
FRONTEX, *ein Grenzschutzbeamter*
DOLMETSCHERIN
ASCH-SCHAMICH
SCHIRMHERRIN
AUKTIONATOR
HERDENMANAGER
SECURITY-BEAMTER
2 BEAMTE DER FLUGSICHERHEIT
2 weitere BEAMTE am Flughafen
ÄGYPTER
diverse SPA-ANGESTELLTE
MENSCHENRECHTSAKTIVIST
PASSANT
ANWALT
PILOT
ZAUNBAUER
MUBARAK
ein weiterer FRONTEX-BEAMTER

1.

Frontex, ein 30-jähriger Grenzschutzbeamter, verhört Asch-Schamich, einen ca. 50-jährigen Mann in einfacher Arbeitskleidung, offensichtlich arabischer Herkunft, mit Hilfe von Dolmetsch (weiblich, 25). Asch-Schamich mischt sich immer wieder mit Beiträgen in einer arabisch klingenden Phantasiesprache ins Gespräch, die von Dolmetsch »übersetzt« werden.

FRONTEX Schwachsinn! Das ist totaler Schwachsinn!

DOLMETSCH Schreien Sie mich nicht an. Ich kann nichts dafür.

FRONTEX Nie kann einer was dafür! In meinem Job habe ich's nur mit Unschuldigen zu tun! *Zeigt auf Asch-Schamich* Sie können die Sprache da nicht richtig. Und übersetzen einfach irgendeinen Schwachsinn.

DOLMETSCH Klar. Wenn's keinen Sinn ergibt, ist die Dolmetscherin schuld. *Zieht Zettel hervor.* Mein Diplom aus Germersheim und Bologna trage ich immer bei mir. Wenn Sie mich beleidigen wollen …

FRONTEX Schon gut. Ganz ruhig. Noch mal von vorn. Herr Al-Schamich …

DOLMETSCH Asch-Schamich.

FRONTEX Herr Asch-Schamich wurde heute Morgen vor Lampedusa von einem Frontex-Schnellboot aus dem Wasser gezogen.

Kurze Pause.

DOLMETSCH Ist das eine Frage an Herrn Asch-Schamich?

FRONTEX Was denn sonst?

DOLMETSCH Okay. Er bestätigt das.

FRONTEX Er trug keinen Reisepass bei sich. Keinen Personalausweis, Führerschein oder irgendwelche anderen Dokumente, die Auskunft über seine Identität geben könnten.

DOLMETSCH Wenige Menschen führen in kleinen Fischerbooten Aktenordner mit sich.

FRONTEX Was hat er so früh am Morgen auf dem Mittelmeer gemacht?

DOLMETSCH Das sagte er bereits. Er war fischen.

FRONTEX Allein?

DOLMETSCH Mit seinem Freund Mubarak.

FRONTEX Und wo ist dieser Mubarak?

DOLMETSCH Weiß ich nicht.

FRONTEX Das wissen Sie nicht? Haben Sie ihn nicht verstanden?

DOLMETSCH Er weiß es nicht. Man dolmetscht in der ersten Person.

FRONTEX Dann dolmetschen Sie gefälligst und erfinden keine Märchen! Hatten Sie geplant, illegal in den Wirtschaftsraum der Europäischen Union einzureisen?

DOLMETSCH Nein. Das hatte ich nicht vor.

FRONTEX Aber fischen gehen ohne Boot, das hatten Sie vor, ja?

DOLMETSCH Natürlich hatten wir ein Boot! Wir haben Schiffbruch erlitten! Das habe ich Ihnen jetzt schon zehnmal erklärt.

FRONTEX Noch mal. In allen Einzelheiten.

DOLMETSCH Gegen drei Uhr früh sind wir raus. Heutzutage musst du ja fast bis Amerika rudern, um noch was zu fangen.

FRONTEX Sie wollten nach Amerika? Von Italien aus?

DOLMETSCH Eine Redensart, Herrgott noch mal!

FRONTEX Wieso Herrgott?

DOLMETSCH Allah. Ich übersetze Allah mit »Herrgott«. Sonst wird gleich ein Terrorbeauftragter hinzugezogen, und ich bekomme nur das halbe Honorar, weil der Tarif für feindliche Kombattanten unter dem für Asylanten liegt.

FRONTEX Herr Asch-Schamich übersetzt …?

DOLMETSCH Nein! Ich! Ich mache das so!

FRONTEX *verzweifelt* Okay. Weiter. Bitte.

DOLMETSCH Leergefischt, die komplette Küste. Das sind die Schleppnetz-Trawler aus der EU. Die machen den großen Reibach, und wir kleinen Fischer verhungern. Zu Zeiten meines Vaters konnte eine Familie gut vom Fischfang leben. Heute hingegen gibt es an allen Küsten Nordafrikas Dörfer, da müssen die Leute …

FRONTEX Kommen Sie zur Sache, verdammt noch mal! Er soll zur Sache kommen!

DOLMETSCH Gegen vier Uhr dreißig hatten wir unsere Position erreicht und machten uns daran, das Netz auszubringen. Plötzlich guckt Mubarak mich an und sagt: Hörst du das?

FRONTEX Hörst du – was?

DOLMETSCH Ein Pfeifen. Es kam von oben. Wurde schnell lauter. Begleitet von einem Zischen.

FRONTEX Wie ein Marschflugkörper?

DOLMETSCH Nicht ganz so laut.

FRONTEX Fliegerbombe? Daisy Cutter?

DOLMETSCH Schon eher. Wir gucken nach oben. Ich glaube, da war irgendwo ein Flugzeug.

FRONTEX Sie glauben?

DOLMETSCH Es ging alles so schnell. Wir gucken, das Pfeifen wird extrem laut, dann der Einschlag. Die Kuh trifft das Boot in der Mitte, genau zwischen uns. Ich glaube nicht, dass sie Mubarak direkt erwischt hat. Aber durch die Wucht des Aufschlags ist das Boot auseinandergebrochen. Die Teile flogen überall herum. Ich wurde ins Wasser geschleudert.

FRONTEX Eine Kuh, sagen Sie.

DOLMETSCH Genau. Wir wurden von einer herabstürzenden Kuh getroffen.

FRONTEX Sie wurden von einer aus dem leeren Himmel herabstürzenden Kuh getroffen, ja?

DOLMETSCH Dass der Himmel leer war, habe ich nicht gesagt. Es ging, wie gesagt, alles sehr schnell.

FRONTEX Wo ist die Kuh Ihrer Meinung nach hergekommen?

DOLMETSCH Von oben. Mehr weiß ich nicht. *Aufgeregt* Sie müssen weiter nach Mubarak suchen. Ich bin ewig hin und her geschwommen zwischen den ganzen Trümmern und konnte ihn nicht finden. Bei hohem Seegang verliert man sich leicht aus den Augen. Vielleicht ist er tot, ertrunken, aber vielleicht lebt er auch noch, an irgendeine Planke geklammert. Sie suchen doch weiter nach ihm, das tun Sie doch, nicht wahr?

FRONTEX Klar. Wir haben eh gerade nichts Besseres zu tun. *Kurze Pause.* Ich werde Ihnen sagen, was Sie gemacht haben. Sie haben Ihr Boot mit Absicht versenkt, weil Sie wussten, dass Frontex in der Nähe war und Sie rausziehen würde.

DOLMETSCH Wieso sollte ich mein Boot versenken? Das war Familienbesitz! Meine Existenzgrundlage, verstehen Sie? Ich hab keine Ahnung, wie es jetzt weitergehen soll! Was soll ich Mubaraks Frau sagen? Dass eine Kuh ihren Mann umgebracht hat? Und was meiner Familie? Dass eine Kuh unser Boot zerstört hat? Stellen Sie sich das doch mal vor! Ich habe Kinder!

FRONTEX Warum wollten Sie dann ohne Ihre Familie ausreisen?

DOLMETSCH Ausreisen? Wohin?

FRONTEX Sie haben doch gerade Ihre schwierige wirtschaftliche Lage beschrieben. Leer gefischte Küsten, europäische Trawler, bla bla. Deshalb wollten Sie in die EU, um dort Arbeit zu finden.

DOLMETSCH Aber nein! Man geht doch nicht einfach so von zu Hause weg. Würden Sie das machen? Einfach Ihre Familie verlassen, nur weil Sie denken, dass Sie am anderen Ende der Welt mehr Geld verdienen?

FRONTEX Das sollten Sie vielleicht mal die 20.000 Nordafrikaner fragen, die uns in den letzten Wochen auf die Pelle gerückt sind!

DOLMETSCH Mit denen habe ich nichts zu tun. Ich habe keine Verwandten in Frankreich.

FRONTEX *sarkastisch* Ihnen ist einfach nur eine Kuh auf den Kopf gefallen.

DOLMETSCH Nicht auf den Kopf. Ins Boot.

FRONTEX Es macht Ihnen also nichts aus, wenn wir Sie abschieben.

DOLMETSCH Sie schieben mich nicht ab, Sie bringen mich nach Hause zurück. So schnell wie möglich.

FRONTEX Das können Sie vergessen.

DOLMETSCH Wie bitte?

FRONTEX Da ist doch was faul.

DOLMETSCH Sie wollen ihn nicht gehen lassen?

FRONTEX Wen?

DOLMETSCH Herrn Asch-Schamich.

FRONTEX Der bleibt schön hier.

DOLMETSCH Im Auffanglager?

FRONTEX In Untersuchungshaft. Fliegende Kühe, was? Verarschen kann ich mich selber. Vielleicht eine Geheimdienstsache. Darum sollen sich die Leute von der Terrorabwehr kümmern.

DOLMETSCH Nein! Nicht die Terrorabwehr!

FRONTEX *ruft* Abführen!

2.

Clara und Paul bei einer Kunstauktion. Vorne die Schirmherrin und der Auktionator. Seitlich Helene in einem vergitterten Käfig. Die Moderationen treten immer wieder in den Hintergrund, werden zwischenzeitlich zum bloßen Soundtrack für Pauls und Claras Unterhaltung. Es kann auch über die im Text benannten Stellen hinaus Applaus eingespielt werden.

SCHIRMHERRIN Meine sehr verehrten Damen und Herren, liebe Gäste! Herzlich willkommen. Kunst ist politisch. Kunst ist demokratisch. Lassen Sie sich eine Bieternummer geben, steigen Sie mit ein! Sämtliche Erlöse dieses Abends kommen den Demokratiebewegungen in der arabischen Welt zugute.

PAUL Demokratiebewegungen! Die wollen doch nur die Telekom in Tripolis.

CLARA Helene hat schon recht: Du bist mehr der kritische Typ.

PAUL Mehr als was?

CLARA Mehr als sie.

PAUL Das ist neuerdings nicht besonders schwer.

SCHIRMHERRIN Ersteigerte Kunstwerke zahlen Sie bitte an unserer Kasse. Bitte vergewissern Sie sich jetzt, dass großes und schweres Handgepäck sicher unter Ihrem Sitz verstaut ist. Halten Sie angemessenen Abstand zu den Objekten. Zu Ihrer eigenen Sicherheit ist den Anweisungen des Personals unbedingt Folge zu leisten. Rauchen ist in sämtlichen Räumen des Auktionshauses verboten.

Helene öffnet die Tür des Käfigs.

PAUL Warum verlässt sie ihren Käfig?

CLARA Sie gibt ein Interview, soweit ich weiß.

PAUL Das macht sie doch sonst nicht.

CLARA Das hier ist nicht wie sonst. Ihre Arbeit interessiert hier im Grunde sowieso niemanden. Die Leute haben Geld, und Helene will ihren Marktwert testen, das ist alles.

SCHIRMHERRIN Ich komme jetzt zu den Danksagungen. Die Empfänger unserer Hilfsleistungen, die mutigen Rebellen von Bengasi, sind ja in aller Munde, doch die Unterstützer, die alles bezahlen, finden oft kaum Beachtung. Ich werde alphabetisch vorgehen, beginnend bei A. Zwischendurch werde ich eine großartige junge Künstlerin hier bei mir auf dem Podium begrüßen, aber nun erst einmal zu unseren Sponsoren, vielen Dank an Frau Dr. Hermine Arens, die …

Applaus.

AUKTIONATOR One five …. eintausendfünfhundert Euro hier vorne, onethousend sixhundred in the very back … one six … eintausendsechshundert Euro jetzt ganz hinten … eintausendsechshundert Euro … anyone more than one six … eintausendsechshundert Euro zum Ersten, eintausend – sssss – eintausendsiebenhundert, kommen Sie, Damundherrn, das Schicksal der Gaddafigegner ist mehr wert, eintausendsiebenhundert in der zweiten Reihe, Ihr Gebot noch immer bei tausendsiebenhundert …

PAUL Was für ein Arschloch.

CLARA Das ist sein Job.

PAUL Das ist doch Zuhälterei.

CLARA Hast du jetzt auch noch ein Problem mit Helenes Vergangenheit?

AUKTIONATOR Eintausendsiebenhundert zum Ersten, zum Zweiten, eintausendsiebenhundert zum …

PAUL Warum sollte ich. Das war vor meiner Zeit. Sagt Helene. *Ironisch* Außerdem läuft das heutzutage total sauber ab. So ein Eros-Center ist letztlich auch nichts anderes als ein Wellness-Park. Die Frauen arbeiten selbstbestimmt. Irgendwie muss man sich ja sein Kunststudium finanzieren. Sagt Helene. Sich zu verkaufen ist Teil der kapitalistischen Emanzipation. In unserem System hat jeder ein Recht darauf, Nutte zu sein. Sieht man doch hier.

AUKTIONATOR You deserve … eintausendsiebenhundert an die zweite Reihe.

Applaus.

AUKTIONATOR Die Bieternummer hundertvierundsechzig, Danke schön …

SCHIRMHERRIN Wir danken Herrn Dr. Distelmann, inzwischen sind wir bei D angekommen, Diebels, Diehl, Epson, EADS, mit E sind es nicht ganz so viele, F, ich mache mit dem Buchstaben F weiter …

AUKTIONATOR Hier kommt der großartige F.B.T., so nennt er sich …, bekannt für seine entwaffnende Ehrlichkeit. Ein besonders authentischer Künstler. Und dafür nur hundert Euro Startpreis, das ist geschenkt, Damundherrn. Los geht's. Hundert, hundertfünfzig, hundertachzig, hundertneunzig, zweihundert, and it's yours, two twenty, two twenty in the very back … twotwenty now, twofourty, twosixty now, twohundred and sixty, zweihundertsechzig hier in der zweiten Reihe bei zweihundertsechzig Euro, zwohundertsechzig, zwohundertachtzig, dreihundert, dreihundert hier die Bieternummer zwoundsechzig, dreihundertfünfzig von der Bieternummer neunundzwanzig, vierhundert Bieternummer hundertneunundneunzig, vierhundert Euro sind jetzt geboten, bei vierhundert Euro, anyone more than fourhundred Euros, vierhundertzwanzig, vierhundertfünfzig Euro, vierhundertfünfzig Euro sind geboten, vierhundertachzig, fünfhundert Euro an die eins neun neun, fünfhundert Euro sind jetzt geboten …

CLARA Ich kenne Helene schon ein bisschen länger als du, der Job damals hat ihr viel gebracht. Die ganzen Erfahrungen mit den seltsamsten Typen!

PAUL Ist gut, Clara. Ich hab kein Problem damit.

CLARA Solche Geschichten kannst du dir nicht ausdenken. Das hat ihre Kunst maßgeblich geprägt.

PAUL *laut* Ich habe wirklich kein Problem!

SCHIRMHERRIN Bevor ich mit meiner Danksagung beim Buchstaben H weitermache, bitte ich nun eine junge Dame zu mir aufs Podium, die Sie vielleicht kennen, die mit Leib und Seele für die gute Sache einsteht, die Nachwuchskünstlerin Mrs. Helene Zibirre, bitte kommen Sie zu mir!

Applaus. Helene betritt die Bühne.

AUKTIONATOR … zum … eintausendeinhundert … zwölfhundert … zwölfhundert hier vorne rechts … zwölfhundert sind geboten … zum Ersten, zum Zweiten, zwölfhundert Euro zum … *Hämmerchen.* Yours at twelvehundred, Bieter Nummer zweiundsiebzig!

Applaus.

HELENE Es ist mir eine Ehre und eine Herzensangelegenheit und eine Freude und eine große Herausforderung und … *Sie überlegt, aber es fällt ihr nichts mehr ein.* Mich am heutigen Abend für die unterdrückten Menschen in Libyen einzusetzen.

PAUL Oh Gott.

SCHIRMHERRIN *souffliert* Der Erlös fließt direkt in die Befreiung der Stadt Sirte.

HELENE Die wir unterstützen möchten, weil sie für unsere demokratischen Werte kämpfen, und wir helfen gerne mit unserer Kunst, die wir heute Abend hier versteigern. Danke.

Applaus.

PAUL Das tut weh. Körperlich. Spürst du das nicht?

CLARA Komm schon, Paul. Sie macht so etwas sonst nicht.

PAUL Ich meine das wirklich nicht böse. Ich gönne ihr den Erfolg. Aber gleichzeitig halte ich es fast nicht aus.

CLARA Was denn, verdammt noch mal?

PAUL Alles. *Äfft nach* Eintausendeinhundert in the very back, yours at twelvehundred, Bieter zweiundsiebzig, Applaus *klatscht übertrieben,* wir kommen zum Buchstaben XYZ, danke an die Rüstungsindustrie und die Ölfirmen, Applaus *klatscht übertrieben,* mit Leib und Seele für die Menschen in Libyen mit meiner Kunst, gute Nacht, leck mich.

CLARA Helene hat recht. Du bist echt überreizt.

SCHIRMHERRIN Hier noch einmal die junge Performerin, wir kennen sie als besonders radikale Vertreterin ihrer Generation.

PAUL *lacht* Radikal. Ausgerechnet Helene! Die Angepassteste von allen.

CLARA Sie macht Protestkunst. Das ist radikal.

PAUL Protestkunst ist angepasst. Radikalität ist angepasst.

HELENE *kommt in Fahrt* Ich möchte ganz grundsätzlich mit meiner Kraft, meinem Willen, mit meinem ganzen Körper sozusagen das Projekt unterstützen, weil es unsere Unterstützung absolut verdient. Unsere »Dienstleistungen« sozusagen.

SCHIRMHERRIN *unterbricht* Ganz wunderbar, dass Sie das Projekt mittragen.

HELENE Danke. Das war's grundsätzlich schon. *Sie verlässt die Bühne.*

PAUL Wofür demonstrieren die eigentlich in Libyen? Dafür, dass sie irgendwann genauso bescheuert werden wie wir hier?

CLARA Ach komm, denk an was anderes. Was hast du in deiner Give-Away-Tüte?

Clara schaut in Pauls Geschenktüte und vergleicht den Inhalt mit ihrer eigenen.

SCHIRMHERRIN Meine Damen und Herren, Zeit für einen Zwischenstand. Bislang 86.000 Euro für die Menschen in den belagerten libyschen Städten. Auch jetzt noch können Sie sich eine Bieternummer geben lassen. Niemand mit M, ich habe auf meiner Liste tatsächlich niemanden mit M, der sich für das Gelingen unseres kleinen Abends eingesetzt hat, N, O, P, Q, ich mache dann weiter mit R, wir bedanken uns beim Raum- und Luftfahrzentrum Braunschweig, dann das Unternehmen Rheinmetall, Familie Sander, die Firma Schlösser Alt, es ist noch Suppe da.

CLARA *mit Blick in die Tüte* Kniestrümpfe, Aachener Gewürzprinten, Gutschein über Eintrittskarten für … keine Ahnung, Pulswärmer, geil, die waren letztes Mal auch schon drin.

AUKTIONATOR Einhundertfünfzigeinhundertsechzigeinhundertsiebzigeinhundert achtzigeinhundertachtzigeinhundertneunzigzwohundert, zwohunderteurosindgeboten, zwohundzwanzigzwohundvierzig zwohundsechzigachtzigdreihundert, dreihundertzwanzigeuro, Bieter Nummer neunundfünfzig, dreihundertzwanzigdreihundertfünfzigeuro, vierhundert Euro, Bieter Nummer siebenundneunzig … das ist Kunst, Damundherrn, so jung und schon so verzweifelt, dreihundertfünfzig Euro, Bieter Nummer siebenundneunzig.

CLARA Kannst du mal nachsehen, ob bei dir die Pulswärmer grün oder grau sind, Paul? Wenn sie grau sind, können wir vielleicht tauschen?

PAUL Kannst du haben. Egal welche Farbe.

CLARA Nein, nein, hier, nimm die grünen dafür, wir tauschen.

SCHIRMHERRIN Liebe Gäste, wir kommen jetzt zu einer der interessantesten Performance-Künstlerinnen der letzten Jahre.

CLARA Was ist mit den Kosmetikprodukten, schau mal nach, was du hast. Wow, Lancaster. Ich verkaufe die im Internet und gebe dir das Geld.

PAUL *generervt* Du kannst das Zeug haben.

SCHIRMHERRIN Hier ist die fantastische Helene Zibirre!

Applaus. Helene wird im Käfig auf die Bühne getragen.

SCHIRMHERRIN Erleben Sie, was die junge Performerin aus einem Mindestgebot von tausend Euro machen wird!

PAUL Ich muss hier raus.

CLARA Bleib ruhig. Das ist die Kunstszene. Wollen wir Helenes Tüte schon mal aufmachen?

AUKTIONATOR Jetzt hier bei mir die fantastische Helene Zibirre, so eigensinnig und doch repräsentativ für eine ganze Generation. Sie spricht nicht, sie schaut Sie nur mit ihren warmen Augen an. Die Anwesenheit von Helene Zibirre, Damundherrn, genaue Bedingungen unterliegen den späteren individuellen Absprachen zwischen dem Erwerber – das können Sie alle sein, jeder von Ihnen, come on! – und der einzigartigen Performerin, der Künstlerin. Jetzt bin ich gespannt, Helene, schauen Sie sich diese Helene an, eintausend Euro liegen vor, nur eintausend Euro sind geboten …

Paul ist aufgesprungen und starrt Helene an, die ihm aus dem Käfig kokett zuwinkt. Er atmet schwer; fast sieht es aus, als wollte er sich auf den Auktionator stürzen. Clara versucht, ihn zurück auf den Stuhl zu ziehen.

PAUL Die versteigern Helene!

CLARA Das ist ironisch gemeint, Paul, genau das hat sie beabsichtigt. Du bist einfach gestresst. Überarbeitet. Zum Glück seid ihr bald im Urlaub.

PAUL *zu laut* Ich sehe da keine Ironie. Das ist alles Irrsinn!

AUKTIONATOR Und jetzt ... eleven ... twelvehundred in the back, bei zwölfhundert Euro jetzt, zwölfhundert, dreizehnhundertvierzehnhundert ...

CLARA Wo fahrt ihr eigentlich hin?

Paul starrt sie an, als hätte sie den Verstand verloren. Dann reißt er sich los und flieht Hals über Kopf aus dem Raum.

AUKTIONATOR Eintausendvierhundert, eintausendfünfhundert, eintausendsechshundert, eintausendsiebenhundert, eintausendachthundert, eintausendneunhundert, do you wanna do this girl, eintausendachthundert in the back, zweitausend da vorn, zweitausend sind geboten, threethousand Euros, dreitausend Euro ganz hinten rechts, bei dreitausend Euro, dreitausendzweihundert jetzt, threetwo, threethree, threefour, viertausend, fünftausend, you want her, fünftausend sind jetzt geboten, fünftausend zum Ersten ...fünftausend zum Zweiten ... und fünftausend zum ...

3.

Der Herdenmanager spricht direkt zum Publikum.

HERDENM. Meine Damen und Herren, liebe Landwirtinnen und Landwirte! Ich begrüße Sie herzlich zur Präsentation unserer neuesten Managementsysteme und bedanke mich für Ihr reges Interesse. Ich verzichte auf eine längere Einleitung und falle gleich mit der Tür ins Haus: Wir alle leiden unter denselben Problemen. Das Motto des 21. Jahrhunderts heißt »maximale Effizienz«. Wir alle müssen effizient arbeiten. Effizienz bedeutet, unter modernen Bedingungen massenhafte Ergebnisse mit minimalem Aufwand zu generieren. Keiner von uns kann es sich noch leisten, seine Kühe mit der Hand zu melken oder die Saatkartoffel persönlich in die Erde zu betten.

Gelächter.

HERDENM. Effizienz lässt sich nur durch geregelte Abläufe erzielen. Mit anderen Worten: Effizienz setzt Ordnung voraus. Leider lehrt uns der zweite Hauptsatz der Thermodynamik, dass alle bewegten Körper der Unordnung zuneigen. Das ist das physikalische Prinzip der Entropie: Alles, was sich bewegt, rennt und wuselt und wirbelt wirr durcheinander! Um Ordnung herzustellen, muss man einem System Energie zuführen. Management ist die Lehre davon, wie sich Ordnung mit minimalem Energie-Einsatz realisieren lässt. Meine Damen und Herren: Wir dürfen uns die neuen Herden-Managementsysteme als Energiesparmethoden denken. Energie zu sparen, nachhaltig Energie zu sparen, ist das ökonomisch sinnvolle Anliegen jedes Einzelnen von uns sowie das große gemeinsame Anliegen des 21. Jahrhunderts.

Applaus.

HERDENM. Vielleicht kennen Sie es aus eigener Erfahrung: Dem störungsfreien Ablauf wohnt unvergleichliche Schönheit inne. Im Dienst dieser funktionalen Schönheit stützt sich das Herdenmanagement auf die Idee von Optimierung durch Harmonisierung. Ich nehme die wichtigste Erkenntnis vorweg: Gewalt, meine Damen und Herren, ist ineffizient! Gewalt führt höchstens kurzzeitig zu Ordnung, was folgt, ist noch größeres Chaos, das einen noch größeren Einsatz von Gewalt verlangt und so fort. Ein Musterbeispiel der Ineffizienz.

Applaus.

HERDENM. Früher musste der Bauer selbst in Erfahrung bringen, wie es seinen Kühen geht. Er beurteilte das Befinden seiner Tiere an der Fresslust, am Verhalten oder an der Temperatur ihrer Hörner.

Bei Aufzählung der Kühe spricht er gezielt Frauen im Publikum an bzw. zeigt auf sie.

HERDENM. Jana hat die erwartete Leistung nicht erreicht. Sophie hat ihr Idealgewicht. Martha hat ein Energiedefizit. Susa ist trächtig. Vera hatte eine Fehlgeburt. Tina steht zur Besamung an. – Wir alle wissen: Eine leer stehende Kuh kostet Geld.

Zustimmendes Gemurmel, vereinzelter Applaus.

HERDENM. Niemand, meine Damen und Herren, niemand kennt Ihre Kühe besser als Ihr neues Managementsystem! Nach Jahrzehnten der Forschungs- und Entwicklungsarbeit können wir Ihnen ein hochkomplexes, vollautomatisiertes, computergesteuertes Verwaltungssystem zur Verfügung stellen, das es Ihnen erlaubt, Ihre Kühe im Wechselspiel mit technischen Apparaturen zu organisieren. Herdenmanagement ist wie Zauberei. Die Kühe übernehmen ihre eigene Betreuung und Versorgung. Statt ständig Hand an die Kuh zu legen, wird die Kuh dazu veranlasst, sich durch einen geregelten Prozess zu bewegen, indem sie ihren Bedürfnissen folgt. Nicht das Futter wird zu den Kühen gebracht – die Kühe suchen die Futterstelle aus eigenem Antrieb auf, passieren dabei den Melkroboter, gehen eigenständig zu ihren Liegeplätzen. Gewalt und Zwang sind viel zu teuer, meine Damen und Herren, es bedarf keiner Schläge, um die Kühe an den gewünschten Ort zu dirigieren. Nicht länger sind Melk- und Fresszeiten an den Tagesablauf des Menschen gebunden. Keines der Tiere ist angekettet. Es finden sich Apparate, die der Fellpflege dienen und die von den Kühen eigenständig frequentiert werden. Das Managementsystem sammelt alle nötigen Daten, sortiert kranke Tiere aus, führt brünstige Tiere der Besamung zu, verteilt Impfung und Medikamente. Es erkennt die individuelle Kuh anhand ihrer Personenidentifikationsnummer, stellt ihr die passende Nahrungsmenge zur Verfügung, vermittelt sie durch Schleusen, Vereinzelungsgatter und regulierbare Korridore an die Kranken- oder Entbindungsstation. Das System ist wie ein Organismus, meine Damen und Herren, in ständiger geregelter Bewegung. Es begreift den Kuhstall als modernen Transitraum. Es ist artgerecht. Von erfolgreichen Tierschützern empfohlen. Ihre raufutterverzehrenden Großvieheinheiten werden unsere Herdenmangementsysteme lieben!

Großer Applaus.

4.

Helene und Paul im Hotelzimmer. Helene putzt sich mit einer elektrischen Zahnbürste die Zähne.

HELENE Was hast du gesagt?

PAUL Ach, nichts.

HELENE Dir passt doch schon wieder was nicht.

PAUL Wieso »schon wieder«?

HELENE Seit wir hier sind, hast du schlechte Laune.

PAUL Ich glaube nicht, dass ich das noch zehn Tage aushalte.

HELENE Du tust so, als wären wir im Gefängnis.

PAUL Im Gefängnis wird man wahrscheinlich weniger kontrolliert.

HELENE Kontrolliert? Wer kontrolliert uns denn hier?

PAUL Hast du mal aus dem Fenster geguckt? Betriebsgebäude, Bungalows, Pools, Tennisplätze, Minigolf, Supermarkt, Friseur. Straßen. Gepflasterte Flächen. Alles so ein bisschen aufgelockert angeordnet, bloß keine rechten Winkel, damit sich der Kunde in der sogenannten »Anlage« nicht eingesperrt vorkommt. Sauber geschnittene Grünflächen. Die Wassersprenger laufen Tag und Nacht. Und dann diese geschlängelten Wege! Die sind nur geschlängelt, damit sie nicht gerade sind, aber dadurch sind sie noch viel gerader!

HELENE Du übertreibst.

PAUL Überall Zäune. Man bewegt sich wie in einem Gehege. Zu vorgeschriebenen Zeiten an vorgeschriebene Orte, wo einem das Essen vorgesetzt wird.

HELENE Kein Mensch zwingt dich zu essen, Paul. Das sind alles nur Angebote!

PAUL Warum halten sich dann alle sklavisch an diese »Angebote«? Wir sind um neun Uhr beim Frühstück, vorher noch schnell eine Liege am Pool reservieren, um 13 Uhr Mittagessen, und um 18 Uhr habe ich mich schon wieder im Speisesaal einzufinden, weil ich sonst schuld bin, dass das Buffet nicht wieder abgeräumt werden kann.

HELENE Du gehst dreimal am Tag in den Speisesaal, weil wir für das Essen bezahlt haben, das es dort gibt. Es kann doch auch erholsam sein, sich zu benehmen, wie alle anderen Leute auch. Was hast du denn erwartet bei einem Pauschalurlaub?

PAUL Schlimm genug, dass du mich dazu überredet hast.

HELENE Ich habe dich nicht überredet.

PAUL Es war deine Idee.

HELENE Es war unsere gemeinsame Idee, mal wieder in Urlaub zu fahren. Außerdem ist es billig hier, Paul!

PAUL Dann bleibe ich das nächste Mal zu Hause. Ich programmiere lieber den ganzen Tag Webseiten, als hier auf künstlich geschlängelten Wegen rumzulaufen!

HELENE Geht es dir wirklich um den Urlaub, oder bist du immer noch sauer wegen der Versteigerung?

PAUL Die Versteigerung interessiert mich überhaupt nicht.

HELENE Dich stört mein Job. Du kapierst nicht, dass das Kunst ist.

PAUL Mich stört, dass du mich zu diesem Horrortrip überredet hast.

HELENE Du wusstest, dass das ein All-inclusive-Angebot ist.

PAUL All inclusive!

HELENE Wo ist das Problem? Du musst dich um nichts selber kümmern und kannst endlich mal ein bisschen abschalten!

PAUL All inclusive, all inclusive, all inclusive.

HELENE Hör auf damit.

PAUL All inclusive, all inclusive, all inclusive …

HELENE *laut* Du benimmst dich wie ein Kleinkind!

PAUL ICH bin ein Kleinkind, weil DU nicht siehst, was hier abläuft?

HELENE Das Einzige, was ich sehe, ist deine Hysterie!

PAUL Vollpension, all-inclusive, Pauschalurlaub, ein bisschen abschalten, das ist Abrichtung, Gehirnwäsche, Freiheitsentzug, Vollnarkose, rundherum haben die Menschen nichts zu essen, und wir werden hier durch diese Fresstourismusanlage geschleust wie die Schwachsinnigen.

HELENE Das ist einfach nicht mehr normal, wie du dauernd ausflippst, nur weil wir diesen Urlaub gebucht haben. Versuch dich mal zu entspannen, Paul, ich habe mich darauf gefreut!

PAUL Normal, normal, normal, das ist nicht normal, pervers ist das!

5.

Helene und Paul im Hotelzimmer. Paul sitzt am Laptop und surft im Internet. Gleichzeitig läuft der Fernseher sowie ein Radio. Aus welchem der Geräte die »Medienstimmen« dringen, lässt sich nicht klar ersehen. Helene ist dabei, sich für einen Ausflug fertig zu machen.

MEDIEN 1 Kuh entlaufen! Hält sich im Wald versteckt! Yvonne Ende Mai ihrem Schlachter ausgebüxt!

MEDIEN 2 Auf den Barrikaden ist die Spannung unerträglich. Die Demonstranten stehen in Gruppen zusammen und beraten die Strategie.

HELENE Hätte ich nicht gedacht, dass ich mal an solchen Touren für Hotelgäste teilnehme. Aber die Führungen sind alle ziemlich anspruchsvoll.

MEDIEN 1 Yvonne beim Überqueren einer Landstraße fast mit Polizeiauto zusammengestoßen!

MEDIEN 2 Es ist zehn Minuten vor zwei in der Nacht zum Sonntag. Alle warten auf den Beginn der Ausgangssperre um zwei.

HELENE Und die Landschaft ist traumhaft. Die Architektur sowieso.

MEDIEN 1 Ich habe diese Kuh aufgrund ihrer Nervosität verkauft. Ihr Temperament ist unberechenbar. Wenn man sie in Bedrängnis bringt, wird sie gefährlich.

MEDIEN 2 Und auf das Militär, das aller Voraussicht nach versuchen wird, den Platz zu räumen.

HELENE Willst du nicht doch mitkommen, Paul?

PAUL Ich kann nicht.

HELENE Warum nicht?

PAUL Ich muss das hier im Auge behalten.

MEDIEN 1 Gefahrenabwehrverordnung gegen Yvonne: Die Kuh wird zum Abschuss freigegeben.

Helene streichelt Pauls Rücken; er wendet den Blick nicht vom Bildschirm ab.

HELENE Was denn im Auge behalten?

PAUL Geh einfach allein, ja? Geh ruhig. Ich erkläre dir das später.

HELENE Ich gehe ja allein. Allein zum Frühstück, allein an den Pool, allein ins Fitnesscenter, allein zu den Touren, allein an die Bar.

PAUL Ist doch super, dass wenigstens einer von uns den Urlaub genießt.

HELENE Ich wollte das mit dir zusammen machen! Ich habe mich darauf gefreut!

PAUL Tut mir leid, Helene. Ich kann nicht.

HELENE Bitte, Paul.

PAUL *reagiert nicht.*

MEDIEN 1 Tötet die Kuh! Tötet die Kuh!

HELENE Was ist bloß mit dir los?

PAUL *reagiert nicht.*

HELENE Ist es immer noch wegen der Versteigerung? Willst du mich bestrafen?

MEDIEN 2 In der Nacht zum Samstag wurden bei schweren Zusammenstößen zwischen Polizei und Demonstranten mindestens ein Mensch getötet und siebzig weitere verletzt.

Paul beginnt zu lachen.

HELENE Der Typ, der mich ersteigert hat, stellt mich eine Woche lang ins Foyer seiner Kanzlei. Im Käfig. Der will nur, dass seine steinreichen Mandanten mitkriegen, dass er Kunstliebhaber ist. Das ist alles.

MEDIEN 1 Ein Tiermedium soll telepathischen Kontakt zu Yvonne aufnehmen. Die Schweizerin liest die Gedanken der Kuh und bittet sie, aus dem Wald zu kommen.

HELENE Aber wenn dich das so sehr stört, sage ich es ab.

PAUL Schon okay.

MEDIEN 2 Neben Wasserwerfern, Gummigeschossen und Tränengas ging das Militär auch mit scharfen Waffen gegen die Demonstranten vor.

Paul lacht wieder.

HELENE Was ist los?

PAUL Das Transparent da. *Zeigt auf den Monitor.*

MEDIEN 1 Mehr Lärm wird der Hubschrauber verursachen, den der Radiosender Antenne Bayern in die Luft geschickt hat, um das ausgebüxte Rind aufzuspüren. Immerhin: BILD-Reporter haben einen frischen Kuhfladen von Yvonne gefunden.

MEDIEN 2 Ägypten wird explodieren!

PAUL Da vorn, ganz rechts! Der Typ mit der Mütze hält es hoch!

HELENE Da steht »Freedom« drauf. Na und?

PAUL *lacht lauter* Freedom! Das ist echt gut!

Helene wendet sich energisch ab und geht zur Tür.

HELENE Ich lasse mir nicht alles von dir kaputt machen.

MEDIEN 1 Waldkuh Yvonne: Die wichtigsten Fragen und Antworten.

MEDIEN 2 Frankreich hat rund zwanzig Kampfjets der Typen Rafale und Mirage 2000 abgestellt, die großteils in Korsika starten.

MEDIEN 1 Was frisst Yvonne im Wald? – Sie ernährt sich von Gras und Wasser.

PAUL Freedom!

MEDIEN 2 Zudem schickt Paris unter anderem vier Awacs-Flugzeuge zur Luftraumüberwachung sowie Tankflugzeuge.

MEDIEN 1 Hat sie Feinde im Wald? – Nein. Mehr als Mückenstiche hat Yvonne von anderen Tieren nicht zu fürchten.

HELENE *an der Tür* Soll ich dir wieder was vom Buffet mitbringen?

PAUL Das wäre lieb.

MEDIEN 2 Vom Flugzeugträger »Charles de Gaulle« aus starten zehn Rafale-Jets, sechs Angriffsflugzeuge vom Typ Super Etendard und zwei Hawkeye-Aufklärer.

MEDIEN 1 Ständig auf der Flucht – kann eine Kuh an Stress sterben?

Helene knallt die Tür hinter sich zu.

6.

Paul und Helene in der Security-Kontrolle am Flughafen. Sie stehen einem Security-Beamten gegenüber. Das Handgepäck hat soeben das Röntgengerät durchlaufen.

SECURITY *zu Paul* Ist das Ihre Tasche?

HELENE *betont freundlich* Aber ja. Die Tasche gehört ihm.

SECURITY *zu Paul* Ist das Ihre Tasche?

HELENE Das ist seine Tasche.

PAUL Natürlich ist das meine Tasche.

SECURITY Öffnen bitte.

HELENE Klar. Machen wir.

PAUL Wieso? Was ist mit meiner –

SECURITY Sie sollen sie öffnen.

HELENE *leise* Mach einfach die Tasche auf!

PAUL Okay. Hier. Was suchen Sie denn? Was soll da drin sein?

SECURITY Öffnen Sie das Seitenfach.

PAUL Im Seitenfach, was? Lassen Sie mal den Monitor sehen.

Paul betritt den Bereich hinter dem Gepäckband, um auf den Bildschirm zu schauen. Die verschiedenen Zonen sind mit gelben Linien am Boden markiert.

HELENE Paul! Du kannst nicht einfach hinter –

PAUL Die Dinger da? Suchen Sie die? Das sind die Ersatzbatterien für den –

SECURITY Sir! Bitte gehen Sie zurück vor das Band. Sie können nicht –

HELENE Die gelbe Linie, Paul.

PAUL Oder die Kabel da? Jetzt lassen Sie mich doch mal gucken. Ich weiß doch selbst am besten, was da drin ist. Die Kabel gehören zum –

HELENE Du sollst zurück auf deine Seite der gelben Linie –

SECURITY Sir! Gehen Sie zurück auf Ihre Seite!

PAUL Meine Seite? Ich versuche, Ihnen zu helfen, Mann!

SECURITY Das ist eine Sicherheitszone! Ich fordere Sie auf –

PAUL Sicherheitszone? Da, wo Sie stehen? Wieso soll das eine Sicherheitszone sein? Das sind einfach nur zehn beliebige Quadratmeter auf diesem Planeten. Genau die gleichen Quadratmeter wie hier vorn, nur eben etwas weiter, sagen wir, nordöstlich.

SECURITY Treten Sie zurück, Sir! Zu Ihrer eigenen Sicherheit! Sie dürfen hier nicht –

HELENE *zu Paul* Hör doch auf mit dem Scheiß.

Paul fängt an, hin und her über die gelbe Linie zu treten.

PAUL Kommt dann die Polizei, ja? Wenn ich hier stehe, ist es in Ordnung, und wenn ich HIER stehe, dann kommt –

HELENE Ich mein's ernst, Paul. Ich gehe da jetzt rein.

PAUL Kannst du mal aufhören, mich von der Seite anzuquatschen?

SECURITY *ins Funkgerät* 27-3, wir haben eine 45-D. 27-3, wir haben 45-D. Bitte kommen.

HELENE Kannst du dich endlich wieder benehmen wie ein normaler Mensch?!

PAUL *zu Helene* Glaub mir, ich bin der Normalste von allen hier. *Zum Security-Mann* Schauen Sie mal! Ich stehe hinter der Linie! Packen Sie mich jetzt an? Schubsen Sie mich weg? Lassen Sie mich abholen wegen irgendeiner gelben Gummilinie, die irgendein Arbeiter irgendwann hier auf den Boden geklebt hat? Ist das Ihr Job? Darauf sind Sie stolz? Sie verteidigen eine gelbe Gummi –

HELENE Das darf nicht wahr sein.

Zwei weitere Uniformierte treten hinzu – Beamte der Flugsicherheit.

FLUGS. Guten Morgen, Sir. Wären Sie so freundlich, uns zu begleiten.

PAUL Sind Sie von der Polizei?

FLUGS. Flughafensicherheit. Bitte kommen Sie mit.

PAUL Warum?

FLUGS. Sie stören hier die Ordnung.

PAUL Okay. Die Ordnung. Alles klar. Jetzt stehe ich ja wieder hier. Auf MEINER Seite.

FLUGS. Bitte kommen Sie mit.

PAUL Ich gehe nirgendwo hin. Ich stehe auf meiner Seite, und da bleibe ich.

FLUGS. Wir üben das Hausrecht aus, Sir. Wenn Sie nicht kooperieren, müssen wir Sie zum Ausgang des Gebäudes begleiten.

HELENE *zu den Beamten* Nehmen Sie ihn ruhig mit.

PAUL Ihr wollt mich rauswerfen?

FLUGS. Sie randalieren. Haben Sie getrunken?

HELENE Nehmen Sie ihn mit! Damit ich ihn nicht mehr sehen muss!

PAUL Die wollen mich hier rauswerfen.

HELENE Wenn du dich benimmst wie ein Vollidiot!

FLUGS. *zu Helene* Beruhigen Sie sich, junge Frau.

PAUL *zu den Beamten, sehr vernünftig* Hören Sie zu. Ich randaliere nicht, und ich bin auch nicht betrunken. Ich will meinen Rückflug antreten, für den ich bezahlt habe. Mehr nicht. Wir haben jetzt zwei Wochen lang alles gemacht, was von uns verlangt wurde. Können Sie uns endlich in Ruhe lassen? Ich stand nur kurz hinter der gelben Linie. Mal den Sicherheitsbereich ausprobieren, okay? War aber völlig unspektakulär. Jetzt lassen Sie mich in Ruhe.

FLUGS. Bitte kommen Sie mit.

PAUL Hören Sie überhaupt zu? Sind Sie ein Roboter? »Bitte kommen Sie mit, bitte kommen Sie mit!«

HELENE *zu Paul* Du wolltest doch unbedingt ins Gefängnis. Weil man da weniger kontrolliert wird. *Lacht.*

FLUGS. Die Leute warten. Sie stören die Abläufe.

PAUL ICH störe die Abläufe? Weil SIE mich nicht durchlassen?

HELENE *zu den Beamten* Sie werden es vielleicht nicht glauben, aber eigentlich ist er ein ganz normaler Mensch. Paul, bitte beruhige dich, was ist denn mit dir los?

PAUL *schreit sie an* Es ist nichts mit mir los, gar nichts, seit zwei Wochen fragst du mich, was mit mir los ist, mit mir ist aber nichts los. Gelbe Linie hin oder her, ich will einfach nur nach Hause!

FLUGS. *ins Funkgerät* 31-6, wir haben eine 52-B. 31-6, wir haben eine 52-B.

Zwei weitere Beamte nähern sich, gekleidet in martialisch schwarze Uniformen. Sie packen Paul am Arm. Dieser schlägt panisch um sich.

PAUL Fassen Sie mich nicht an! Lassen Sie mich! Ich will nach Hause … Aaaah!

7.

Ein Mann mit Atemmaske und einer alten Taucherbrille klettert auf einer ägyptischen Statue herum. Er säubert den Stein mit Bürste und Terpentin und trägt noch andere Putzutensilien bei sich. Helene und Paul zusammen auf der Couch. Sie haben es nach Hause geschafft.

AUFRÄUMER Jetzt muss erst mal der Unrat weg, der Müll, dann muss der Platz gefegt, der Marmor gewischt, eine Ordnung hergestellt werden – Hier am Kopf, das ist eine

Schweinerei, sogar die Mähne – Alles gründlich durchputzen, sonst kann nichts Neues entstehen. Der alte Dreck muss weg – *Er streicht über den Stein.* Überall Schrammen und Kratzer – Jetzt gilt es, das Land zu säubern, damit das normale Leben anfangen kann – Und Einschusslöcher sogar – Eine Ordnung herstellen, das ist schwerer als Revolution.

PAUL *mit dem Kopf in Helenes Schoß* Es tut mir so leid.

HELENE *ihn streichelnd* Glaub ich ja.

PAUL Ich habe alles versaut.

HELENE Nur den Urlaub.

PAUL Das hatte alles nichts mit dir zu tun.

HELENE Herzlichen Dank.

PAUL *hebt den Kopf* Wenn du das ernst meinen würdest mit der politischen Kunst, müsstest du mich eigentlich verstehen.

HELENE *drückt ihn zurück* Fang nicht schon wieder an.

AUFRÄUMER *holt eine alte Zahnbürste aus der Hosentasche* Eine Schande ist das, ich kriege die Farbe einfach nicht aus dem Auge heraus – Der Verkehr auf der Kreuzung rauscht schon wieder, die Barrikaden und Zelte sind verschwunden, jetzt müssen wir uns um Ruhe und Ordnung sorgen, da sind sich alle einig. *Er fummelt an seinem Mundschutz herum.* Die Tränengasschwaden sind verflogen, jetzt tragen wir die Masken zum Schutz vor dem Staub – Erst das Land säubern, dann sauber halten, das ist viel Arbeit – Hier am Hals, da muss ich noch mal drüber – Wenigstens die Innenstadt, wenigstens der Platz muss sauber sein, das ist zu unserer eigenen Sicherheit – Wenn die Revolution vorbei ist, kommt die Freiheit nicht von selbst. Die neue Regierung hat Normalität befohlen. Im Namen des Volkes! Die Brust krieg ich nicht sauber, die Farbe geht nicht runter, aber die Parolen können da nicht stehen bleiben –

PAUL Du bist meine Retterin. Du musst mich beschützen.

HELENE Übertreib doch nicht immer so maßlos!

PAUL Wenn du die Nazis am Flughafen nicht bezirzt hättest!

HELENE Sind halt auch nur Männer.

PAUL Ab jetzt bist du meine Außenministerin.

Sie küssen sich.

AUFRÄUMER Freiheit braucht Normalität, und Normalität braucht Ordnung, sonst ist das Land in wenigen Monaten bankrott, denn im Chaos wächst der Müll, und wer dort lebt, wo der Müll liegen bleibt, die Straßen nicht befestigt sind, wo es von Fliegen nur so wimmelt, der gehört zu Lebzeiten schon zu den Toten – An die Graffitis auf der linken Flanke muss ich mit Terpentin ran, die Zigarettenkippen zwischen den Krallen kratze ich raus – Wenn wir den Müll nicht wegschaffen, müssen wir uns nicht wundern, dass die jungen Leute sich einen Weg suchen in eins der Länder gegenüber, wo Ordnung herrscht und Sicherheit.

PAUL Du kümmerst dich um die Außenbeziehungen. Ich bleibe hier drin.

HELENE Das ist nicht dein Ernst.

PAUL Du kommst doch gut zurecht da draußen. Du magst es, wenn alle entlang der gelben Linien laufen. Wenn die Busse pünktlich fahren und jeder sich an die Regeln hält.

AUFRÄUMER Wo die Uhren richtig laufen, wo es Arbeit gibt und Brot für alle, wo die Busse pünktlich fahren, wo das Vieh nicht auf den Straßen herumläuft sondern in sauberen Ställen lebt – Zum Schluss noch ein Kübel mit Wasser über den Rücken, dann ist es getan –

Helene ist aufgestanden.

HELENE Ich dachte, es tut dir leid.

PAUL Das ist doch für uns beide das Beste. Du draußen, ich drinnen!

Helene läuft aus dem Zimmer.

AUFRÄUMER Wo eine angenehme Kühle herrscht, keine Fliegen. Wo die Läden zu festen Zeiten geöffnet sind, und jeden Tag die Post kommt. Wo die Menschen Steuern zahlen. Wo zwei und zwei vier ergibt, jeden Tag – Das Stück vom Kinn ist für immer verloren, die Löcher vom Schrot werden bleiben.

8.

Helene und Clara betreten ein Wellness-Center.

HELENE Ein riesengroßer Irrtum, hat er die ganze Zeit gesagt.

CLARA Was für ein Irrtum?

HELENE Dass die für Freiheit kämpfen.

CLARA Hä?

FRÄULEIN Willkommen bei Health 3000. Waren Sie schon einmal bei uns?

HELENE Ja.

CLARA Nein.

FRÄULEIN Empfehlen kann ich Ihnen heute das Achter-Mai-Package. Außerdem läuft die Over-Sixty-Aktionswoche, aber das kommt für Sie ja leider noch nicht in Frage.

HELENE Wir möchten drei Stunden Spa.

FRÄULEIN Selbstverständlich. Vielleicht mit Detox-Spa plus? Sehr zu empfehlen auch Farmorama, unser reichhaltiges Ritual aus Gesten und Düften. Zwei Stunden für 195 Euro.

HELENE Danke. Nur Sauna.

CLARA Was ist Detox-Spa?

FRÄULEIN Ein entgiftendes Fußbad. Unsere Füße sind die Wurzeln des Körpers und dienen als Energiequelle, wobei sie die Energie vom Boden aufnehmen. Hier Ihre Chipkarten. Damit können Sie sich in sämtliche Räume einloggen und eventuelle Extras bezahlen. Bei Verlust der Karte entstehen Health 3000 Unkosten in Höhe von 999 Euro, die wir an Sie weitergeben müssen.

Helene und Clara gehen auf den Eingang zu.

FRÄULEIN Bitte durch die Schleuse! Chipkarte scannen, gegen den Einlasshebel drücken! Immer entlang der gelben Linie!

CLARA Vor allem verstehe ich nicht, was der arabische Frühling mit eurem Urlaub zu tun hat.

HELENE Es war wohl wegen der Hotelanlage. – Halt, hier lang. Links Frauen, rechts Männer. Du musst nur der gelben Linie folgen.

CLARA War das Hotel nicht gut?

Helene und Clara erreichen das Schuhregal.

HELENE Doch, sehr gut, für den Preis sowieso … Schuhe ausziehen. Da ins Regal.

CLARA Strümpfe auch?

HELENE Klar. Badelatschen an.

CLARA Habe ich nicht.

HELENE *hält inne* Du hast keine Badelatschen?

CLARA So etwas besitze ich überhaupt nicht.

HELENE Scheiße. Noch mal zurück? Vorne welche leihen?

CLARA Ich leihe mir doch keine gebrauchten Badelatschen. Ich gehe barfuß.

HELENE Wenn das mal keinen Ärger gibt.

Sie passieren das Handtuchregal. Helene reicht Clara ein Handtuch.

HELENE Die immer gleichen Abläufe hat er nicht mehr ausgehalten. Sagt er. Feste Essenszeiten, Schlafenszeiten, nummerierte Liegen, Rasen nicht betreten, nur linksrum auf dem Jogging-Track joggen, überall Zäune. Manipuliert hat er sich gefühlt, ferngesteuert, beobachtet. Dabei haben wir …

BADEMEISTER Entschuldigen Sie! Den Nassbereich bitte nur mit geeigneter Fußbekleidung betreten!

HELENE Siehste!

CLARA Ach Gott, danke, dass Sie mich darauf hinweisen! Habe ich doch glatt meine Badelatschen vergessen.

BADEMEISTER Ich hole Ihnen vorne welche.

HELENE *mit Blick auf den Bademeister* Genau so etwas. Da wäre er gleich wieder ausgerastet. Wie bei der Kontrolle am Flughafen. Da hat er gebrüllt: »Wir haben doch jetzt zwei Wochen lang alles gemacht, was Sie wollten. Können Sie uns nicht endlich in Ruhe lassen?« Jetzt hat er eine Anzeige wegen Nötigung am Hals.

Sie erreichen die Desinfektionsanlage und sprühen sich die Füße ein.

CLARA Das kenne ich, dass irgendwelche Dinge, die ich normalerweise gar nicht bemerke, dass die mich plötzlich fertigmachen, wenn ich mal ein paar Tage frei habe.

BADEMEISTER Hier, bitte.

Er stellt die Latschen vor Clara, lässt sich die Chipkarte geben, scannt sie mit einem mobilen Scanner.

CLARA Danke.

HELENE Ich weiß nicht, ob das noch normal ist! Wäre ich nicht gewesen, hätte er sich wirklich mit denen geprügelt. Er ist überzeugt davon, dass irgendjemand ein Interesse daran hat, zu steuern, wo er hingeht, was er macht, sieht, hört, kauft …

CLARA Guck mal, Dinkelmüsliriegel. Die sind total lecker.

HELENE … und isst.

Mit der Chipkarte zieht Clara einen Müsliriegel aus dem Automaten. Helene dirigiert sie am Ärmel in die Umkleide und macht ihr vor, wie sie sich ausziehen und ihre Kleider im Spind verstauen soll.

CLARA *mit vollem Mund* Ein Interesse? Wer denn? – Hier ausziehen? – Die CIA? – Ich brauche keinen Kleiderbügel. – Die Bundeskanzlerin? – Okay, mit Kleiderbügel. – Mir geht diese kollektive Empörungs- und Demokratielüge ja auch auf die Nerven, aber –

HELENE Er verlässt das Haus nicht mehr.

CLARA Aber Paul übertreibt es ein bisschen.

HELENE Er spricht kaum noch mit mir.

Schweigen. Die beiden stehen einander gegenüber, in Handtücher gewickelt.

CLARA Wann musst du eigentlich zu deinem Anwalt? Der dich ersteigert hat?

HELENE Erst in zwei Wochen.

CLARA Im Käfig sitzen für Libyen?

HELENE So läuft das eben heutzutage.

Clara betastet sich, stellt fest, dass sie keine Taschen hat.

CLARA Und wohin jetzt mit der Chipkarte?

9.

Asch-Schamich sitzt einem Menschenrechtsaktivisten (ca. 60, Typ Sozialarbeiter) gegenüber. Dolmetsch kommt hinzu. Gesprächsverlauf wie in »Verhör I«: Asch-Schamich redet »Phantasie-Arabisch«, Dolmetsch »übersetzt«.

DOLMETSCH Hier stinkt's ja wie im Kuhstall.

AKTIVIST Zwanzig Häftlinge pro Käfig. Die ersticken förmlich in der eigenen Scheiße.

Dolmetsch und Asch-Schamich begrüßen sich, reden gleichzeitig »arabisch« aufeinander ein.

AKTIVIST Wird Zeit, dass die armen Menschen hier rauskommen. *Entnimmt einer Aktentasche stapelweise Dokumente.* Aber dafür sind wir ja da. Möglicherweise habe ich gute Nachrichten. In Europa wächst das Bewusstsein für das Flüchtlingsdrama in Libyen. Die Push-back-Politik der Grenzschutzagentur Frontex wurde von mehreren Menschenrechtsorganisationen als Menschenrechtsverletzung verurteilt. Mit anderen Worten, Herr Al-Schamich …

DOLMETSCH Asch-Schamich.

AKTIVIST … Asch-Schamich hat das Recht auf eine menschenwürdige Aufnahme in einem sicheren europäischen Hafen sowie auf ein rechtsstaatliches Asylverfahren. Die Unterlagen für das Asylverfahren haben meine Kollegen …

DOLMETSCH Nein danke.

AKTIVIST Was soll das heißen, nein danke?

DOLMETSCH Ich möchte nicht nach Europa.

AKTIVIST Wir sind bereits in Europa. Und es geht nicht um Sie, sondern um Herrn Asch-Schamich.

DOLMETSCH Ich spreche für Herrn Asch-Schamich. Man übersetzt in der ersten Person.

AKTIVIST Übersetzen Sie überhaupt?

DOLMETSCH Mein Diplom aus Germersheim und Bologna habe ich griffbereit.

AKTIVIST Ein Asylant, der nicht nach Europa will? Was soll das denn sein? *Stutzt, dann erleichtert* Sie wollen nach Nordamerika! Aber da muss ich Sie leider informieren, dass das Konzept des sicheren Drittlandes …

DOLMETSCH Noch einmal höflichsten Dank. Es tut mir sehr leid, dass ich Ihre geschätzte Gastfreundschaft zurückweisen muss. Aber meine Familie wartet auf mich.

AKTIVIST *irritiert, blättert in den Unterlagen* Ihre Familie hält sich bereits in Europa auf? Davon steht gar nichts in den Akten. Wo denn?

DOLMETSCH In Bishr. Einem kleinen Ort am Golf von Sirte.

AKTIVIST Das liegt nicht in Europa.

DOLMETSCH Eben.

AKTIVIST *sehr wütend* Wollen Sie mich verarschen? Das ergibt nicht den geringsten Sinn!

DOLMETSCH Klar. Wenn's keinen Sinn ergibt, ist immer die Dolmetscherin schuld. Ich kenne das.

AKTIVIST Sagt Asch-Schamich?

DOLMETSCH Das sage ich jetzt.

AKTIVIST Okay. Ganz ruhig. Noch mal von vorn.

DOLMETSCH Ich will nach Hause.

AKTIVIST *aufbrausend* Sie werden hier erst einmal Ihre Arbeit … *Unterbricht sich* Okay, okay. Schon verstanden. Erste Person. Also weiter.

DOLMETSCH Mein einziges Interesse besteht darin, zu meiner Familie zurückzukehren.

AKTIVIST Wenn Sie kein Asyl wollen, was zum Teufel machen Sie dann hier?

DOLMETSCH Ein großes Unglück! Schweres Schicksal! Mubarak ist tot. Ich werde grundlos hier festgehalten. Niemand glaubt mir. Die Kuh war ein Dämon! Vom Himmel herabgefahren, um mein Leben zu zerstören! Der Herrgott prüft seine Kinder hart!

Asch-Schamich beginnt, im »arabischen« Singsang zu beten.

AKTIVIST Kuh? Dämon? *Blättert halbherzig in den Unterlagen.* Die schönen Anträge … Herr Asch-Schamich, haben Sie schon einmal darüber nachgedacht, dass Sie in Europa ein besseres Leben erwartet? In Ihrer Heimat herrscht Krieg.

DOLMETSCH Das tut mir leid. Ich entschuldige mich für mein Land, wenn es Ihnen Unannehmlichkeiten bereitet.

AKTIVIST Die Küsten sind leer gefischt.

DOLMETSCH Das ist korrekt.

AKTIVIST Viele Menschen sind kaum noch in der Lage, ihren Lebensunterhalt zu verdienen. In Europa können Sie Arbeit finden. Vielleicht Geld nach Hause zu Ihrer Familie schicken. Ihren Kindern ein besseres Leben ermöglichen.

DOMETSCH Sie sind sehr freundlich.

AKTIVIST Es gibt auch Nachzugregelungen. Wenn etwas Zeit vergangen ist, kann Ihre Familie Ihnen vielleicht folgen. Sie werden fleißig arbeiten, sich eines Tages ein Einfamilienhaus kaufen. Sie bekommen Krankenversicherung, Sozialversicherung, Rentenversicherung, gehen regelmäßig zum Arzt, geben das Rauchen auf, zahlen Steuern und kaufen sich einen Fahrradhelm, Sie können einen Bauantrag stellen für eine Gartenlaube, vielleicht hätten Sie gern einen Hund, aber keinen Kampfhund, bitte, sondern einen ganz kleinen, der muss in öffentlichen Räumen an die Leine und braucht natürlich einen Chip im Hals für den europäischen Impf- und Reisepass. Sie besorgen sich einen Flachbildfernseher und das neueste Handy. Ihre Kinder können Hip-Hop-Kurse für Immigranten belegen, und es gibt inzwischen Bio-Supermärkte, die sind so billig, da kaufen sogar Hartz-IV-Empfänger ein.

DOLMETSCH Ich flehe Sie an. Helfen Sie mir.

AKTIVIST *erfreut* Genau das habe ich vor! Ihre psychische Störung kann uns sogar von Nutzen sein. Die Wahnvorstellung mit der Kuh und dem Dämon, das ist ein posttraumatisches Belastungssyndrom wegen der schrecklichen Leiden im Krieg. Das führt uns direkt in die Genfer Flüchtlingskonvention.

Verzweifelt greift Dolmetsch nach der Hand des Aktivisten.

DOLMETSCH Bitte! Lassen Sie mich gehen! Ich habe so schreckliches Heimweh! Diese verfluchte Kuh!

Asch-Schamich und Dolmetsch beginnen zu weinen.

AKTIVIST Aber nicht doch … Guter Mann … Ich meine, wir helfen gern, aber Sie müssen … Sie müssen schon kooperieren!

DOLMETSCH Ich kooperiere! Ich tue alles! Wenn ich nur zurück darf nach Bishr! An den wunderschönen Golf von Sirte!

Nach dem Ausbruch strafft sich Dolmetsch und nimmt wieder ihre professionelle Haltung an.

AKTIVIST *schreibt* Posttraumatische Belastungsstörung … Ich nehme das erst mal in die Akte auf … Wenn das Verfahren durch ist und Sie eine echte Aufenthaltsgenehmigung haben, können Sie im Urlaub nach Bishr fahren … An den wunderschönen Golf von Sirte … Ihre Familie besuchen … Ist das nichts?

Asch-Schamich weint weiter.

10.

Helene und Clara im Ruheraum des Spa. Auf Liegen, in Handtücher gewickelt, Schlafmasken oder Gurken auf den Augen, also blind. Anfangs hält Clara sich ein Buch vors Gesicht, als würde sie trotz der Blindheit lesen. Der Titel muss deutlich erkennbar sein: »Empört Euch!« von Stéphane Hessel.

HELENE Wir haben Vollpension gebucht und Vollpension bekommen. Darüber haben wir auf dem Hinflug noch zusammen Witze gemacht. 220 Euro pro Person und Woche, inklusive Flug, das macht 880 Euro im Monat, da würde es sich schon lohnen, die ganzen Hartz-IV-Empfänger in nordafrikanische Pauschalhotels zu verfrachten. Dazu die Asylanten, Soldaten, Rentner, Gefängnisinsassen und Krebspatienten, alles, was Geld kostet, geht in Pauschalurlaub, zur Entlastung der sozialen Sicherungssysteme. Die Länder da unten hätten auch was davon – Unmengen von Devisen, Unmengen von Jobs. Sozialarbeiter, Krankenschwestern, Gefängniswärter, Pflegepersonal, der ganze Betreuungsaufwand, das wäre Arbeitsteilung im globalen Maßstab. Im Norden wird gearbeitet und im Süden betreut. Mit den Hotelanlagen ist das optimale Modell doch längst gefunden. Ernährung, Unterhaltung, Gesundheitspflege – die drei Säulen des glücklichen Lebens. Für 220 Euro pro Person und Woche wären alle Probleme gelöst. Warum ist da eigentlich noch keiner drauf gekommen?

CLARA Ein bisschen kann ich Pauls Zynismus verstehen. Ich kann das auch nicht mehr hören: Empört euch, engagiert euch! Was wollen die denn alle? Bis vor Kurzem war Empörung noch eine Floskel von Politikern, die im Fernsehen rüberbringen wollen, dass sie besonders empathisch sind, aber dennoch nichts tun werden. Man war empört über einen Bösewicht im Nahen Osten oder in Nordkorea oder in China, aber Sanktionen gab es keine.

Zwei Angestellte des Spa kommen herein und beginnen, Helene und Clara die Füße zu baden bzw. zu massieren.

HELENE Vollpension heißt eben drei Mahlzeiten am Tag, und dafür gibt es Buffets, wo man sich links die Teller nimmt und in einer Schlange mit all den anderen Hotelgästen an den großen Schüsseln vorbeiläuft und sich etwas nimmt, zum Schluss die Servietten und das Besteck und Wasser und Apfelsaft aus der Getränkemaschine, das ist normal, aber Paul war schon nach drei Tagen nervös, die Zäune, hat er gesagt, machen mich verrückt, ich halte die Zäune nicht aus. Man kann nichts aussperren, hat er gesagt, aussperren ist immer eine Lüge, man kann nur einsperren, und wir sind hier eingesperrt. Wir sind freiwillig hier, habe ich gesagt, niemand hat uns eingesperrt, wir haben uns das Hotel ausgesucht, und so schlecht ist es doch auch nicht, alles gut durchdacht, praktisch und sauber, aber das waren genau seine Stichworte, gut durchdacht und sauber!, hat er mich nachgemacht, und außen herum der Zaun!

CLARA Auf einmal besinnen sich alle möglichen Trottel auf die eigentliche Bedeutung des Wortes und denken, wenn sie es nur oft genug in den Mund nehmen, wird im Internet ein Volksaufstand daraus. Empörung und Demokratie, das sind die beiden Wörter, die ich im Moment am meisten hasse.

Weitere Bedienstete des Spa treten ein und beginnen mit der Maniküre.

CLARA Und wenn ich mir vorstelle, wie die Leute morgens nach dem Pinkeln als Erstes ins Internet gehen, um sich zu empören und über Demokratie und den Zustand der Welt zu bloggen. Oder die, die mit der Kaffeetasse neben der Tastatur an ihrem gut bezahlten Arbeitsplatz im Büro sitzen, die empören sich auch und laden zur Empörungsgruppe bei Facebook ein und nehmen sich in ihrer Empörung auch noch wichtig. Ich halte das nicht aus. Alle Leute, die ich kenne, machen jetzt plötzlich Empörungsparties und spielen Empörungsfußball und machen Empörungskunst und Revolutionskunst und Demokratiekunst.

Sie richtet sich auf und versucht, zu Helene hinüberzusehen, obwohl sie wegen der Gurkenmaske blind ist und die Spa-Bediensteten im Weg stehen.

CLARA Ich hoffe, bei dir bleibt es bei der einen peinlichen Aktion für Libyen?

Als Helene nicht reagiert, lässt sie sich resigniert zurücksinken.

HELENE Gut durchdacht und sauber und außen herum der Zaun, hat er die anderen Gäste am Buffet angepöbelt.

Futterautomaten, Getränkeautomaten, Waschanlage, Massage und Liegeplätze, hat er gerufen und dabei hysterisch gelacht, kein Zwang, keine Gewalt, und alle gehorchen freiwillig. Natürlich habe ich versucht, ihn zu beruhigen, aber er hat mich gar nicht mehr gehört oder gesehen. Es kamen ein paar Animateure und haben ihm freundlich einen kleinen Spaziergang vorgeschlagen. Verpasst ihr mir jetzt Elektroschocks?, hat Paul gerufen und immer weiter gelacht, aber er ist widerstandslos mitgegangen, hat sich erst auf dem Flur losgerissen und ist in unserem Zimmer verschwunden. Da ist er dann geblieben. Ich sperre mich jetzt selbst ein, hat er gesagt. Selbsteinsperrung als letztes Refugium der Selbstbestimmtheit.

Es kommen noch mehr Spa-Angestellte und machen Kopfmassage, Nackenmassage, Peelings, Ganzkörpermasken, so dass Clara und Helene völlig von Pflegepersonal verdeckt sind.

CLARA *äfft nach* Empört euch! Engagiert euch! Vernetzt euch! – Was soll das, ich will mich nicht empören, weder auf Facebook noch sonst wo, ich will davon nichts mehr hören, am Ende ändert sich ohnehin nichts. Es sind ein paar Wochen lang alle empört und fertig. In den arabischen Ländern, in London, in Griechenland, in Spanien. Und vor allem im Internet.

HELENE Arabischer Frühling und Yvonne. Yvonne und Arabischer Frühling. Tag und Nacht. Es ist nicht leicht, mit einem Irren zusammenzusein, der nachts nicht ins Bett geht, sondern nur den Ton vom Fernseher leiser dreht.

CLARA *richtet sich wieder blind auf* Welche Yvonne?

HELENE *richtet sich ebenfalls blind auf* Das ist diese entlaufene Kuh, über die seit Wochen auf allen Kanälen berichtet wird. Paul hat da einen Zusammenhang entdeckt, den er jetzt zu verstehen versucht. »Ich komm noch drauf«, sagt er die ganze Zeit, »ich komm noch drauf, was das zu bedeuten hat.«

II.

Der Herdenmanager spricht zum Publikum.

HERDENM. Die neuen Managementsysteme sind sanft. Die neuen Managementsysteme sind flexibel. Die neuen Managementsysteme sind unsichtbar. Sie ersetzen Zwang durch Konditionierung, Unterdrückung durch Bedürfnissteuerung. Sie drohen nicht, sondern berechnen. Sie schlagen nicht, sondern sie organisieren. Nach den neuesten Entwicklungen im Herdenmanagement wird nicht ein-, sondern ausgesperrt. Meine Damen und Herren, modernes Herdenmangement begreift Herrschaft und Kontrolle als das Designen von Bewegungsabläufen und verwandelt eine Herde in eine Bedürfnisgemeinschaft!

Applaus.

HERDENM. In einer solchen Bedürfnisgemeinschaft gibt es keine Strafen mehr, weil es keine Vergehen gibt. Ein Vergehen beruht letztlich auf Eigensinn. Das moderne Management ersetzt Eigensinn jedoch durch »Individualität« und Individualität ist als Abweichung vom errechneten Durchschnittswert definiert. Die verwalteten Individuen können nicht entscheiden, sondern nur wählen. Den Individuen genügt die Wahl, da sie kein Schicksal mehr besitzen. Gehen Sie mit der Zeit, liebe Landwirte und Landwirtinnen!

Zwang ist out, Management ist in! Modernes Herdenmanagement funktioniert wie eine zirkulierende Maschine und kennt folglich keine Willkür. Ohne Willkür kein Schicksal, ohne Schicksal keine Erzählung, ohne Erzählung keine Entscheidung, ohne Entscheidung keine Fehler, Ausfälle, Vergehen, Störungen … Alle, wirklich alle Lebensabläufe werden mechanisiert. Das Individuum wird nicht zerstört, sondern verbraucht und ersetzt.

Heftiger Applaus.

HERDENM. Letztlich geht es doch immer um Freiheit, meine Damen und Herren! Frei von Schicksal, frei von Verantwortung, frei von der Last zu entscheiden können sich die Individuen ganz auf ihre Bedürfnisse konzentrieren, was sie befähigt, bestmögliche Leistung zu erbringen. Der globale Erfolg unseres Systems gibt uns recht. Multinationale Konzerne, ja, ganze Länder zählen zu unseren zufriedenen Abnehmern! Schließen Sie sich der Revolution an, meine Damen und Herren! Investieren Sie in die Zukunft! Mit einem unserer innovativen Herdenmanagementsysteme!

Tosender Applaus.

12.

Paul und Clara im Park. Clara mit einem einzigen Hund, Paul führt vier Hunde unterschiedlicher Größe an der Leine.

CLARA Es geht mich normalerweise nichts an, wie du deine Probleme löst, aber, wo ich dich schon treffe, Helene macht sich wirklich Sorgen um dich.

PAUL Und deshalb lauerst du mir jetzt auf?

CLARA Helene hat mir schon erzählt, dass du an Verfolgungswahn leidest, aber dass es so schlimm ist …

PAUL Linus! Lass das!

CLARA Helene weiß nichts davon, dass du jetzt Hunde ausführst, oder?

PAUL Was willst du, Clara?

CLARA Ich habe dich zuerst in Schutz genommen, aber jetzt habe ich dich durchschaut, Paul.

PAUL Schön für dich.

CLARA Du hast einfach keine Lust mehr zu arbeiten. Das hat mit Politik nichts zu tun.

PAUL Püppi, Platz!

CLARA Ein selbstständiger Webdesigner mit zwei abgebrochenen Studiengängen, der als Hundesitter arbeitet.

PAUL Amelie! Aus!

CLARA Vor lauter Sensibilität erträgt er die böse Welt nicht mehr. Überall wird er versklavt. Gegängelt. In Hotels. An Flughäfen. Auf der Straße. Und erst recht von seinen Auftraggebern.

Ein Passant bleibt stehen und betrachtet die Hunde.

PASSANT Ist der Große da ein Pitbull?

PAUL Ich wüsste nicht, was Sie das angeht.

PASSANT Wenn das ein Kampfhund ist, braucht der einen Maulkorb. Steht im Gesetz.

PAUL *brüllt unbeherrscht* Verpiss dich, du Nazi-Arsch! Fass, Felix! Fass!

Die Hunde zerren an den Leinen. Der Passant entfernt sich eilig. Paul spuckt ihm hinterher.

CLARA Er rebelliert. Lehnt sich auf. Macht einfach nicht mehr mit. Wird aggressiv. Gerät mit Leuten in Konflikt. Erträgt keine Supermärkte mehr. Keine Bahnhöfe, keine Arztpraxen, keine Ämter. Verlässt kaum noch das Haus. Surft im Internet. Arbeitet nicht mehr.

Paul geht schneller, als wollte er Clara entkommen. Gleichzeitig sieht er sich um, sucht irgendwie eine geeignete Stelle.

CLARA Ich verstehe sehr gut, dass dein Job dich nervt. Du kriegst tausend Euro für den Internetauftritt irgendeines neuen Friseurladens, der genauso pleite ist wie du. Und jedes Arschloch glaubt, dir Vorschriften machen zu können. Aber Helene arbeitet auch. Wer zahlt denn eure Miete in letzter Zeit?

Paul hat es plötzlich eilig, er zerrt die Hunde weiter.

PAUL Komm, Püppi. Linus, Felix, Amelie, vorwärts!

CLARA *ihm nacheilend* Du kannst dich nicht einfach im Internet verkriechen, während Helene deine Rechnungen bezahlt!

Paul bleibt stehen, Clara holt ihn ein.

PAUL So. Hier ist gut.

CLARA *außer Atem, langsam sauer* Ich werde nicht dabei zusehen, wie Helene sich wegen dir fertigmacht!

Paul macht sich an den Halsbändern der Hunde zu schaffen.

CLARA *wütend* Hörst du mir überhaupt zu?

Er hat die Halsbänder der Hunde gelöst und wirft die Leinen auf den Boden. Die Hunde sehen ihn erwartungsvoll an.

PAUL Lauft! Ihr seid frei!

Die Hunde rühren sich nicht.

CLARA *sehr scharf* Helene braucht keinen Typen mit Adoleszenzkrise.

PAUL Na los! Da ist der Wald!

Paul rennt ein paar Schritte auf die Hunde zu, um sie zu verjagen. Diese halten das für ein Spiel und umtanzen ihn freudig.

CLARA Helene hat sich selbst ihr Studium finanziert. Sie weiß auch, dass nicht alles super ist auf der Welt. Aber sie jammert nicht rum und identifiziert sich mit entlaufenen Tieren.

Paul hebt einen Stock vom Boden auf und schleudert ihn nach den Hunden.

CLARA Paul! Hörst du zu? *Laut* Deine ganzen wirren Theorien sollen doch nur vertuschen, was für ein feiges Arschloch du bist!

Die Hunde bringen den Stock zurück und warten auf den nächsten Wurf.

PAUL *jetzt auch wütend* Nicht apportieren! Ihr sollt weglaufen! In die Freiheit!

CLARA *mit Blick auf die Hunde* Gib dir keine Mühe, ich falle nicht rein auf diesen Quatsch.

PAUL *klatscht in die Hände, schlägt nach den Hunden* Nie – wieder – Halsband! Nie – wieder – Leine!

CLARA Und Helene auch nicht.

PAUL *ehrlich verzweifelt* Bitte. Lauft doch. Ich flehe euch an.

Er geht in die Knie und umarmt die Hunde.

PAUL Lauft endlich weg.

CLARA Die totale Regression. Die Verwandlung eines Erwachsenen in ein Kleinkind.

Paul erhebt sich, sieht Clara plötzlich direkt an.

PAUL Es geht hier nicht um irgendwelche Jobs.

CLARA Worum dann?

PAUL Du hast NICHTS verstanden. Gar nichts.

Er dreht sich um und geht schnell davon. Die Hunde rennen ihm nach.

13.

Paul sitzt in einem Wartezimmer und hält sich den Kopf. Er hört Stimmen, die durcheinanderschreien und ihn schier in den Wahnsinn treiben.

MEDIEN 1 Es ist Freitag, kurz nach sechs Uhr, als Tierarzt Henning Wiesner das Blasrohr mit dem Betäubungspfeil ansetzt und auf Yvonne zielt.

MEDIEN 2 Noch ein paar Schritte läuft das 650 Kilo schwere Tier Richtung Wald. Dann fällt Yvonne.

MEDIEN 1 Doch der Plan, die Betäubte in den Viehtransporter zu hieven, scheitert.

MEDIEN 2 Yvonne wird also mit einem Gegenmittel aus der Betäubung geholt, die Tierschützer fesseln sie. Seile werden um alle vier Hufe gebunden, ein Halfter und eine Augenbinde angelegt.

MEDIEN 1 Yvonne erwacht wieder, muht laut, tritt um sich, springt mit allen Vieren in die Höhe. Erst mit Hilfe des Traktors gelingt es, sie in den Transporter zu ziehen.

PAUL Nein!

MEDIEN 1 Experten kritisieren das Vorgehen.

MEDIEN 2 »Die das gemacht haben, haben keine Ahnung, wie man eine Kuh verlädt. Was dort getan wurde, ist grenzwertig« …

MEDIEN 1 … meint Roger Gras von der Landwirtschaftskammer Rheinland, der nach eigener Aussage selbst schon …

MEDIEN 2 … »bestimmt 100 Kühe, Rinder oder Kälber auf einen Transporter getrieben hat«.

MEDIEN 1 Der Rummel habe Yvonne völlig kopfscheu gemacht.

MEDIEN 2 Das hätte man viel besser machen können!

MEDIEN 1 Weniger Menschen, vor allem keine Photographen und Kamerateams, hätten für Yvonne weniger Stress bedeutet.

MEDIEN 2 Auf dem Gnadenhof darf Yvonne, ohne einen Nutzen zu bringen, bis an ihr Ende leben.

MEDIEN 1 Dann wird alles gut sein.

PAUL *schlägt sich an den Kopf* Nein!!

Als er aufsieht, sitzt ihm der Anwalt gegenüber. Schlagartig herrscht Stille.

14.

Paul sitzt dem Rechtsanwalt gegenüber, der zunächst freundlich, dann etwas ungeduldig ist.

ANWALT Wie kann ich Ihnen helfen?

PAUL Ich weiß gar nicht, wo ich anfangen soll. Ich bin ein bisschen aufgeregt.

ANWALT Einfach die Fakten.

PAUL Die Fakten? Das sind ziemlich viele, oder? Besteht nicht das ganze Universum aus Fakten?

ANWALT Worum es geht.

PAUL Mir? Ums Prinzip. Um die Wahrheit. Irgendwie auch um Gerechtigkeit, natürlich.

ANWALT *guckt in seine Unterlagen* Wenn ich es richtig sehe, liegt eine Anzeige gegen Sie vor. Nötigung, Hausfriedensbruch, versuchte Körperverletzung. Anzeigeerstatter ist …

PAUL Vielleicht erst mal eine Frage. Die Freiheit des Menschen endet dort, wo die Freiheit eines anderen anfängt. Das ist doch die Grundlage unserer Rechtsordnung, oder?

ANWALT Bei der von Ihnen zitierten Formulierung handelt es sich nicht um eine juristische Norm. Es ist mehr ein moralphilosophischer Grundsatz als eine subsumtionsfähige …

PAUL Aber grob gesagt?

ANWALT Grob gesagt, könnte man grob sagen, dass das stimmt.

PAUL Wenn ich mich in einer Shopping-Mall auf den Boden setze, wessen Freiheit stört das?

ANWALT Wo auf den Boden?

PAUL Auf den Boden eben. Links der Eingang zum H&M, daneben Rossmann, MANGO und die Apotheke. Schräg hinter mir die Rolltreppen und rechts der Gang zu den Sanifair-WCs. Waren Sie schon mal in einem Sanifair? Man wirft einen Euro ein, um durch ein Vereinzelungsgatter geschleust zu werden.

ANWALT In den Wickelraum kommen Sie umsonst rein.

PAUL Man bekommt einen Wertbon, den man nach dem Kacken in einem der angrenzenden Geschäfte einlösen kann. Die Spülung geht automatisch, wenn man aufsteht.

ANWALT Direkt vor den Rolltreppen?

PAUL Was?

ANTWALT Auf dem Boden direkt vor den Rolltreppen?

PAUL Nicht direkt davor. Schräg daneben.

ANWALT Wie viele Meter Abstand von den Rolltreppen?

PAUL *generervt* Sagen wir, drei Meter. Ich sitze in einer Shopping-Mall am Boden, drei Meter von den Rolltreppen entfernt. Wen stört das?

ANWALT Die öffentliche Ordnung.

PAUL Wer ist das?

ANWALT Das ist die Allgemeinheit. In diesem Fall wahrscheinlich die Bewegungsabläufe. Sie stören die Bewegung der anderen. Sie sitzen im Weg.

PAUL Warum haben die alle das Recht zu laufen, aber ich nicht das Recht zu sitzen?

ANWALT Sie können ja sitzen. Auf einer Bank.

PAUL Und wenn ich nicht auf einer Bank sitzen will, sondern am Boden?

ANWALT Warum sollten Sie am Boden sitzen wollen?

PAUL Einfach so. Es ist doch ein öffentlicher Raum, oder nicht? Da darf sich jeder frei bewegen. Was ist, wenn ich laut singe? Oder auf eine Bank steige und meine Lebensgeschichte erzähle? Oder mich bei MANGO rasiere? Oder in der Apotheke schlafe?

ANWALT Es gibt nun mal Regeln. Die dienen auch Ihrer eigenen Sicherheit.

PAUL Was ist denn gefährlich an den Dingen, die ich aufgezählt habe?

ANWALT Ich verstehe nicht, worauf Sie hinauswollen. In Ihrer Anzeige steht –

PAUL Sind Sie heute schon Auto gefahren?

ANWALT Selbstverständlich.

PAUL Was passiert, wenn Sie einsteigen und den Motor anlassen?

ANWALT Der Motor springt an?

PAUL Hoffentlich. Und danach beginnt das nervtötende Gebimmel. Bimm, bimm, bimm, immer lauter und schneller. Bis Sie sich angeschnallt haben.

ANWALT Ich schnalle mich sowieso an.

PAUL Ich mich auch. Besser gesagt, ich WÜRDE mich anschnallen. Wenn mein Auto nicht versuchen würde, mich dazu zu zwingen. Ich lasse mich nicht von einer Maschine bevormunden, für die ich jeden Monat 320 Euro Leasinggebühr zahle!

ANWALT Sie wissen, dass Sie mich pro Stunde bezahlen?

PAUL Nein.

ANWALT 350 Euro. Wir sollten also langsam zur Sache kommen.

PAUL Ich bin unschuldig. Ich habe niemanden geschädigt.

ANWALT Doch. Die Flughafenbetreibergesellschaft.

PAUL Indem ich über eine gelbe Linie getreten bin?

ANWALT Hier steht, die Angestellten fühlten sich von Ihnen bedroht.

PAUL Eine gelbe Linie! Am Boden! Die können Sie überall hinmalen! Und jedes Mal, wenn einer drübertritt, entsteht ein Schaden.

ANWALT Man hat Sie mehrfach aufgefordert, die Sicherheitszone zu verlassen.

PAUL Die wahren Geschädigten sind doch die Bürger, denen man alles weggenommen hat. Ihren Stolz, ihre Würde, ihre Freiheit. Selbst die Politik wurde abgeschafft und durch ein System aus Entertainment und Administration ersetzt. Niemand wehrt sich, niemand protestiert. Alle lassen sich unterhalten und bewirtschaften und trotten brav die gelben Linien entlang.

ANWALT Ich würde vorschlagen, dass Sie sich entschuldigen. Förmlich. Wir können bei Gericht einen Antrag auf Einstellung des Verfahrens wegen Geringfügigkeit stellen und Ihre Entschuldigung beilegen. Vielleicht zieht auch die Flughafenbetreibergesellschaft ihre Anzeige zurück.

PAUL Entschuldigen? Niemals. Ich will einen fairen Prozess.

ANWALT *amüsiert* Sie wollen nicht, dass Ihr Verfahren eingestellt wird?

PAUL Wir werden einen Präzedenzfall schaffen! Einen Schauprozess initiieren! Und Sie sind mein Verteidiger. Für das Plädoyer habe ich schon ein wenig Vorarbeit geleistet. *Legt einen dicken Stapel Unterlagen auf den Tisch.*

Kurzes Schweigen.

ANWALT *ungeduldig* Herr Thiel, waren Sie schon einmal vor Gericht?

PAUL Nein.

ANWALT Ein Gebäude vom Charme einer Gesamtschule. Sie warten mit vielen anderen auf einer Bank. Irgendwann werden Sie aufgerufen und betreten einen kleinen Raum.

Resopalmöbel, Linoleum am Boden, Jalousien vor den Fenstern. Irgendein pickliger Rechtsreferendar vertritt die Staatsanwaltschaft und leiert seinen Text aus der Handakte runter. Der Richter ist 64 und trägt Gesundheitslatschen unter der Robe. Er hat 15 Minuten für den Fall anberaumt. Man sagt Ihnen, wo Sie sitzen sollen. Man fragt mich, welche Anträge ich stelle.

PAUL Keine Öffentlichkeit?

ANWALT Die Verhandlung ist öffentlich. Aber zu so etwas kommt natürlich niemand.

PAUL Ich bekomme nicht die Möglichkeit, mich zu verteidigen?

ANWALT Sie könnten behaupten, dass Sie es nicht waren. Aber die Beweislage ist ziemlich eindeutig.

PAUL Aber mein Plädoyer! Sie sind doch mein Verteidiger! Sie können eine Grundsatzrede halten gegen die Versklavung des freien Menschen! Gegen die Infantilisierung des Bürgers! Wollen Sie das denn nicht?

ANWALT Sie sehen zu viele amerikanische Gerichtsfilme.

Schweigen.

ANWALT Stellen Sie sich ein Amtsgericht wie einen Flughafen vor. Nur kleiner. Vorne landen die Leute vor dem Richterpult, hinten fliegen sie wieder raus. Manche Transit ins Gefängnis. Die meisten ab nach Hause. Wir wünschen Ihnen einen sicheren Heimweg und einen schönen Tag. Tschüs, bye-bye und auf Wiedersehen.

Schweigen. Aus Paul ist alle Energie gewichen. Er ist völlig am Boden zerstört.

PAUL Aber SIE verstehen mich?

ANWALT Wie bitte?

PAUL Sie können mir nicht helfen, aber Sie wissen doch, wovon ich spreche? Sie halten mich nicht für verrückt? Es ist vielleicht so, dass Sie das Thema nicht so interessiert, dass Sie nicht so darunter leiden, aber im Grunde finden Sie schon, dass ich recht habe, oder?

ANWALT *zögernd* Ich weiß nicht recht ... Vielleicht sollten Sie mit jemand anderem sprechen ...

PAUL Nein! Sagen Sie es nicht! Sagen Sie jetzt nicht »Arzt«!

ANWALT *schweigt.*

PAUL *flehend* Sagen Sie einfach nur, dass Sie mich verstehen!

ANWALT Herr Thiel, ich denke, ob ich Sie verstehe, tut überhaupt nichts zur Sache. Es geht einzig und allein um die Frage ...

PAUL Was ist das?

Pauls Blick ist in einer Ecke des Raums hängen geblieben, er beugt sich leicht vor.

ANWALT Was?

PAUL Der Käfig da.

ANWALT Ach, das. *Lacht* Etwas schwer zu erklären. Ab Montag sitzt da eine Frau drin.

Paul erstarrt, was dem Anwalt nicht aufzufallen scheint.

PAUL Sie meinen – eine echte?

ANWALT Eine echte Frau. Wie sie leibt und lebt.

PAUL Um die 30?

MEDIEN 2 Seile werden um alle vier Hufe gebunden, ein Halfter und eine Augenbinde angelegt.

Paul fasst sich kurz an den Kopf, er hat wieder Stimmen gehört.

ANWALT Ende 20, Anfang 30. Sehr gut aussehend.

PAUL Performance-Künstlerin?

ANWALT Sie sagen es.

PAUL Auf einer Auktion ersteigert?

ANWALT Zu einen Spottpreis. Waren Sie auch da?

Paul erhebt sich drohend vom Stuhl.

PAUL Werden Sie ab und zu aufstehen und sie anfassen? Und Ihre Mandanten? Dürfen die sich auch bedienen?

Paul hat sich dem Anwalt genähert, es sieht aus, als ob er ihn im nächsten Augenblick würgen wird.

ANWALT Geht es Ihnen nicht gut?

PAUL *laut* DESHALB wollen Sie meinen Prozess nicht führen! DESHALB wollen Sie mich nicht verteidigen!

ANWALT Herr Thiel, ich habe ehrlich gesagt keine Ahnung …

PAUL *schreit* Was wird hier gespielt? Willst du mich fertigmachen?

ANWALT Herr Thiel! Beruhigen Sie sich! Es ist doch nur Kunst! Völlig harmlos! Ohne jede Bedeutung!

Paul packt den Anwalt am Kragen und schüttelt ihn.

PAUL Ihr kriegt mich nicht. Verstanden? Vielleicht kriegt ihr Helene, aber mich nicht.

ANWALT *schreit* Sind Sie wahnsinnig?

Paul stößt den Anwalt von sich und rennt aus dem Raum.

ANWALT *wütend* Das gibt die nächste Anzeige, Herr Thiel! Nötigung, Hausfriedensbruch, versuchte Körperverletzung! Sie kriegen Ihr Verfahren! Wir schicken Ihnen unsere Rechnung!

15.

Ein Mann, der ganz offensichtlich sehr gut verdient, vor einem Modell der Grenzschutzanlagen in Melilla. Landkarten. Laserpointer. Vielleicht arbeitet er neue Mitarbeiter ein?

ZAUNBAUER Wenn von Grenzschutz die Rede ist, sind meist auch Zäune gemeint, und wenn Zäune gemeint sind, dann bin gleichzeitig ich gemeint. Jedenfalls, wenn es sich bei den Auftraggebern um einen Mitgliedstaat der Europäischen Union handelt. Vor allem, wenn die südlichen Außengrenzen geschützt werden sollen. Schnell und wirksam. Wenn die Zäune nur so aus dem Boden sprießen sollen, dann wendet man sich an mich. Nur an mich! Dabei spielt Geld keine Rolle, Geld für Grenzschutz ist immer vorhanden, überall auf der Welt, Geld für Zäune gibt es im Überfluss. Es wäre ausreichend Geld da, um die gesamte nordafrikanische Küste einzuzäunen. Und die Westküste bis runter nach Mauretanien gleich mit. Geld für Zäune, die oben bis zum Mond und unten bis auf den Grund des

Meeres reichen. Geld für unüberwindbare Schutzwälle gegen Menschen, die zu uns kommen wollen. Fliegend. Oder schwimmend. Europa könnte die Mittel aufbringen für einen Sicherheitszaun, der einen ganzen Kontinent dicht macht, damit die Schwarzen nicht rauskönnen. Für ein Gitter, das von der einen Seite geöffnet werden kann, wenn wir in den Urlaub wollen. Oder wieder mal etwas brauchen aus Afrika. Ein Gitter, das aber für die Schwarzen fest geschlossen bleibt. Ich helfe dabei, diesen europäischen Traum zu verwirklichen. Ich bin der Grenzanlagenexperte des Vertrauens, seit im Oktober 2005 die Menschen zu Hunderten in die Zäune hineingerannt sind.

Er wendet sich dem Modell zu. Startet eventuell eine Powerpoint-Präsentation, zeigt Bilder etc.

ZAUNBAUER Damals ging es darum, bei gesteigerter Effektivität die Verletzungsgefahr an den Anlagen rund um die Enklaven Ceuta und Melilla zu reduzieren. Damit nicht so grausame Bilder um die Welt gehen, von jungen Schwarzen, die im Stacheldraht festhängen. Ich habe eine Konstruktion gewählt, da gab es nie zuvor etwas Vergleichbares. Ein weltweit einzigartiges System, für das sich längst auch die USA interessieren, um ihre Anlagen an der Grenze zu Mexiko zu perfektionieren. Sehen Sie hier. Zunächst mussten bestehende Zäune erhöht werden auf sechs Meter, dann sind Stacheldrahtspiralen und Bandeisen entfernt worden, um die Sperrzäune mit weniger verletzungsträchtigen Bewehrungen zu versehen. Außerdem musste ein dritter Zaun hochgezogen werden, so gebaut, dass man ihn gar nicht erklimmen kann. Diese weitere Sperre bestand aus einem drei Meter breiten Drahtlabyrinth zwischen zwei Meter hohen Betonpfeilern. Zwischen den beiden vorhandenen Zäunen habe ich Stacheldrahtkissen auslegen lassen. Das Ganze wurde dann noch ergänzt durch eine Zeitalarmanlage, die in Funktion gesetzt wird, sobald sich jemand im näheren Umkreis des Grenzwalls befindet. Es entzünden sich alle 125 Meter grelle Lichtpunkte, die Irritationen bewirken und bei Nacht zudem eine totale Verengung der Pupillen verursachen. Zusätzlich wird automatisch Pfefferwasser versprüht, um den »Angreifern« *macht mit den Fingern Anführungsstriche in die Luft* die Sicht zu erschweren. Radaranlagen an sämtlichen Türmen des Territoriums ermöglichen es, wahrzunehmen, wenn sich jemand im Umkreis von zwei Kilometern vom Inneren Marokkos her nähert. Das System arbeitet zuverlässig unter allen erdenklichen klimatischen Bedingungen und beinhaltet mehrere Kameras, die sich sofort auf den jeweiligen Bewegungspunkt richten. Dadurch kann sofort ausgemacht werden, ob es sich um eine Annäherung von Migrantinnen, Fahrzeugen oder Tieren handelt. Für dieses Abwehrsystem musste Spanien ein bisschen was investieren, das ist klar, aber ganz ehrlich, seither ist dort Ruhe, und meine Auftragslage hat sich dadurch, na ja, ich sage jetzt mal: optimiert. Auch wenn es natürlich eine Illusion ist zu glauben, man könnte die Migration nach Europa durch irgendetwas stoppen. Kann man nicht. Ganz ehrlich. Selbst in Zeiten der Eurokrise nicht. Aber, na ja, im Moment wollen alle Zäune, ich baue Zäune. Das Geschäft könnte nicht besser laufen.

Er benutzt einen Laserpointer.

ZAUNBAUER Hier jetzt das Grenzgebiet zwischen der Türkei und Griechenland. Die Türkei ist nur Durchgangsstation, da will niemand bleiben. Neun von zehn Flüchtigen, die nach Europa wollen, versuchen es über Griechenland, das hat der Rechercheauftrag der Flüchtlingsroutenuntersuchung ergeben. Offenbar hat es sich noch nicht rumgesprochen, dass Griechenland – egal. Viele wollen mit dem Boot über die Ägäis, nicht meine Zielgruppe, andere versuchen den Fluss zu durchschwimmen, da helfen die Kollegen von Frontex. Die allermeisten lassen sich aber über den Landweg schleusen. Auf einer Länge von 12,5 Kilometern bildet trockenes Land die Grenze zwischen den beiden Staaten. Da gehört die neue Abwehranlage hin, die zuverlässig dafür sorgt, dass die Flüchtlinge in der Türkei bleiben. Von den Maßen her ist das ein Kinderspiel. Der Grenzzaun wird so weitgehend mit Hightech ausgerüstet sein, dass jeder Atemzug, der ihn streift, aufgezeichnet werden kann. Das wird eine der modernsten Grenzschutzanlagen der Welt. Ich setze alles ein, was erlaubt ist, Radar, Wärmesensoren, Nachtsichtgeräte und dann einen Klassiker, vom Preis-Leistungs-Verhältnis absolut unschlagbar: Stacheldraht. Heute ist man damit wieder weit weniger zimperlich als noch vor ein paar Jahren. Das Tempo hat sich erhöht, der Druck ist durch die politischen Umwälzungen in Nordafrika noch größer geworden. An den Küsten funktionieren die Kontrollen nicht richtig. Mal ganz ehrlich. Ich kann mich vor Aufträgen kaum retten. Die Einzäunung Europas – das ist schon ein zentraler Beitrag zum Migrationsmanagement.

16.

Paul und der Pilot, wobei der Pilot NICHT auszusehen hat wie ein Pilot.

PAUL Ich habe gehört, dass Sie keine Fragen stellen.

PILOT *nickt.*

PAUL Sie fliegen das Flugzeug, ich bezahle Sie dafür, das ist alles.

PILOT *nickt.*

PAUL Das Flugzeug werden Sie nach meinen Bedürfnissen chartern.

PILOT *nickt.*

PAUL Wie kurzfristig lässt sich das machen?

PILOT Kommt drauf an.

PAUL Worauf?

PILOT Wo es hingehen soll und was Sie transportieren.

PAUL Nordafrika. Genauere Informationen erhalten Sie später. Die Fracht ist ... *räuspert sich unsicher* ... ein Tier.

PILOT *unterbricht* Mir ist völlig egal, was Sie transportieren. In den Papieren geben wir sowieso »Möbel« an.

PAUL Möbel?

PILOT Es ist nicht verboten, sein gesamtes Mobiliar mit einer Cargomaschine durch die Gegend zu fliegen.

PAUL Auch lebendiges Mobiliar?

PILOT Im Grunde gehört doch fast alles zu den Möbeln. Dinge. Tiere. Die meisten Menschen.

PAUL Da haben Sie vielleicht recht.

PILOT Ich hafte allerdings nicht dafür, wie Ihr Möbel am Zielort aussieht.

PAUL Natürlich.

PILOT Tiere reagieren manchmal empfindlich auf Turbulenzen. Wo soll's noch mal hingehen?

PAUL Nordafrika. Genauere Informationen erhalten Sie –

PILOT *unterbricht* Ich kann Sie auch nach Südafrika bringen.

PAUL Nein, danke.

PILOT Oder nach Neuseeland.

PAUL Nicht nötig.

PILOT Neuseeland würde ich Ihnen sogar regelrecht empfehlen. Nordafrika ist zurzeit ein wenig ungemütlich und auch sonst keine gute Wahl. In Neuseeland hingegen haben Sie alles, was Sie und Ihr Tier brauchen: Ruhe, Gras und Entfernung. Große Entfernung.

PAUL Es ist aber wirklich so, dass ich …

PILOT Falls Sie sich Sorgen wegen notwendiger Zwischenlandungen zum Tanken machen, kann ich Sie beruhigen. Auch wenn ich davon ausgehe, dass Sie die großen Flughäfen meiden wollen, gibt es Möglichkeiten. Wir fliegen private Landeplätze an. Sie wissen schon, wie in Brasilien, wo die Millionäre sich nicht mal mehr in gepanzerten Fahrzeugen auf die Straße trauen. Die haben auf den Häusern private Landeplätze für ihre privaten Hubschrauber. *Hebt die Hand, weil Paul unterbrechen will.* Ja, ja, schon gut, ich weiß, Sie wollen keinen Hubschrauber, aber das Prinzip ist bei Flugzeugen das gleiche. Nehmen Sie beispielsweise Marokko. Allein der König besitzt über das Land verteilt an die 15 Residenzen, jede einzelne davon mit der Möglichkeit, den Privatjet vor der Haustür zu parken. Und der König ist nicht der Einzige, der in Marokko mit hübschen kleinen Privatmaschinen herumfliegt. Da gibt es noch ein paar andere, die ihre Flugzeuge zu Hause abstellen wollen, und alle diese Besitzer von privaten Flugzeugen besitzen gleichzeitig auch private Piloten, und zusätzlich zu den Piloten müssen sich ein paar arme Schweine um die privaten Flugzeuge und die privaten Flugplätze kümmern, und diese armen Schweine haben absolut nichts gegen ein paar Dirham extra.

PAUL *ungeduldig* Ich habe nicht vor, beim marokkanischen König zu tanken.

PILOT Das war nur ein Beispiel. Auf dem Weg nach Neuseeland würden wir ja ohnehin mehrmals zwischenlanden mit so einer kleinen Maschine. Sie werden für sich und Ihr Tiermöbel ja keine Lockheed Galaxy chartern wollen.

PAUL *noch ungeduldiger* Wahrscheinlich nicht, zumal ich ja nur nach …

PILOT Für Neuseeland könnte ich Ihnen einen Vorzugspreis machen. Es wäre kaum teurer als Nordafrika. Vielleicht sogar billiger. Nur die Spritkosten müssten Sie natürlich tragen.

PAUL *laut* Ich will nicht nach Neuseeland! Was haben Sie denn dauernd mit Ihrem Neuseeland?

PILOT Ich bin Pilot. Ich will fliegen. So weit wie möglich.

PAUL Warum arbeiten Sie dann nicht bei einer Fluggesellschaft?

PILOT Fluggesellschaft! Das hat doch mit Fliegen nichts zu tun! Bei Auftraggebern wie Ihnen fliege ich die Maschine und nicht umgekehrt. Bei einer großen Airline lässt man doch den Piloten nicht fliegen, das wäre viel zu gefährlich, ein Mensch am Steuer, wo kämen wir da hin, verstehen Sie, man setzt mich vor einen Monitor im Cockpit, wo ich den Sicherheitsgurt anlege und nach Möglichkeit erst nach der Landung wieder ablege, genau wie alle anderen Fluggäste auch. Ich spiele eine Statistenrolle, die darin besteht, den Text des Piloten für die Zuschauer zu sprechen, besser gesagt, für die Zuhörer, man sieht mich ja nicht mal, ich müsste eigentlich gar nicht zwingend mein Pilotenkostüm anziehen, ich könnte im Bademantel im Cockpit sitzen, ich bin ein Pilotenhörspiel, herzlich willkommen an Bord, hier spricht Ihr Kapitän, ich habe die Ehre, Sie heute nach Johannesburg zu fliegen, was schon die erste Lüge ist, es müsste korrekter heißen, ich habe die Ehre, heute dabei zuzusehen, wie Sie der Airbus A360 nach Johannesburg fliegt. Dann noch die Wetteransage und der Hinweis auf die Sehenswürdigkeiten unter der Wolkendecke, und später bringt man mich dann in ein Flughafenhotel, und wenn ich zwei Tage später das Pilotenkostüm wieder anziehe, kann ich froh sein, wenn mir der Text noch einfällt, falls ich mich in diesem völlig gesichtslosen Hotel nicht um den Verstand getrunken habe, dabei wollte ich einfach nur Pilot werden, Flugkapitän, aber jetzt vertraut man dem Computer mehr als mir, ich sage meinen Text auf, dann fliegt der Computer mich nach Hause.

Paul ist aufgestanden. Fast sieht es aus, als wollte er gehen. Auch der Pilot erhebt sich.

PILOT Entschuldigen Sie. Nordafrika ist natürlich völlig in Ordnung. Ich fliege Sie gern nach Nordafrika, Sie und Ihr Möbel. Ich wollte nicht …

Paul ergreift die Hand des Piloten und schüttelt sie überschwänglich.

PAUL *begeistert* Sie haben gleich verstanden, worum es mir geht, was?

PILOT *zögernd* Na ja, Sie wollen ein … Tier nach Nordafrika bringen.

PAUL Haargenau! *Glücklich* Selber fliegen! Die Maschine steuern, statt gesteuert zu werden!

In einem spontanen Impuls will er den Piloten umarmen, überlegt es sich anders, nimmt stattdessen eine professionelle Haltung an.

PAUL Bedingungen wie besprochen?

PILOT *nickt.*

PAUL Und keine Fragen.

PILOT *nickt.*

Handschlag.

17.

Paul schreibt einen Brief. Zeitgleich sehen wir, wie Helene den Brief Clara zeigt und beginnt, ihn ihr vorzulesen. Sie bricht ab und bittet Helene weiterzulesen. Immer wieder hören wir Pauls Stimme, während er den Brief verfasst. Dazwischen Helene und Clara, die den Brief kommentieren.

HELENE Liebe Helene, schon die Tatsache, mich hinsetzen zu müssen, um Dir diesen Brief zu schreiben – der mit Sicherheit eine Katastrophe wird –, ist vollkommen lächerlich. Aber wenn ich heute Nacht raus aufs Land fahre, will ich nicht ohne jede Erklärung – ach verdammt, ich versuche es noch einmal: Liebe Helene, ich kann nicht genau sagen, was mit mir sein wird, wenn Du diesen Brief in den Händen hältst.

CLARA *unterbricht* Verstehst du, wovon er redet?

HELENE *liest weiter* Ich werde ihn zur Post bringen, bevor ich nach der Befreiungsaktion ein Flugzeug besteige, um – Liebe Helene –

Helene bricht abrupt ab und gibt Clara den Brief.

HELENE Ich kann das nicht vorlesen, lies du. Bitte, Clara!

CLARA Liebe Helene, erinnerst du dich daran, wie wir zusammen das Dorf besucht haben, in dem ich aufgewachsen bin? Ich habe dir das Haus gezeigt, in dem wir gewohnt haben, den kleinen Laden, die Felder und Wiesen, und ich konnte die ganze Rückfahrt über nicht mehr aufhören, dir zu beschreiben, wie es früher war. Ich habe dir auch von den Kühen erzählt, die, als ich klein war, noch auf der Weide herumstanden. Ich kannte viele von ihnen beim Namen, sie hießen Magda, Paula oder Elli, nicht 13/031 oder 17/425, und sie trugen eine Glocke um den Hals, kein Nylonband mit Zahlencode und Transponder.

PAUL Ich erkannte sie an einer Blesse auf der Stirn oder dem besonders struppigen Fell zwischen den Hörnern. Ich muss dauernd an ihre großen dunklen Augen denken. An diesen ruhigen Blick, den die Kühe damals hatten.

CLARA *in Pauls Text hinein* Was hat er denn immer mit diesen Kühen?

HELENE *in Pauls Text hinein* Lies weiter!

CLARA/PAUL *gleichzeitig* Irgendwann ist der alte Bauer gestorben, und jetzt gibt es auf seinem Land eine ANLAGE für zweitausend Großvieheinheiten. Statt durch Pfützen laufen sie durch Desinfektionswannen. Sie werden nicht von Hand gemolken, sondern begeben sich, wenn es Zeit ist, von alleine ins Melkkarussell. /

CLARA *während Paul weiterliest* Jetzt ist er verrückt geworden. Was will er denn in einem Massenkuhstall?

HELENE Lies weiter, Clara, bitte!

CLARA Ich weiß nicht, ob ich lachen oder weinen soll.

HELENE Lies! /

PAUL Wo sie eine nach der anderen abgefertigt werden. Die Kühe bewegen sich wie ferngesteuert von einem Ort zum anderen, vom Futtertrog zur Melkmaschine, von der Melkmaschine zur Waschanlage, von der Waschanlage zur Massagestation, von der Massagestation zu den Liegeplätzen. Sie bewegen sich an Geländern entlang, durch Schleusen, Gänge, Tore, Vereinzelungsgatter, und jeder Tag gleicht dem nächsten ohne den kleinsten Unterschied. Die Tiere fügen sich bereitwillig den immer gleichen Abläufen … – Ach, Helene, du willst das gar nicht hören, du weißt wahrscheinlich nicht, ob du lachen oder weinen sollst. Ich mache es kurz –

PAUL/CLARA *gleichzeitig* Liebe Helene, wer es schafft, eine einzige lebende Seele zu retten, der hat sich selbst gerettet. Wem es gelingt, ein einziges fühlendes Wesen zu befreien, der hat sich selbst befreit. Verzeih, dass ich mit dir nicht darüber sprechen konnte. Ich habe wochenlang an meinen Entführungsplänen gearbeitet. Du hättest versucht, sie zu verhindern.

CLARA Das hört sich gar nicht gut an. Was denn für Entführungspläne?

ALLE DREI *gleichzeitig* Liebe Helene! Mach's gut. Paul.

18.

Frontex, Dolmetsch und Asch-Schamich. Frontex führt ein Kreuzverhör durch. Es geht schnell, laut und gewalttätig zu. Wenn Frontex wütend wird, schlägt er mit enormem Krach eine Eisenstange auf den Tisch. Dolmetsch wirkt körperlich und geistig völlig am Ende; möglicherweise wurde sie gefoltert. Asch-Schamich spricht sein Phantasiearabisch.

FRONTEX *sehr schnell* Glauben Sie, dass Kühe fliegen können?

DOLMETSCH Nein!

FRONTEX Kennen Sie die Gesetze der Logik?

DOLMETSCH Ja!

FRONTEX Waren Sie schon mal in Pakistan?

DOLMETSCH Nein!

FRONTEX Wo waren Sie am 11. September 2001?

DOLMETSCH Am Golf von Sirte!

FRONTEX *schreit* Antworten Sie nur mit Ja oder Nein! Schneller! Wissen Sie, was am 11. September passiert ist?

DOLMETSCH Ja!

FRONTEX Waren Sie schon mal im Theater?

DOLMETSCH *zögert.*

FRONTEX *schreit* Schneller! Antworten, ohne nachzudenken! Waren Sie schon mal im Theater?

DOLMETSCH Nein!

FRONTEX Kämpfen Sie für al-Qaida?

DOLMETSCH Nein!

FRONTEX Welche Schuhgröße haben Sie?

DOLMETSCH *zögert.*

FRONTEX *brüllt* Welche Schuhgröße …

DOLMETSCH *laut* Weiß ich nicht!

FRONTEX Wollen Sie mich verarschen?

DOLMETSCH Nein!

FRONTEX Wissen Sie, was Recht und Unrecht ist?

DOLMETSCH Ja!

FRONTEX Können Kühe fliegen?

DOLMETSCH *am Rande des Nervenzusammenbruchs* Nein! Gott verdammt, Kühe können nicht fliegen! Ein Dämon kann fliegen, das Schicksal kann fliegen, aber Kühe nicht!

FRONTEX Wurde Ihr Boot von einer Kuh getroffen?

DOLMETSCH *weint* Ja! Es wurde trotzdem von einer Kuh getroffen!

FRONTEX Kennen Sie die Gesetze der Logik?

DOLMETSCH Ja-ah-ah …

Frontex erhebt sich. Das Verhör ist beendet, die ganze Stimmung ändert sich abrupt, auf einmal ist er freundlich, fast feierlich. Er streckt die Hand aus. Dolmetsch sieht ihn erstaunt an, schlägt dann vorsichtig ein. Herzlich schüttelt Frontex ihr die Hand.

FRONTEX Herzlichen Glückwunsch!

DOLMETSCH Was …

FRONTEX Sie haben durchgehalten! Wir konnten inzwischen Ihre Unschuld beweisen. *Ruft zur Tür* Reinführen!

Ein weiterer Frontex-Beamter führt einen weiteren Araber herein. Letzterer ist in ähnlichem Alter wie Asch-Schamich und ähnlich gekleidet. Asch-Schamich springt auf.

ASCH-SCH. Mubarak!

Im Folgenden umarmen und küssen sich die beiden Männer immer wieder, danken Allah, reden aufeinander ein etc.

FRONTEX Das ist Mubarak. Wir haben ihn vor Malta aufgegriffen.

DOLMETSCH *erschöpft und entgeistert* Wann?

FRONTEX Am selben Tag, als wir Herrn Al-Schamich …

DOLMETSCH Asch-Schamich.

FRONTEX … vor Lampedusa rausgefischt haben.

DOLMETSCH Er war die ganze Zeit hier??

FRONTEX Getrennte Verhöre. Alles Routine. Die Angaben der Kombattanten decken sich zu hundert Prozent.

DOLMETSCH Kombattanten??

FRONTEX *fröhlich* Jetzt ist ja alles gut! Sie sind frei! Sie können nach Hause! Alle beide!

DOLMETSCH Dem Herrgott sei Dank.

FRONTEX Der Golf von Sirte wartet auf Sie.

DOLMETSCH Ich dachte mehr an einen guten Film und einen Besuch bei Health 3000.

FRONTEX Wie Sie meinen. *Schlägt seinem Kollegen auf die Schulter.* Und wo die fliegende Kuh herkam, finden wir auch noch heraus!

19.

Paul und der Pilot im Cockpit einer Transportmaschine. Gehobene Stimmung.

PAUL *tut so, als würde er sich ein Bordmikrophon vor den Mund halten* Meine Damen und Herren, hier spricht Ihr Kapitän, mein Name ist Paul Thiel, und ich möchte Sie im Namen der ganzen Besatzung hier bei uns an Bord willkommen heißen auf unserem Flug nach äh … Nordafrika, der Zielflughafen wird später noch bekannt gegeben. Wir sind mit dem Verladen des Gepäcks fertig, die Türen sind zu, so wie es aussieht, kann es pünktlich losgehen. Machen Sie es sich bitte bequem bei uns an Bord /

PILOT Für einen kleinen Imbiss ist gesorgt, wir haben ein wenig Heu ausgelegt und einen ganzen Sack Sojaschrot an Bord gebracht, den wir Ihnen servieren, sobald wir unsere Reiseflughöhe erreicht haben /

PAUL Wir möchten Sie noch einmal darauf hinweisen, dass es sich bei diesem Flug, wie bei allen Flügen der Freedom Alliance, um einen Nichtraucher-Flug handelt.

Sie lachen. Paul zündet sich eine Zigarette an. Holt zwei Dosen Bier hervor. Die Maschine ist in der Luft. Der Pilot bedient Steuerknüppel und Instrumente.

PILOT So, und jetzt schalte ich zur Feier des Tages den Autopiloten ab.

PAUL Bist du sicher?

PILOT Das war die Bedingung. Aber mach dir keine Sorgen. Gegen das, was wir bereits hinter uns haben, ist das Fliegen eine Kleinigkeit.

PAUL Ganz wie du meinst, Flugkapitän.

PILOT Wie du da rausgekommen bist mit dem Vieh, und die trottet einfach hinter dir her!

PAUL Die machen da drinnen den ganzen Tag nichts anderes, als dem Futter hinterherzutrotten.

PILOT Wieso werden diese Tiere in Sicherheitsverwahrung gehalten? Steigt da öfter jemand ein, um eine Kuh zu entwenden?

PAUL Da geht's wohl eher um die ganze Elektronik. Die ist bestimmt ein Vermögen wert. Und wenn jemand beabsichtigt oder unbeabsichtigt ins System eingreift, könnten die hochoptimierten Bewegungsabläufe empfindlich gestört werden.

PILOT Hochoptimierte Bewegungsabläufe. Du klingst wie der Instruktor bei der Umschulung auf den Airbus 340.

Protestierendes Muhen und Trampeln aus dem Laderaum.

PILOT Die lassen die Piloten nicht mal bei der Umschulung mit dem neuen Airbus fliegen. Gesetzlich ist es nicht nötig, ein Flug- und Landetraining zu absolvieren. Also machen sie dich mit dem neuen technischen System vertraut und stecken dich tagelang in den Flugsimulator.

PAUL Bewegungsabläufe, Netzwerke, Systemoptimierung, Management, Effizienz. Wie ich das alles nicht mehr ertragen kann!

PILOT Und deswegen befreist du eine Kuh und fliehst mit ihr nach Afrika?

PAUL Na ja. Im Moment haben wir es mehr mit einer willenlosen Maschine als mit einer Kuh zu tun. Die muss in Afrika erst wieder zu einer intakten Identität als Kuh zurückfinden.

PILOT *mit Blick auf die Instrumente* Eine gewisse Willenlosigkeit finde ich momentan gar nicht so schlecht. Das Wetter könnte besser sein.

PAUL Können wir nicht ausweichen?

PILOT Nein. Aber ich bin operationell gut vorbereitet.

PAUL Was für eine Operation?

PILOT So sagt man das bei den großen Airlines. Jeder Flug ist eine Operation. Im operationellen Umfeld müssen sämtliche Informationen erhoben werden. Jeder noch so kleine Störfaktor sollte bekannt sein. Zum Beispiel welchen Einfluss ein bestimmtes Wetterphänomen auf die

Operation haben könnte. Dann werden die richtigen Konsequenzen für einen möglichst sicheren, wirtschaftlichen und komfortablen Flug abgeleitet.

PAUL Das hört sich nach Controlling an, nicht nach Fliegen.

PILOT Du sagst es.

PAUL Wo sind wir jetzt?

PILOT *spricht über das Bordmikrophon* Meine Damen und Herren, nachdem wir das Medvednica-Gebirge hinter uns gelassen haben, befinden wir uns nun direkt über der wunderschönen Stadt Zagreb. Unter uns können Sie genau in diesem Moment die Lichter des berühmten Z/K/M-Theaters erkennen, Moment, ich gehe noch ein bisschen tiefer, das durch seine Theaterexperimente zu einem der wichtigsten Orte der kroatischen Kulturszene geworden ist.

PAUL Lass den Quatsch, bitte. Nicht so tief.

PILOT Wir sind gleich über der Adria. Schon mal was von der Luftraumüberwachung durch die internationalen Streitkräfte gehört?

PAUL Ach du Scheiße.

PILOT Du wolltest ja nicht nach Neuseeland. Also bleibt uns nichts anderes übrig, als unter dem Radar zu fliegen. *Ins Mikrophon* Kein Grund zur Beunruhigung, meine sehr verehrten Damen und Herren, wir mussten die Flughöhe minimal herunterkorrigieren und nähern uns jetzt der archipelagischen Küste von Kroatien.

PAUL *nervös* Ist das nicht ein Umweg? Die kroatische Adria?

PILOT Die besagte Luftraumüberwachung erlaubt uns nicht, den kürzesten Weg zu nehmen.

Die Maschine sackt in ein Luftloch. Paul stöhnt. Aus dem Laderaum lautes Poltern und Muhen.

PILOT Klang das da hinten jetzt ein bisschen verängstigt, oder bilde ich mir das ein?

Muh.

PAUL Lass das lieber mit den Durchsagen, das macht sie nervös.

Muh und scharrende Hufe.

PILOT Vielleicht hat sie Hunger. Du solltest mal nach ihr sehen.

PAUL Die beruhigt sich schon wieder.

Die beiden fliegen eine Weile schweigend und etwas angespannt weiter. Dann weitere heftige Turbulenzen. Lautes Gerumpel und panisches Muh.

PAUL *laut* Was ist das denn, zum Teufel?

PILOT Schlechtes Wetter, Mann. Das ist eine kleine Maschine.

PAUL Fühlt sich an, als würde die gleich auseinanderbrechen!

PILOT Die bricht nicht auseinander. Aber die Kuh muss stillhalten. Wenn sie sich von einer Seite zur anderen wirft, geraten wir ins Schlingern.

Lautes Muh.

PILOT Geh nach hinten und sieh nach! Vielleicht will sie gemolken werden.

PAUL Und was soll das bringen? Ich kann nicht melken.

PILOT Du musst mit ihr sprechen. Sie beim Namen nennen.

PAUL Sie hat nur eine Identifikationsnummer.

PILOT *nervös* Dann denk dir einen Namen aus. Du musst sie beruhigen, verstanden? Sonst kriegen wir das hier nicht in den Griff.

PAUL Also gut. Ich versuch's. *Im Laderaum zur Kuh* Schon gut, schon gut, das wird schon wieder, gleich haben wir es geschafft.

Das Gerumpel wird lauter, das Muhen ebenfalls.

PAUL Ich glaube, ich mache es eher schlimmer.

PILOT Du hast nicht zufällig an ein Betäubungsmittel gedacht? Du weißt schon, wie im Film, der Tierarzt schießt, das wilde Tier knickt in den Beinen ein und wird sofort bewusstlos.

PAUL Das ist ein Hausrind und kein wildes Tier. *Zur Kuh* Schon gut, schon gut, ruhig ruhig ruhig, ganz ruhig, das wird schon. Wir sind bald da. Ganz ruhig.

PILOT Das wird immer schlimmer!

PAUL Ruhig, Helene – ich nenne sie Helene, einverstanden? – Ganz ruhig. Gleich sind wir da, gleich bist du frei.

PILOT Das ist eine Gewitterfront, Paul. Die Kuh muss aufhören zu trampeln.

PAUL Was ist los, Helene, was ist los, ganz ruhig, ganz ruhig, ruhig ruhig ruhig. – Scheiße!

Die Kuh beginnt zu toben. Paul rettet sich ins Cockpit. Das Flugzeug gerät heftig ins Schlingern. Der Pilot hat Mühe, die Maschine gerade zu halten.

PILOT Die Kuh muss raus!

PAUL Wie, raus?

PILOT Du musst die Heckklappe öffnen. Beeil dich.

PAUL Das meinst du nicht im Ernst.

PILOT Das Vieh bringt die Maschine zum Absturz, Paul! Die Kuh muss raus. Sofort!

PAUL Das kannst du nicht von mir verlangen.

PILOT Binde sie los und manövriere sie Richtung Heckklappe!

PAUL Weißt du, wie lang ich an diesem Plan gearbeitet habe? Weißt du, was mich das alles gekostet hat?

PILOT Das ist jetzt völlig egal. Das Flugzeug ist nicht mehr stabil! Du musst die Kuh nach hinten treiben, ich öffne die Heckklappe!

PAUL Wir wollten ein Zeichen setzen.

PILOT ICH wollte nur fliegen. Und zwar auch in Zukunft. Du tust jetzt, was ich dir sage. Ich habe ein defektes Triebwerk und keinen Strom auf dem Monitor. Wenn wir die Kuh nicht abwerfen, stürzen wir ab.

PAUL *reißt das Bordmikrophon an sich* Meine Damen und Herren, unser Kapitän und die gesamte Besatzung möchten sich nun von Ihnen verabschieden: Wir stürzen ab.

PILOT Geistesgestört. Ich hätte es wissen müssen.

Der Pilot springt auf. Paul versucht, ihn festzuhalten.

PAUL Das wirst du nicht tun! Das ist mein Plan! Meine Kuh! Du arbeitest für mich!

Der Pilot stößt ihn zur Seite, Paul knallt mit dem Kopf gegen die Wand, geht zu Boden und bleibt einen Moment wie betäubt liegen. Der Pilot rennt in den Laderaum.

PAUL *benommen* Ganz ruhig, Helene. Du bist meine Kuh. Wir sind gleich da, du wirst unter freiem Himmel herumspazieren und dir selbst dein Futter suchen, du wirst Freunde finden, ganz ruhig, Helene, wir haben es gleich geschafft.

Der Pilot kommt zurück ins Cockpit gerannt und zieht einen Hebel. Es rumpelt, kracht und muht. Draußen Blitz und Donner. Dann ein Pfeifen. Dann Stille. Der Pilot stabilisiert die Maschine, es kehrt Ruhe ein. Paul weint.

PILOT Keine Sorge. Ich fliege dich sicher nach Hause.

ENDE

Good Morning, Boys and Girls

Uraufführung am 10. April 2010
Düsseldorfer Schauspielhaus
Regie: Stephan Rottkamp

Personen

COLD/JENS, *16, plant einen Amoklauf*
SUSANNE, *16, ein Mädchen aus Colds Schule*
VATER, *40, hält seinen Sohn für ein Monster*
MUTTER, *40, hält ihren Sohn für unschuldig*
FRAU PATT, *Anfang 30, Lehrerin*
AMOK, *eine Allegorie, stets maskiert*
DANTON, *männliche Stimme, 30*
ZICKE, *weibliche Stimme, 16*

Anmerkung

Cold, Zicke und Danton spielen im Netz einen Egoshooter namens Counter-Strike Source. Sie sind Mitglieder eines Clans (vergleichbar einem Sportverein), trainieren regelmäßig und nehmen an Wettkämpfen teil (Electronic Sports League). Kommuniziert wird über Teamspeak, ein Programm, mit dessen Hilfe beliebig viele Teilnehmer über das Internet miteinander »telephonieren« können.

Amok hat keine eigene Stimme. Was er spricht, wird von Cold, später auch von Susanne synchronisiert. Dabei sollte ein Mikro verwendet werden, damit Amok lauter ist als die anderen.

Szene 1

VATER 3. Juni 1983. Karel Charva erschießt in der Freiherr-vom-Stein-Schule im hessischen Eppstein fünf Menschen und sich selbst. Marc Lepine erschießt 1989 in einer Montrealer Universität 14 Studentinnen. Thomas Hamilton tötet am 13. März 1996 im schottischen Dunblane 16 Grundschüler, eine Lehrerin und sich selbst. Kiplan Kinkel erschießt im Mai 1998 an seiner Schule in Springfield zwei Mitschüler. Ein 16-Jähriger aus Pearl erschießt im Herbst 1997 seine Mutter und zwei Mitschüler. Dylan Klebold und Eric Harris töten am 20. April 1999 13 Menschen in der Columbine High School. Ein 16-Jähriger tötet in Bad Reichenhall am 7. November 1999 seine Schwester, drei Passanten und sich selbst. Zwei Tage später tötet ein 15-jähriger Gymnasiast eine Lehrerin im sächsischen Meißen. Am 16. März 2000 schießt ein 16-jähriger Schüler in Brannenburg auf seinen Internatsleiter und tötet sich anschließend selbst. Charles Andrew Williams tötet am 5. März 2001 in Kalifornien zwei Mitschüler mit einem Revolver. Im Februar 2002 tötet ein 22-Jähriger in Eching den Direktor seiner früheren Berufsschule; einem Lehrer schießt er ins Gesicht. Einen Monat später tötet ein ehemaliger Schüler am Erfurter Gutenberg-Gymnasium 13 Lehrer, zwei Schüler, einen Polizisten und sich selbst.

MUTTER Er war so ein süßes Kind.

AMOK/COLD Good morning, boys and girls.

VATER Im Juli 2003 schießt ein 16-Jähriger in einer Realschule in Coburg eine Lehrerin an und tötet sich selbst.

COLD Schreiben. Immer schreiben. Die Gedanken rausfließen lassen.

VATER 14. September 2006. Der 25-jährige Kimveer Gill tötet in Montreal eine Mitschülerin und verletzt 19 weitere Personen schwer.

COLD Wisst ihr, wie sich schreiben anfühlt? Wie wenn man ein Geschwür öffnet und der Eiter platzt raus.

VATER 2. Oktober 2006. In Pennsylvania tötet ein Amokläufer fünf Schülerinnen einer Amish-Schule.

COLD Mein Kopf ist eine Wunde /

VATER 20. November 2006. Sebastian B. verletzt an seiner Schule in Emsdetten 37 Menschen und tötet sich selbst.

COLD / die nicht aufhört zu schmerzen und zu wuchern.

VATER 16. April 2007. An der Technischen Hochschule von Blacksburg tötet der 23-jährige Cho Seung-Hui 32 Studenten und Dozenten.

COLD Denken ist krank.

VATER 7. November 2007. Im finnischen Tuusula erschießt ein Abiturient acht Menschen und sich selbst.

COLD Alle Gedanken sind Lügen. Die Wirklichkeit besteht aus Gedanken. Also ist die Wirklichkeit eine Lüge.

VATER Im finnischen Kauhajoki erschießt ein 23-Jähriger im September 2008 neun Schüler, einen Lehrer und sich selbst.

COLD *heftig* Das hört nicht auf! *Klopft sich rhythmisch an die Stirn.* Denk zwo drei vier, denk zwo drei vier, denk zwo drei vier.

VATER Am 11. März 2009 sterben bei einem Amoklauf an einer Realschule in Winnenden 16 Menschen, darunter der Amokläufer.

COLD Ich muss meinen Kopf ausdrücken wie einen riesigen Pickel.

MUTTER Er war so ein liebes Kind.

AMOK/COLD Good morning, boys and girls.

Szene 2

COLD Neulich ging ich in Eller spazieren. Es war ein lauer Sommerabend. Die Luft roch nach dem Saft der Linden, der alle Autodächer mit einer klebrigen Schicht überzog. Es war so still, dass ich mich fragte, ob die Menschheit vielleicht ganz plötzlich ausgestorben war. Was für eine herrliche Vorstellung!

PATT Toller Einstieg! Für die Lesbarkeit wäre es allerdings wichtig, dass du einen größeren Rand und zwei Zeilen Abstand verwendest.

COLD Aus der Traum – plötzlich hörte ich Stimmen. Das Lachen von Männern. Und ein Winseln war zu hören.

PATT Wortwiederholung »hören«. Vorschlag: »Ein Winseln war zu vernehmen.«

COLD An der Unterführung war irgendwas los. Mit schnellen Blicken sicherte ich die Umgebung. Dann ging ich in Deckung. Unter der Brücke standen fünf Nazis, kahlgeschoren, Schultern breit wie Bulldozer. Über den Kragen ihrer Lederjacken wölbten sich die Speckrollen. Zwei trugen Baseballschläger unter dem Arm. Die Schlagringe glänzten im Abendlicht.

PATT Gute Beschreibung. Erinnert mich an die Schweine in Orwells »Animal Farm«.

COLD Die Nazis umringten drei Ölaugen.

PATT Ölaugen, Schlangenlinie. Vorschlag: »Mitbürger mit Migrationshintergrund.«

COLD Eins der Ölaugen hatte die Hände gefaltet wie ein Christ /

PATT Ölaugen, Schlangenlinie.

COLD / und flehte um sein Leben, was die Nazis zum Lachen brachte. Dann erkannte ich, woher das Winseln kam. Ein Ölauge /

PATT Ölauge, Schlangenlinie.

COLD Ein TÜRKE hatte einen jungen Hund dabei.

MUTTER Er war verrückt nach diesem Hund.

COLD Er hielt ihn so fest am Halsband, dass der fast erstickte.

MUTTER Manchmal dachte ich, er liebt diesen Hund mehr als uns.

COLD Sein Fell war ungepflegt.

MUTTER Ist das anormal? Muss man sich da als Mutter Gedanken machen?

PATT Der Hund wirkt jetzt ein bisschen wie ein Fremdkörper in der Geschichte.

MUTTER Achtung, dein Sohn liebt seinen Hund, wahrscheinlich plant er einen Mord?

COLD In aller Ruhe nahm ich den Rucksack von der Schulter und holte die Benelli raus.

PATT Pumpguns passen nicht in Rucksäcke.

COLD Eins der Nazi-Schweine drehte sich um. Unsere Blicke trafen sich. Er stieß seine Kumpels an. Ich sah, dass »H.A.S.S.« auf seine Fingerknöchel tätowiert war. »Hey, kleine Schwuchtel!«, rief er. »Tscha-lak«, antwortete die Benelli. Daraufhin herrschte Schweigen. »Chef«, sagte einer der anderen schließlich, »der meint's ernst.« – »Nicht doch«, erwiderte ich. »Nur Spaß.«

VATER *legt den Arm um die Mutter* Tinka! Jetzt häng dich doch nicht immer so an der Hundesache auf.

COLD Ich schoss aus der Hüfte, wobei ich auf die Füße zielen musste, um den gewaltigen Rückstoß auszugleichen. Ich traf das Schwein in den Hals. Für einen Moment stand eine Sprühwolke aus winzigen Blutstropfen in der Luft, während der Körper /

MUTTER Ich denk doch nur nach.

COLD / während der Körper wie ein Sack /

VATER Du musst aufhören, ständig nach dem Warum zu fragen.

MUTTER Gibt es eine andere Frage?

COLD *laut* / wie ein Sack zu Boden fiel.

VATER Ganz viele. Was? Wann? Wo? Wie?

MUTTER Was, wann, wo, wie ist bekannt. Das ist alles bekannt!

Szene 3

COLD Frau Kammbeck. Herr Kammbeck. Sie haben Redebedürfnis. Das ist verständlich. Man nennt das Exklusivstory. Wir freuen uns, dass Sie sich für CNN entschieden haben. Und seien Sie ganz beruhigt, wir wollen Ihren Sohn nicht als Monster darstellen.

VATER Und wenn er eins war?

MUTTER Robby! Er mochte Tiere!

VATER Es gibt viele Monster, die Tiere mögen. Hitler zum Beispiel.

COLD Sie würden Ihren Sohn mit Hitler vergleichen?

MUTTER Hören Sie nicht auf meinen Mann! Möglicherweise war Jens krank.

COLD Wieso krank?

MUTTER Depression, Schizophrenie /

COLD Wie kommst du denn darauf?

MUTTER Borderline, dissoziale Persönlichkeitsstörung. Das lässt sich doch im Nachhinein gar nicht mehr feststellen.

COLD *wütend* Mama! Ich bin nicht krank! Wenn einer krank ist, dann ist das die Welt. Nicht ich!

Betretenes Schweigen. Cold findet zu seiner Rolle zurück.

COLD Herr und Frau Kammbeck, wir freuen uns, dass Sie sich für CNN entschieden haben. CNN möchte Ihnen Gelegenheit geben, Ihren Sohn so zu zeigen, wie er wirklich war. Wie die Welt ihn sehen sollte.

MUTTER Auf jeden Fall war er überdurchschnittlich intelligent.

COLD Das klingt doch schon besser.

MUTTER Als kleiner Junge hat er unglaubliche Fragen gestellt. Robby, wie ging das mit den Vögeln? *Als Klein-Cold* Papa, Papa, warum fliegen die Vögel immer so viel rum? *Normal* Komm schon, Robby, bitte. *Als Klein-Cold* Warum fliegen die Vögel so viel rum?

VATER Weil sie Insekten jagen.

MUTTER *als Klein-Cold* Warum?

VATER Weil sie fressen müssen.

MUTTER *als Klein-Cold* Warum?

VATER Damit sie kräftig bleiben.

MUTTER *als Klein-Cold* Warum?

VATER Damit sie fliegen können.

MUTTER *denkt kurz nach* Also fliegen sie, um zu fliegen?

Die Mutter beginnt still zu weinen.

VATER *leise* Er hat geweint über diese Erkenntnis.

MUTTER Er war so ein kluges Kind.

AMOK/COLD Good morning, boys and girls.

COLD Geniale Ankedote. Vielen Dank für heute, wir machen ein andermal weiter.

VATER 2. März 1987, Missouri. Wissen Sie, wie alt Nathan war? Nathan war zwölf! In der Schule wird er gehänselt wegen seines Gewichts. Zwei Tote. 19. November 1999, New Mexico. Victor ist auch zwölf. Victor erscheint im Tarnanzug zum Unterricht. Ein Toter. 6. Dezember 1999, Oklahoma. Seth ist 13. Seth besorgt sich eine Halbautomatische. Vier Verletzte. 24. März 1998, Arkansas. Mitchell ist 13, Andrew ist elf. Fünf Tote, zehn Verletzte. 1. Juni 2004, Nagasaki. Girl A, elf Jahre, schneidet einer Schulkameradin die Kehle durch. 29. Februar 2000, Michigan. Dedrick, sechs Jahre alt, borgt sich die Kaliber 32 seines Onkels und erschießt eine Klassenkameradin. Sechs Jahre alt! Können Sie sich das vorstellen? Jens war wenigstens 16.

Szene 4

COLD Die anderen Nazis fingen an zu kreischen wie kleine Mädchen. Zwei rannten mit ihren Baseballschlägern auf mich zu, aber die Benelli fing sie ab, bevor sie mich erreichten. Den Anführer hob ich mir bis zum Schluss auf. Er war auf die Knie gefallen. »Zeig den Hitlergruß«, sagte ich zu dem fetten Nazi-Schwein. Weil er nicht reagierte, brüllte ich ihn an: »Grüß deinen Führer, du Fotze!«

PATT Fotze, Schlangenlinie.

MUTTER Robby?

COLD *lauter* Als das Nazi-Schwein endlich den Arm hob, schoss ich ihm die H.A.S.S.-Hand weg, bevor ich ihn mit einem Headshot erlegte.

MUTTER Kannst du dich an das Tier-Spiel erinnern?

COLD *stöhnt und hält sich die Ohren zu.*

VATER Natürlich kann ich mich erinnern.

MUTTER Komm, bitte. Nur einmal.

Der Vater schlägt eine imaginäre Zeitung auf, die Mutter bügelt o. ä.

VATER Jens? Jens? Zeit fürs Bett.

MUTTER Unter dem Couchtisch.

VATER *beugt sich runter* Jens? Hörst du nicht?

MUTTER *als Klein-Cold* Ich bin nicht Jens! Wenn ihr »Jens« sagt, antworte ich nicht!

VATER Na toll. Er ist nicht Jens. Wer ist er denn heute?

MUTTER Er hat's mir heute Morgen gesagt. Ich hab's vergessen. Das geht schon den ganzen Tag so.

Klein-Cold kriecht unter dem Couchtisch hervor. Die Eltern folgen ihm mit den Augen.

VATER Schweinchen. Du bist das Schweinchen.

MUTTER Es schnüffelt. Hündchen?

VATER Da, ein Rüssel. Schweinchen. Hab ich doch schon gesagt.

MUTTER Elefant?

VATER Schäfchen?

MUTTER Tigerchen? Hallo, Tigerchen, Zeit fürs Bett!

VATER Ziege? Pferd?

MUTTER Ich glaub, es war was Exotisches. Lama?

VATER Ich mach das nicht mehr mit.

MUTTER Äffchen? Koala-Bär?

VATER Immer muss er dermaßen übertreiben.

MUTTER Er hat's mir gesagt. Heute Morgen. Dromedar?

VATER Schluss jetzt. *Packt die Mutter hart am Arm.* Du antwortest gefälligst.

MUTTER *als Klein-Cold, hysterisch* Tapir! Ich bin doch ein Tapir! *Beginnt zu weinen.*

Szene 5

COLD Als die Nazis erledigt waren, herrschte himmlische Ruhe. Ein göttlicher Frieden, als hätte die Welt für ein paar Augenblicke ihr Gleichgewicht gefunden. Dann begannen die Türken zu jubeln.

Danton und Zicke melden sich im Teamspeak.

DANTON Gather auf Dust Two?

ZICKE Klar.

COLD »Du hast uns gerettet«, riefen die Türken und wollten mir um den Hals fallen. Den ersten holte ich gleich von den Beinen. Die anderen beiden drückten sich verängstigt an die Wand. »Warum hast du das getan?«, winselten sie. »Weil ich eh grad dabei bin«, sagte ich. Der zweite hinterließ eine breite Blutspur an der Betonwand, während er zu Boden sank.

DANTON Cold, Gather ist voll.

COLD »Außerdem«, fuhr ich fort, »habt ihr den Hund schlecht behandelt.«

DANTON Cold?

COLD *ins Mikro seines Headsets* Danton? Zwei Minuten!

ZICKE Alles klar. Wir warten.

COLD Ein letzter Schuss schlug dem dritten Türken die Schädelplatte weg. Er ließ den Hund los, der sofort in großen Sätzen auf mich zusprang. Ich sank in die Knie, breitete die Arme aus und hieß das Tier willkommen.

MUTTER Das mit dem Tier-Spiel hörte erst auf, als er den Hund bekam.

COLD *lauter* Wir schauten uns in die Augen, und ich gab ihm den Namen Todd.

MUTTER Vom ersten Tag an war er vollkommen närrisch mit diesem Hund.

COLD *zur Mutter, laut* Du machst mich wahnsinnig! *Normal* Den nächtlichen Spaziergang setzten wir gemeinsam fort. Todd lief schwanzwedelnd vor mir her. An beleuchteten Straßenkreuzungen singen die Vögel die ganze Nacht.

PATT Du besitzt viel Schreibtalent und verfasst spannende Geschichten.

COLD Fertig. *Setzt Headset auf.*

PATT Mit dieser hier hab ich aber Probleme. Ich würde gern mit dir darüber sprechen.

ZICKE Was machst du denn dauernd?

COLD Hausaufgaben für Deutsch. Ich schreib ne Kurzgeschichte.

DANTON Den ganzen Abend?

COLD Meine Eltern stören mich. Quatschen dauernd dazwischen.

DANTON Stehen die bei dir im Zimmer oder was?

COLD In meinem Kopf. Sie quatschen in meinem Kopf.

ZICKE Und worüber?

COLD Darüber, dass ich tot bin.

DANTON Mädels, tot sind wir, wenn heute nicht trainiert wird. Nur noch zwei Tage bis zum Ligaspiel.

COLD Ich überleg mir, was sie sagen würden. Man kann nicht früh genug anfangen, am eigenen Nachruhm zu arbeiten. *Lacht.* Aber das ist wie ne Sucht. Wenn du einmal damit angefangen hast, kannst du nicht mehr aufhören.

ZICKE Bisschen komisch bist du manchmal schon.

COLD Hast du nie drüber nachgedacht, was die Leute sagen würden, wenn du stirbst?

ZICKE Doch. Sie würden sagen, wie leid es ihnen tut, dass sie mir keinen anständigen Computer gekauft haben.

COLD Abso-fucking-lutely!

DANTON Hallo? Ich muss in zwei Stunden zur Schicht. Können wir jetzt?

Szene 6

SPIEL Dann mal los.

DANTON Wir gehen kurz.

ZICKE Kurz? Wieso kurz?

COLD Mensch, Zicke! Was trainieren wir denn die ganze Zeit?

SPIEL Sichern und laden.

PATT *liest vor* »Es ist ein wunderlicher Vorgang, wie die Phantasie gleich einem Fieber, dessen Keime von weither getrieben werden, von unserem Leben Besitz ergreift und immer tiefer und glühender sich in ihm einnistet. Endlich erscheint nur die Einbildung uns noch als das Wirkliche und das Alltägliche als ein Traum, in dem wir uns mit Unlust bewegen wie ein Schauspieler, den seine Rolle verwirrt.«

VATER 1882. Das ist lange her. Illinois. James McBride, 17 Jahre alt. Ein Toter.

DANTON Cold, Kiste Mitte smoken.

PATT *klappt das Buch zu* Wie definiert der Autor das Verhältnis von Fiktion und Realität? *Wartet.*

VATER 1899, Missouri. Charles Ayres, 13 Jahre. Ein Toter.

PATT Fällt niemandem etwas dazu ein?

VATER 1905, Tennessee. Ernest Powers, 15 Jahre. Ein Toter.

DANTON Die rushen Mitte. Einer down. Bombe down.

ZICKE Katas! Der andere ist in die Katas rein!

COLD Wirf ne Nade.

PATT Letzte Stunde haben wir doch darüber gesprochen, dass neue Kulturgüter immer erst mal als Bedrohung betrachtet werden. Rockmusik, Fernseher, Computerspiele.

DANTON Die hat er gefressen. Der letzte ist bestimmt Lang.

ZICKE Ich verschieb auf B, ich verschieb auf B!

COLD Ich geb dir Deckung, Zicke.

VATER 1942, New York City. Joseph Annunziata und Neil Simonelli, 19 und 16 Jahre. Ein Toter. 1956, Maryland. Billy Ray Prevatte, 15 Jahre. Ein Toter.

PATT Die Angst vor dem Fiktiven zieht sich wie ein roter Faden durch die Jahrzehnte.

COLD Und die Angst vor dem Realen zieht sich wie ein roter Faden durch die Fiktion. *Lacht.*

DANTON Was?

COLD Nichts.

VATER 1958, New York. Bruce Zator, 15 Jahre. Ein Toter. 1966, New York. James Arthur Frampton, 16 Jahre. Ein Toter.

DANTON Zicke, leg Bombe. Cold, hast du noch ne Flash? Raus damit!

VATER 1966, Minnesota. David Black Junior, 15 Jahre. Ein Toter. 1968, Miami. Blanche Patricia Ward, 16 Jahre. Eine Tote. 1969, Wisconsin. Namenloser Täter, 14 Jahre. Ein Toter.

PATT Früher galten sogar Romane als Gefahr für die Gesellschaft. Besonders für Frauen.

COLD Da sind Schritte vor B.

ZICKE Scheiße, ich bin blind.

Cold setzt sein Headset ab, als Amok eintritt.

AMOK/COLD Good morning, boys and girls. Welcome to the last seconds of your lives.

Szene 7

Amok trägt schwarz, dazu Sturmmaske. Er schießt zweimal. Patt wird an der Schulter getroffen. Ein Fenster splittert. Die Schüler sind starr vor Schreck. Amok schlendert zwischen ihnen umher, prüft hier das Etikett eines T-Shirts, kneift dort einem Mädchen in die Wange, als wollte er etwas kaufen.

PATT Dreht ihr ein Video? Ist das eins dieser Projekte?

Patt hält sich die blutende Schulter und nähert sich Amok.

PATT Das ist doch eine Spielzeugpistole.

AMOK/COLD Ms Patt, this is Zoey. Zoey, this is Ms Patt.

Amok richtet die Waffe auf Patt.

PATT Gib mir das Spielzeug.

ZICKE He, Cold, was ist denn los?

Amok schießt Patt in den Bauch. Sie bricht zusammen, lebt aber noch. Im Spiel wird Cold erschossen.

DANTON Mann, Cold, pass doch auf!

SPIEL Anti-Terror-Einheit gewinnt.

Cold setzt das Headset wieder auf.

ZICKE Scheiße, warum?

MUTTER Warum? Warum? Warum?

DANTON Sag mal, Cold, dachtest du, du kannst mal zwischendurch aufs Klo oder was?

COLD Sorry. Hab an was anderes gedacht.

SPIEL Sichern und laden.

MUTTER *immer gequälter* Warum? Warum? *Da capo.*

COLD Mama? Hallo! Mama? Das halt ich nicht aus. – Sorry, ich mach Schluss für heute. *Setzt Headset ab.*

Szene 8

MUTTER Warum? Warum? Warum?

COLD Mama! Hör doch! Schau mich an! Es hat nichts mit euch zu tun. Verstehst du? Das musst du mir glauben.

MUTTER Warum? Warum?

COLD Hier, pass auf. *Holt einen Zettel hervor.* »Ein Kilo Schwefel …« Nee, das nicht. »Geplantes Arsenal: Benelli, Rohrbomben, ein Liter Ameisensäure 85 % …« Auch nicht … *Sucht anderen Zettel.*

MUTTER Warum? Warum?

VATER Du verdammtes Monster!

COLD Jetzt wart doch mal! *Findet Zettel.* Das ist er. »Wehe irgend so ein Sackgesicht von Geistlichem reißt sein Maul auf meiner Beerdigung auf. Es gibt keinen scheiß Gott« usw., usw. – Und jetzt hier! *Feierlich* »Ich sollte mich auf den großen Tag freuen. Aber irgendwie tu ich das nicht. Es ist wegen meiner Eltern. An alle, die ich liebe: Es tut mir leid! Und an alle anderen: Lasst meine Eltern in Ruhe! Sie können nichts dafür.« Hast du gehört? Das leg ich mitten auf meinen Schreibtisch. Verstehst du?

MUTTER Warum? Warum?

COLD Okay, okay. Gleich ist alles wieder gut. Pass auf. – Frau Kammbeck? Frau Kammbeck! Hier ist CNN. Kriegsberichterstattung.

Die Mutter beruhigt sich, bringt ihr Gesicht in Ordnung.

COLD Ein durchschnittliches deutsches Gymnasium, das dürfen wir uns wie einen überfüllten Hühnerstall vorstellen, nicht wahr?

MUTTER Er war so ein braves Kind.

COLD Die Hackordnung ist streng und grausam.

MUTTER Letztes Jahr, er war gerade 16 geworden, da kam er zu mir. *Als Cold* Mama, ich hab nachgedacht. Ab heute mach ich alles selbst. Aufräumen, Staubsaugen. Wäsche waschen, Wäsche abhängen, Wäsche einsortieren. Du hast keine Arbeit mehr mit mir.

COLD In jeder Hackordnung gibt es einen Prügelknaben. Und dann gibt es noch den Prügelknaben der Prügelknaben. Einen Typen, dem Lehrerinnen ihre Freundschaft anbieten.

PATT Jens? Kannst du mir mal helfen? *Fröhlich* Du bist echt der Einzige in diesem Sauhaufen, den ich fragen kann.

COLD So einer war ihr Sohn. Oder?

VATER Quatsch.

COLD *freut sich* Genau! Das ist totaler Quatsch. Herr Kammbeck, würden Sie Ihren Sohn als Krieger beschreiben?

VATER Eher als Totalversager.

COLD *empört* Ach ja?

MUTTER Seitdem war sein Zimmer geleckt wie eine Arztpraxis.

VATER Tinka, hast du mal darüber nachgedacht? Vielleicht wollte er nur vermeiden, dass wir sein Zimmer betreten.

MUTTER Wieso sagst du so was? Immer bist du so destruktiv.

COLD Ein Totalversager hätte ja wohl kaum einen solchen Feldzug hingekriegt.

PATT Jens?

MUTTER Du hast ihn doch von Anfang an nicht gewollt!

PATT Je-hens!

COLD Was ist denn, Frau Patt?

PATT Hilfst du mir mit dem Overhead-Projektor?

Szene 9

MUTTER Rumspielen, kurz reinstecken, noch kein Gummi drauf. Ein Unfall-Kind.

VATER Wir waren halt jung.

MUTTER Vielleicht spüren Kinder so was, ihr Leben lang.

VATER Wir standen am Anfang. Die Galerie brummte wie eine Hochleistungsmaschine.

MUTTER Vielleicht hat Jens immer gewusst, dass er ein Unfall-Kind war.

VATER Tinka, das ist Unsinn.

MUTTER Und deshalb musste er … für noch mehr Unfälle sorgen.

VATER Ich bitte dich, Tinka, dreh nicht durch!

PATT Trägst du mir den ins Lehrerzimmer?

COLD Okay, Frau Patt.

VATER Kannst du dich nicht erinnern? Was heißt hier Unfall! Wir waren ein Traumpaar! Riesen unter Zwergen. Wir haben uns geliebt. Überlebensgroß.

PATT Und die Bücher hier auch noch?

COLD Okay, Frau Patt.

VATER Wir hatten ein gutes Gefühl.

MUTTER Für uns.

VATER Für Kunst. Wir gehörten zu den Ersten, die nach der Wende in den Osten gefahren sind.

PATT Außerdem möchte ich dann noch kurz mit dir sprechen.

COLD Okay, Frau Patt.

VATER Wir bekamen Neo Rauch nicht, aber wir bekamen Künstler aus seinem Umfeld. Die Galerie zog um in die Düsseldorfer Altstadt. Die Sammler kamen zu uns, wenn sie wissen wollten, was in der jungen Szene in Vilnius oder Moskau abging.

MUTTER Du warst viel in Peking und Shanghai. Wir verdienten haufenweise Geld. Wir brauchten größere Ladenräume.

VATER Was wir nicht so sehr brauchten, war ein Kind.

Szene 10

PATT Jens war einer meiner besten Schüler. Es sind oft die Intelligentesten, die Probleme haben.

Cold trägt Frau Patts Sachen durchs Schulgebäude. Auf dem Gang trifft er Susanne.

COLD Ich hab keine Probleme. Mein Problem ist die Schule. Ich wollte schon mit acht nicht mehr hin. Der Schulpsychologe gab mir ein paar Plastikfigürchen, Mama-Gans, Kinder-Gänse und den Fuchs. Ich wusste genau, dass zu Hause ein Streifenwagen vorfährt, wenn ich den Fuchs nehme und hinten auf eine Kinder-Gans draufsetze.

Susanne tut so, als wollte sie Cold die Tür aufhalten. Als er hindurchgeht, lässt sie ihm die Tür ins Gesicht fallen. Overhead-Projektor und Bücher gehen zu Boden. Susanne guckt zu, wie er sich die Sachen mühsam wieder auf die Arme lädt.

VATER Frauen. Can't live with 'em, can't kill 'em.

COLD Und genau deshalb hab ich das NICHT gemacht. Ich hab Fuchs und Gänse im Kreis versammelt und gemütlich zusammen Abend essen lassen. Der Psychologe hat gequalmt vor Wut.

VATER Dezember '89. Marc Lepine erschießt an der Universität Montreal 14 Studentinnen und verletzt zehn weitere. Allesamt weiblich.

PATT Jens war immer folgsam. Das war sein Trick. Mach, was sie wollen, dann lassen sie dich in Ruhe.

COLD Ich bin dann wieder zur Schule gegangen, damit sie mich endlich in Ruhe lassen. Das ist ihr Trick: Sie nerven dich so lange mit irgendeinem hirnverbrannten Scheiß, bis du machst, was sie wollen.

Cold will zum zweiten Mal durch die Tür. Susanne hält sie ihm auf. Sie schauen sich an.

SUSANNE Ich hab Cold kennengelernt wegen einer totalen Kleinigkeit. Ich hab ihm die Tür ins Gesicht geknallt. Das war normal. Alle haben ihm immer irgendwas ins Gesicht geknallt. Aber er ist nicht wütend geworden. Er hat einfach sein Zeug aufgesammelt und wollte wieder durch die Tür.

VATER März '98. Andrew Golden, elf, und Mitchell Johnson, 13, erschießen an ihrer Schule in Jonesboro vier Mädchen und eine Lehrerin.

MUTTER Robby, hör doch auf damit. Wir hatten gerade angefangen, miteinander zu reden.

Cold geht durch die Tür, Susanne hält sie ihm auf.

COLD Danke.

SUSANNE In seinem Lächeln war eine Dankbarkeit, als hätte ich ihm das Leben gerettet.

VATER März 2009. Der 17-jährige Tim Kretschmer erschießt in der Albertville-Realschule in Winnenden drei Lehrerinnen und neun Schüler. Davon acht Mädchen.

MUTTER Hör auf!

SUSANNE Ein lächelnder Abgrund. Ich hatte nicht gewusst, dass Abgründe lächeln können.

COLD Cold.

SUSANNE Susanne.

Sie versuchen, sich die Hände zu geben, dabei fallen die Sachen zu Boden. Susanne hilft Cold beim Einsammeln.

VATER Oktober 2006. Charles Roberts dringt in den Unterrichtsraum der Amish-Gemeinschaft in Nickel Mines ein, trennt die Schülerinnen von den Schülern, erschießt fünf Mädchen und /

MUTTER *schreit* Hör auf!

Szene 11

COLD Kennst du das? Diesen plötzlichen Abgrund. Den freien Fall. Wie Flugangst am Boden. Du sitzt in der Klasse, und auf einmal gehen dir die Ohren zu. Die Geräusche um dich rum sind plötzlich weit entfernt und trotzdem glasklar. Dieses Gefühl: Irgendwas stimmt hier nicht. Das Ganze stimmt nicht. Eine allumfassende Verarschung. Du hältst dich an der Tischkante fest. Du starrst deine Füße an, wie sie da nebeneinander unter dem Tisch stehen und eigentlich wie immer aussehen. Aber auch mit deinen Füßen stimmt was nicht. Auch deine Füße sind Verarschung. Schwindel, Schweißausbruch.

PATT Jens? JENS! Ist dir nicht gut?

COLD Du weißt, wenn du jetzt den Mund aufmachst, werden keine Wörter rauskommen, sondern das Frühstück. Du musst weg. Aber das Zimmer dreht sich. Keine Chance, auf diesem falschen Boden durch den falschen Raum zur falschen Tür zu laufen.

PATT Jens? JENS!

COLD Wenn du jetzt umfällst, wird sich ein Kreis von Leuten bilden. Sie werden alle auf dich runtersehen, und ihre Gesichter werden wie Scheiben sein, auf die ein Wahnsinniger Augen, Nase und Mund gemalt hat. Du wartest auf einen klaren Moment und fragst, ob du auf die Toilette gehen kannst. Du hockst auf dem Klodeckel, Kopf zwischen den Knien, als würdest du mit dem Flugzeug abstürzen. Du musst RAUS. Du läufst auf den Schulhof zur Kastanie und hältst dich an der rauen Rinde fest, während die Welt um dich herum nur noch aus bemaltem Glas besteht. DU MUSST RAUS. Und da trifft dich die Erkenntnis mit siebzigtausend Volt. Du bist eingesperrt. Nicht im Klassenzimmer, nicht in der Schule, sondern auf dem Planeten. Du kannst nicht raus, weil nur ein DRINNEN existiert. Du umklammerst die Kastanie, du weinst wie ein Kind. *Pause.* Seitdem rennst du nicht mehr weg. Du bleibst sitzen, beißt die Zähne zusammen, hältst die Luft an, gräbst dir die Finger in die Oberschenkel und schüttelst den Kopf, wenn dir ein Lehrer seine behinderten Fragen stellt.

PATT Manchmal hat er nur den Kopf geschüttelt, wenn man ihn angesprochen hat. Als ob er Stimmen hören würde.

COLD Du selbst stellst dir nur noch eine Frage.

PATT Er konnte richtig wegtreten.

COLD Was, wenn eines Tages so ein Anfall einfach nicht mehr aufhört?

PATT Das Tragische ist, dass gerade Jungs oft denken, dass keiner sie versteht. Sie halten ihre Pubertätssorgen für ein weltbewegendes Einzelschicksal.

COLD Es ist nicht so, dass ich meine Pubertätssorgen für ein weltbewegendes Einzelschicksal halte. Wahrscheinlich gibt es sogar eine schicke Abkürzung dafür. PTSD. ASD. Man kann über alles reden.

PATT Dabei kann man über alles reden.

COLD Aber, Scheiße, wozu?

PATT Einmal hab ich ihn direkt gefragt. *Zu Cold* Was ist eigentlich dein Problem?

COLD Dasselbe wie Ihres, Frau Patt.

PATT/COLD Niemand kommt hier lebend raus.

Szene 12

MUTTER Wir müssen miteinander reden.

VATER *nimmt ihre Hand* Süße, ich weiß es doch längst.

MUTTER Du weißt es?

VATER Der Test lag ganz oben im Mülleimer. Ich wollte dir einfach Zeit geben, bis du es mir selber sagst.

MUTTER Gott, ich hab mich so verrückt gemacht. Als wäre meine Schwangerschaft ein Verbrechen. Ein Angriff auf unser Glück. *Lacht.* Als hätte ich einen Spion im Bauch! Einen Störenfried! Ist das nicht absurd?

Der Vater antwortet nicht. Peinliches Schweigen.

VATER Die eine Hälfte der Menschheit findet Todesstrafe super und Abtreibung schrecklich. Die andere Hälfte findet Abtreibung völlig okay und hält Todesstrafe für ein grausames Verbrechen. Ich gehöre zur zweiten Gruppe.

MUTTER Robby, was ich dir eigentlich sagen will /

VATER Weiß ich.

MUTTER Lass mich bitte ausreden. Robby, ich werde dieses Kind auf jeden Fall bekommen.

VATER Weiß ich doch.

MUTTER Das weißt du auch?

VATER *sie umarmend* Ich kenn dich, Tinka. Besser, als du denkst. Wir ziehen das zusammen durch.

COLD Das ist CNN, latest news. Herr und Frau Kammbeck …

MUTTER Ich liebe dich!

VATER Wir haben schon ganz andere Sachen in den Griff gekriegt.

COLD Unsere Zuschauer würde interessieren …

MUTTER *hart* Verstehen Sie, was mein Mann da gesagt hat? So war das in den Neunzigern. Man kriegte keine Kinder. Man kriegte in den Griff.

COLD Das ist sehr aufschlussreich. Aber unsere Zuschauer würde interessieren, wie Sie sich HEUTE fühlen.

Pause.

COLD Immerhin ist Ihr Sohn zu einem der berühmtesten Amokläufer Deutschlands geworden.

MUTTER Schon, aber …

COLD Presse, Fernsehen, Internet, alles voll mit Ihrem Sohn.

MUTTER Schon, aber …

COLD Journalisten drängen sich vor Ihrer Tür.

MUTTER Mein Sohn ist unschuldig.

COLD Was? *Muss lachen.* Ihr Sohn hat seinen Feldzug neun Monate lang bis ins kleinste Detail geplant.

MUTTER Schon, aber …

COLD Während er mit Ihnen und allen anderen ein ganz normales Leben führte.

VATER Hören Sie mal. Ihre Fragen sind respektlos.

PATT Es ist Viertel nach zehn.

COLD Sie wollen einfach nicht wahrhaben, was geschehen ist.

MUTTER Nein!

PATT Ich dachte, wir wollen uns ein bisschen unterhalten?

VATER Sie regen meine Frau auf. Merken Sie das nicht?

COLD Verdrängung. Absolut verständlich. Das geht dem ganzen Land so. Aber müssen Sie bei allem Leid nicht auch zugeben, dass eine solche Tat etwas Geniales hat?

VATER *erhebt sich, wütend* Das reicht jetzt!

PATT 16 nach zehn. Ich warte noch eine Minute.

COLD Scheiße.

Szene 13

COLD Soll ich das jetzt wirklich erklären?

PATT Sehr gern, Jens.

MUTTER *ätzend* Und findest du, dass du jetzt alles im Griff hast?

COLD *stöhnt genervt.*

PATT Jens?

VATER Das ist unfair, Tinka.

PATT Jens, hörst du Stimmen?

COLD *laut* Es geht in der Geschichte um Gerechtigkeit.

Cold versucht, die Eltern mit Handzeichen zum Schweigen zu bringen.

COLD Genauer gesagt darum, dass es zwischen Menschen keine Gerechtigkeit geben kann. Erst denkt man natürlich, die Nazis sind die Bösen, und jetzt komm ich als Held, der die Opfer rettet. Aber dann erschieße ich auch die Ölaugen.

MUTTER Weißt du, warum du ständig von SEINER Schuld redest? Weil du dann nicht nach DEINER Schuld fragen musst.

VATER Ach ja? Und du meinst, wenn er unschuldig ist, bist du es auch.

PATT Aber warum erschießt der Erzähler die türkischstämmigen Mitbürger?

COLD Das wird doch gesagt. Ich knall sie ab, weil ich eh grad dabei bin. Und weil sie den Hund schlecht behandeln.

PATT Aber ist das realistisch?

COLD Frau Patt, wollen Sie mir erzählen, dass eine Deutschlehrerin den Unterschied zwischen Fiktion und Wirklichkeit nicht kennt?

PATT Touché! *Lacht.*

MUTTER Du wolltest ein Vater sein, aber ohne Sohn. Du hast ihn nie richtig angenommen.

VATER *wütend* Das ist so ein Schwachsinn!

MUTTER Er konnte nie richtig reden mit dir. Und ich kann nicht trauern mit dir.

VATER Das ist doch …

COLD Nicht auszuhalten. *Sich erhebend, zu den Eltern* Das ist CNN!

Die Eltern sehen sich verlegen an, ordnen ihre Klamotten etc.

PATT Jens? Was hast du? Was machst du denn da?

COLD Was ich sagen will: Niemand weiß, was die Türken vorher gemacht haben. Vielleicht sind sie die Bösen und die Nazis total unschuldig. Wir wissen es nicht. Ohne vollständiges Wissen keine Gerechtigkeit.

PATT Interessant.

COLD Kein Mensch kann alles wissen. Deshalb macht man sich immer schuldig. Mit jeder Handlung.

PATT Hochinteressant.

COLD Der Einzige, der alles weiß, ist Gott. Und was ist Gott?

PATT Sag du's mir.

COLD Wenn Sie die Augen zumachen und aus vollem Herzen um Hilfe flehen, dann ist Gott das, was nicht antwortet. Gott ist der Name unserer Todesangst. Gott ist die kindische Antwort auf kindische Warum-Fragen.

PATT Mannomann.

VATER Als Jens auf die Welt kam, war ich der glücklichste Mann der Welt. Keine Kinder zu wollen ist das Unglück von Leuten, die keine haben. *Leise* Ehrlich, Tinka.

PATT Ich hätte sorgfältiger lesen sollen.

VATER Wir benannten Jens nach meinem Vater. Wir wollten keinen Frederik, Ferdinand oder Fabian. Schließlich wohnten wir in Düsseldorf und nicht in Berlin Prenzlauer Berg. Wir kauften keinen Retro-Kinderwagen mit Speichenrädern und keine Afro-Tragetücher.

MUTTER Unser Babyzubehör sah aus wie eine Bergsteigerausrüstung.

VATER In seinen ersten Jahren hat Jens mehr Länder bereist als die meisten Leute in ihrem ganzen Leben.

COLD Werden Sie eigentlich auf so was geschult?

PATT Auf sorgfältiges Lesen?

COLD Haben Sie Weisungen bekommen, vom Ministerium? Sollen Sie auf Schüler achten, die ins Profil passen?

PATT Wovon sprichst du?

COLD Vom kritischen Fall! *Zählt an den Fingern auf* 16 Jahre alt.

VATER Jens schlief gern in Autos und Flugzeugen.

COLD Hört böse Musik.

VATER Er krabbelte in zugemüllten Künstlerateliers herum.

COLD Spielt gern Computer.

VATER Auf Gartenpartys schoben wir den Kinderwagen in die Nähe des Grills, damit er nicht fror.

COLD Außenseiter.

VATER Jens war so was von unkompliziert. Die halbe Welt hat uns um ihn beneidet.

COLD Schreibt Kurzgeschichten.

PATT Worauf willst du hinaus?

COLD Hallo? Amokläufer schreiben Kurzgeschichten, oder etwa nicht? Am liebsten blutig. Dieser Chinese zum Beispiel, in Amerika.

PATT Koreaner. Und es waren Theaterstücke.

COLD Na also. Sie wissen bestens Bescheid. Sie haben mich doch nicht herbestellt, weil Sie mit mir über Literatur philosophieren wollen.

PATT Okay. *Pause.* Du hast recht. *Pause.* Es war jemand da. Vom Ministerium. Wir sollen ein bisschen aufpassen.

VATER Wir gehörten nicht zu den Leuten, die glauben, dass Kindererziehung komplizierter ist als das Errichten eines Atomkraftwerks.

MUTTER »Ein Kind ist nicht die Kubakrise.« Das war dein Lieblingsspruch.

VATER Wenn ich diese Spielplatz-Mütter sah, mit Latzhose und Bärchen-Pulli, wie sie aus den Milchfläschchen ihrer Babys trinken …

MUTTER … dann hast du gelacht und gerufen: »Guck mal, die armen kleinen Dinger! Die werden später alle Massenmörder!«

PATT Außerdem überlegen sie, Videokameras in den Klassenzimmern anzubringen.

COLD Geniale Idee. *Guckt nach oben.* Thank you for broadcasting! Exklusivrechte bei CNN.

PATT Das Thema scheint dich zu beschäftigen. Willst du nicht mal ein Referat darüber halten?

COLD Warum nicht?

PATT Ich bin froh, dass wir offen reden können. Und ich find's schön, dich in meiner Klasse zu haben.

Patt streckt Cold die Hand hin.

PATT Freunde?

COLD *sich erhebend, Patt ignorierend* Scheiß erledigen. Clip abfeilen. Hosenträger kaufen. Cargohose kaufen. Sporttasche kaufen. Plan ausarbeiten, wie die Ausrüstung zu tragen ist.

Szene 14

VATER Für Jens war Kindheit keine permanente Krankenstation. Wir waren wie Affeneltern, die sich ihr Baby über den Rücken werfen und in die höchsten Wipfel der Bäume turnen.

MUTTER *nachdenklich* Vielleicht hat Jens deshalb eine so starke Liebe zu Tieren entwickelt.

VATER Oh nein! Nicht das Tier-Thema!

MUTTER DU hast doch mit den Affeneltern angefangen.

VATER Das ist wie ein Reflex bei dir. Du suchst einen Schuldigen, und zack! Da ist der Hund.

MUTTER Ich hab nichts vom Hund gesagt.

VATER Aber gedacht.

COLD Herr und Frau Kammbeck …

VATER Du hast den Hund von Anfang an nicht gemocht.

MUTTER Spinnst du? Ich hab ihm den Hund doch gekauft!

VATER Und dann warst du eifersüchtig auf ihn.

COLD Herr und Frau Kammbeck … Ach, scheiß drauf. *Heftig* Ihr wollt über Todd reden? Okay, reden wir über Todd! Wisst ihr, warum ich früher so oft geheult habe? Weil ich plötzlich dachte, ihr seid gar nicht meine richtigen Eltern. Ihr seid zwei Schauspieler, die so tun, als ob sie meine Eltern wären. Da hab ich Panik gekriegt, es hat mich am ganzen Körper geschüttelt. Und dann kam Todd. Er war das einzige Wesen, bei dem ich sicher war, dass kein beschissener Schauspieler dahintersteckt. Das war ein verdammt guter Grund, ihn zu lieben.

VATER *zur Mutter* Und dafür hast du ihn gehasst.

MUTTER Ich hab Todd nicht gehasst.

VATER Dieser superheiße Sommer, wann war das, 2003 oder 2004? Da hieß es auf einmal, der leidet doch mit seinem dicken schwarzen Fell. Und das ständige Staubsaugen!

MUTTER Ich hab's gut gemeint.

COLD Während ich in der Schule war, hast du ihn abtransportiert. Am Nachmittag kamst du mit ihm zurück. Todd kroch ins Haus mit dem Bauch am Boden, am ganzen Körper nackt und grau wie ein Schwein.

MUTTER Das war Anstellerei.

COLD Gedemütigt. Gebrochen.

VATER Er wollte sich nicht mehr hinlegen.

COLD Plötzlich war seine Welt hart und kalt.

VATER Er warf sich hin und sprang wieder auf. Er probierte jeden Quadratzentimeter im Haus.

COLD Er war auf der Suche nach seinem Fell.

MUTTER Es hat mir ja leidgetan.

COLD Ach ja? Hat es das?

Cold packt die Mutter und bedient sie wie eine Puppe. Alle drei beobachten einen unsichtbaren Hund, der durchs Haus rennt.

COLD *als Mutter* Dieser nackte Körper! Dieser riesige Kopf! Und der buschige Schwanz! *Lacht* Wie ein japanischer Zierfisch.

VATER Mein Gott, Toddy, beruhig dich doch.

COLD *als Mutter* Großes Kino. Ganz großes Kino.

VATER Jetzt leg dich halt einfach irgendwo hin.

COLD *als Mutter* Auf der Suche nach dem verlorenen Pelz. *Lacht.*

Cold stößt die Mutter von sich.

COLD Ich hab ihn mit auf mein Zimmer genommen. Hab mich nackt ausgezogen und mich neben ihn auf den Boden gelegt. Ihn festgehalten, bis er aufgehört hat zu zittern. *Zur Mutter* Du hast es getan, *zum Vater* und du hast es zugelassen. Ihr habt nicht begriffen, dass seine Haut nicht dafür gemacht war, mit der Welt in Berührung zu kommen.

ZICKE *im Teamspeak* Cold?

COLD DAS ist eure Schuld. Damit könnt ihr euer dämliches Ping-Pong spielen. Aber die restliche Schuld, die ganz große, die gehört mir allein. Die lasse ich mir nicht wegnehmen. Wer büßen will, braucht erst mal den Mut zur Sünde. Das war der Denkfehler bei Jesus.

ZICKE Cold? Bist du da?

COLD Ja ... *Setzt das Headset auf.* Ja, ich bin da.

Szene 15

ZICKE Und? Hast du ihn fertig?

COLD Ja, irgendwie schon. Pass auf. Es geht los. *Räuspert sich, lacht nervös.* Okay. Jetzt geht's wirklich los. *Liest.* Hey, Susanne. Tut mir leid, dass ich dir schreibe, aber vielleicht ist es angenehmer für dich, als wenn ich dich anspreche. Deine Mailadresse hab ich vom Schulserver. Da kann sich jedes Kleinkind reinhacken.

ZICKE Reinhacken? Bisschen angeben kann nicht schaden, was?

COLD Zu viel?

ZICKE Geht schon.

COLD *liest* Seit neulich denk ich oft an dich. Du hast mir die Tür ins Gesicht geknallt, und ich dachte: Die ist straight. Nicht so eine, die mit den Augen klimpert und dich dann in den Arsch tritt. Die tritt dich lieber gleich in den Arsch. – Nicht sehr romantisch, oder?

ZICKE Doch. Total.

COLD *liest* Ich hab dich auf dem Schulhof beobachtet. Du trägst zwar dieselben Angeber-Klamotten wie alle und auch so eine peinliche Frisur. Aber du stehst immer nur so dabei und guckst in eine andere Richtung.

ZICKE Die peinliche Frisur würd ich weglassen.

COLD Aber die IST peinlich. Oben blond und unten schwarze Strähnchen.

ZICKE Frauen sind da empfindlich. Kleiner Tipp von mir.

COLD Modefrisur? Du hast auch so eine bescheuerte Modefrisur?

ZICKE Ohne »bescheuert.«

COLD Okay. – *Liest* Du siehst aus, als würdest du gern richtig über Sachen reden. Aber du findest niemanden.

DANTON Schönen guten Abend zusammen.

COLD *liest* Ich persönlich hab nie verstanden, warum Mädchen lieber Zeit verbringen mit Typen, die coole Sprüche klopfen, statt mit solchen, die was zu sagen haben. Drauf geschissen. Was ich meine, ist: Wenn du Zeit in deinem Leben übrig hast und jemanden treffen möchtest, der sich wirklich für dich interessiert, dann melde dich.

ZICKE Süß.

COLD *liest* Wenn nicht, antworte einfach nicht. Ich werd's verstehen, ich bin das gewöhnt. Es gibt keinen Ruf, den ich zu verlieren hätte oder so was. Also bis bald, wir sehen uns in der Schule. Kisses, Cold.

ZICKE Akkurat. Sie wird dahinschmilzen.

COLD Dahinschmelzen. Ich schulde dir drei Trainingsberichte.

Sie lachen.

DANTON Fertig mit dem Geturtel?

ZICKE Eifersüchtig, Danton?

COLD Nächstes Mal schreib ich an dich, Schnuckelchen.

DANTON Ja, nee, is' klar. Also, noch mal ein paar Sachen, die mir bei A-passiv aufgefallen sind. Wenn du, Zicke, vom Spot aus Lang deckst, darfst du mit der AWE nicht genau auf die Kante zielen. Ziel eine Fadenkreuzbreite weiter links.

ZICKE Fadenkreuzbreite?

DANTON Üben wir gleich. Cold, du darfst die Flash auf Kurz nicht über die Steine werfen. Besser, du wirfst sie durch den Spalt auf die Unterkante vom Fensterbrett. Ungefähr da hin. *Schießt zweimal, um es zu zeigen.*

COLD *wirft die Granate, ein Pfeifen.* Hab mich selbst geblendet.

DANTON Noch ein halber Schritt nach rechts. Werfen und sofort gegen die Steine gucken.

COLD *wirft die Granate* Okay.

DANTON Ich komm jetzt über A kurz. Sobald du mich hörst, wirfst du deine Flash, dann aufstehen und rauskommen. Du musst mich gar nicht wegholen. Ordentlich anhitten reicht. Den Rest erledigt Zicke.

Sie führen den Spielzug aus.

DANTON Neeeiiin. Geht gar nicht. Zicke, nicht nur zielen, auch treffen. Cold, viel schneller rauskommen. Ich weiß ja dann, wo du sitzt.

Sie führen den Spielzug aus.

ZICKE Ich wollt noch was fragen.

DANTON Wir üben das Zielen noch, Zicke.

ZICKE Nee, ich mein Cold. Wegen seinen Kurzgeschichten.

DANTON Granate zu früh geworfen. Noch mal.

Sie führen den Spielzug aus.

ZICKE Die Texte, die du hochstellst … Ich find die ja gut. Aber in letzter Zeit sind die echt brutal.

COLD Fängst du jetzt auch damit an?

ZICKE *zitiert* »Wut ist groß geworden. Wut will raus. Ich hab ihr was zum Anziehen gekauft. Sie wird eine schwarze Cargohose tragen, robuste Stiefel. Enge schwarze Jacke. Figurbetont, dazu Sturmmaske.«

COLD *zitiert* »Die Leute werden meine Wut anschauen und sagen: So ein hübsches Kind! Und was bist du groß geworden.« *Lacht* Genialer Text.

DANTON Zicke, wenn du mehr Reaktionszeit brauchst, dann verschieb auf Headshot-Rampe.

Sie führen den Spielzug aus.

ZICKE Geht's dir nicht gut oder so?

COLD Das ist ein Gedicht, Zicke.

ZICKE Es ist auch wegen unseren Clan-Regeln.

COLD Du kannst nicht mal Genitiv.

DANTON Ja! Genau so! Jetzt Aufstellung zwei.

Sie führen einen anderen Spielzug aus. Susanne betritt Colds Zimmer und sieht sich um.

ZICKE Paragraph drei. *Zitiert* »Rassistische oder frauenfeindliche Äußerungen sind tabu. Das Gleiche gilt für Gewaltverherrlichung.«

DANTON Können wir das später besprechen?

COLD Willst du mich verarschen? ICH gefährde den Ruf des Clans?

DANTON Hallo? Wir sind im Training!

COLD *setzt Headset ab* Ich muss weg.

ZICKE Cold! Ich hab mir doch nur Sorgen gemacht.

Szene 16

SUSANNE *eine Zeichnung betrachtend* Das ist ja unsere Schule. Nicht schlecht. Wie lang hast du dafür gebraucht?

COLD Acht Monate, eine Woche, zwei Tage.

SUSANNE Du musst die Schule lieben.

COLD Über alles. *Pause.* Und du?

SUSANNE Über alles in der Welt.

Sie lachen.

COLD Liegt's am Unterricht?

SUSANNE An den Leuten.

COLD Lehrer oder Schüler?

SUSANNE Alles dasselbe.

COLD Das sind leere Hüllen. Die machen eine Menge Lärm und bekleben sich mit Etiketten, damit man nicht merkt, wie leer sie sind. *Pause.* Du gehörst nicht dazu. Obwohl du dich so anziehst. Tarnung?

SUSANNE Wenn du willst. Ich denk nicht so viel nach.

COLD Ist der Pelzbesatz an der Kapuze echt?

SUSANNE Nö.

COLD Kunstpelz?

SUSANNE Klar.

COLD Leute, die echten Pelz tragen, sollte man in winzige Käfige sperren und ihnen bei lebendigem Leib die Haut abziehen.

SUSANNE Isst du Fleisch?

COLD Meine Mutter kauft nur Bio. Woher hast du die Jacke?

SUSANNE Aus dem Laden.

COLD Ich meine, von deinen Eltern? Oder selbst gekauft? Die war teuer.

SUSANNE Ich hab sie geklaut.

COLD Das freut mich. Sind die Turnschuhe auch geklaut?

SUSANNE Klar.

COLD Die Jeans?

SUSANNE Hm-hm.

COLD Unterwäsche?

SUSANNE Sowieso.

COLD Warum?

SUSANNE Was?

COLD Bist du arm?

SUSANNE Kennst du jemanden, der arm ist? Ich geb nur kein Geld aus für so ne Scheiße.

COLD Haben willst du sie trotzdem.

SUSANNE Muss ich ja, wenn ich meine Ruhe will. Aber ich zahl nicht für Faschismus. War ja nicht meine Idee, dass jeder Mensch bestimmte Turnschuhe braucht.

COLD Abso-fucking-lutely.

Pause.

SUSANNE Was hat die Patt von dir gewollt?

COLD Hat mich ein bisschen in die Mangel genommen.

PATT Du modellierst dich nach dem Vorbild populärer Helden. Du wirst eine Kunstfigur. Ein langfristig angelegter Prozess der Nachahmung, eine Selbstprogrammierung. Du übst dich in Hassreden, erst nur in deinem Kopf, später im Internet, dann in deinen Geschichten. Du beklagst deine Isolation, und immer sind die anderen schuld, und je mehr sie schuld sind, desto mehr isolierst du dich. Darin zeigt sich der paranoide oder schizoide Charakter dieser Entwicklung, denn zum späteren Selbstverständnis als gnadenloser Krieger gehört diese nur noch Ausschließlichkeiten produzierende Rede notwendig dazu.

SUSANNE Hä?

COLD Anders gesagt, sie wollte wissen, ob ich irgendwann mit ner Benelli in die Klasse gerannt komme und alle weghole.

SUSANNE Vergiss nicht, vorher Counter-Strike zu deinstallieren. Schieb die Sendung mit der Maus auf die Festplatte. Das gibt ihnen zu denken.

COLD *lacht* Akkurat! Wo warst du die letzten 16 Jahre meines Lebens?

SUSANNE Keine Ahnung. Statistin in einem deutschen Low-Budget-Film oder so was.

COLD Weißt du, was mich ankotzt? Man kann nichts mehr zum ersten Mal machen. Alles schon da gewesen. Unsere Vorfahren haben die Party gründlich abgefeiert. Für uns bleibt nur Karaoke. Wir stehen jeden Morgen auf, um ein Lied zu singen, das ein anderer geschrieben hat, während die Musik vom Band kommt.

Susanne beginnt, sich in Colds Zimmer umzusehen.

COLD Werd Student und lauf in die Uni. Krieg Kinder und setz dich auf einen Spielplatz. Werd Unternehmensberater mit blauem Anzug, braunen Schuhen und Männerkosmetik im Badeschrank. Oder du wirst Junkie und Stricher und pennst am Bahnhof. Scheißegal, vor dir hat's schon mal jemand gemacht, und zwar besser. Über alles gibt's Bilder, Filme, Bücher.

SUSANNE Weiß nicht. Ich kann ne Menge Sachen zum ersten Mal machen. Formel-Eins-Fahrerin. Amerikanischer Präsident. Zum Mond fliegen.

COLD *nachdenklich* Aber das ist …

SUSANNE Generalin. Fußballbundestrainerin.

VATER Es gibt auch weibliche Amokläufer. Wusstest du das, Tinka? Hier, Juni 2004. In Nagasaki schneidet ein elfjähriges Mädchen einer Klassenkameradin die Kehle durch.

COLD … weil du ein Mädchen bist.

SUSANNE Na und? Physiknobelpreisträgerin.

COLD Es gab Marie Curie.

VATER Januar 1968. Die 16-jährige Patricia Ward erschießt ihre Schulkameradin Linda mit einer 22-Kaliber-Pistole. Januar 1979. Die 16-jährige Brenda Ann Spencer eröffnet das Feuer in einer Grundschule. Zwei Tote, neun Verletzte.

SUSANNE Nationalhymnenkomponistin.

VATER Nach dem Grund befragt, antwortet Brenda: »I don't like Mondays.«

COLD Das ist Selbstverarschung. Am Ende macht die Mann-Frau-Scheiße doch keinen Unterschied.

VATER November 1985. Die 14-jährige Heather Smith erschießt zwei Schulkameraden und sich selbst.

COLD Du kannst die erste Frau auf dem Mond sein, aber Fakt ist: Vor dir war schon mal jemand da.

SUSANNE Jockey.

VATER Mai 1988. Laurie Dann eröffnet das Feuer in einer Grundschule. Ein Toter, sechs Verletzte.

COLD Dass du ne Frau bist, interessiert dann höchstens die hirnverbrannten Medien!

SUSANNE Aber vielleicht machen die hirnverbrannten Medien ja den ganzen verdammten Unterschied.

COLD *wenig überzeugt* Schwachsinn.

VATER September 1986. Cindy Marie Piccot erschießt eine Kommilitonin und sich selbst. September 1990. Eine 16-Jährige ersticht eine Klassenkameradin mit einem Jagdmesser wegen einer abfälligen Bemerkung über ihre Klamotten.

MUTTER Sei doch mal ruhig.

Cold beginnt, ins Publikum zu sprechen. Susanne nutzt die Gelegenheit, um in seinem Computer herumzuschnüffeln. Während Susanne am Bildschirm liest, beginnt sich Amok im Hintergrund zu bewegen; er übt, effektvoll einen Raum zu betreten, probiert ein paar Posen mit Waffe etc.

COLD Es geht um was Existenzielleres. In der scheiß Karaoke-Welt musst du nicht weiblich sein, sondern dumm.

VATER Scheiß Welt, scheiß Welt. Ein Arschloch dreht durch, und schon heißt es scheiß Welt. Was bitte ist eigentlich so scheiße an der Welt?

COLD Die Dummen dümpeln Jahre und Jahrzehnte vor sich hin, und das Einzige, was sie lernen müssen, ist Lachen. Weil Lachen das Markenzeichen des Siegers ist.

VATER Unser jugendlicher Held hält der verdorbenen Welt einen Spiegel vor. Er formuliert eine schonungslose Anklage.

MUTTER Sei doch mal ruhig.

COLD Wer zuletzt lacht, lacht am besten. Und am besten lacht zuletzt, wer gar nicht mehr damit aufhört.

VATER Deshalb ist seine Tat gewissermaßen ein politischer Akt, ja, ein Märtyrertod im Kampf gegen Dummheit, Ungerechtigkeit, Oberflächlichkeit und Ignoranz.

MUTTER Sei doch mal ruhig.

COLD Fürs Lachen tut ihr alles. Mal versucht ihr es mit Bier und Frauen und dann wieder mit Joggen und Rauchenaufhören. Zwischendurch schaut ihr auf die Uhr: Schon wieder ein Jahr vorbei, schon wieder fünf Jahre vorbei, huch, fast das ganze Leben vorbei. Da hab ich keinen Bock drauf.

VATER Ich hab keinen Bock auf Schule – nicht weil ich ein fauler Sack bin, sondern weil die Schule ein faschistisches Unterdrückungssystem ist.

MUTTER Sei doch mal ruhig.

COLD Lachen ist unlogisch. Man kann die Menschheit lieben oder hassen, aber lustig ist sie eigentlich nie.

VATER Meine Mitschüler meiden mich – nicht weil ich ein arroganter Langweiler bin, sondern weil sie gleichgeschaltete Konsumenten-Zombies sind.

COLD Wer zu schlau ist zum Lachen, ist gefickt. Er erkennt, dass er eingesperrt ist. Globalisierung ist, wenn es keinen Ort mehr gibt, an den du fliehen kannst. Lauf ans andere Ende der Welt, und die anderen waren vor dir da, mit McDonald's und allem drum und dran. Du stehst mitten im Dschungel, und da ist ein Typ, der trägt die gleiche Jeans wie du und will dir ein paar Postkarten verkaufen.

VATER Der arme Junge hatte Akne! Das liegt an der Globalisierung. Davon hat er Pickel gekriegt.

MUTTER Sei doch mal ruhig.

COLD Dieser Planet ist ein Gehege. Kein Wunder, dass immer mehr Leute auf die Idee kommen, den Rattenstall in die Luft zu sprengen. Völlig logisch, sich den Weg freizubomben, wenn man anders nicht rauskommt.

VATER Gegen schlechte Lehrer, fiese Klassenkameraden, nervigen Schulzwang und hochnäsige Mädchen.

COLD Ich hab nichts gegen Terroristen, aber eins sollte klar sein: Jeder kann das bei sich zu Hause machen. Klare Grenzen: Ihr sprengt euer Land in die Luft, wir sprengen unseres. Krieg ist scheiße. Kampf der Kulturen – totaler Quatsch. Kampf der Kulturen ist, wenn meine Mutter mich fragt, wie es in der Schule war.

AMOK/SUS. *Susanne am Bildschirm lesend, Amok den Raum betretend* Good morning, boys and girls.

COLD *sieht Susanne am Rechner* Hey! Bist du … Was machst du da?

Amok verlässt fluchtartig die Szene.

SUSANNE Gucken, was du so schreibst.

COLD Das … Fuck! Das kannst du doch nicht machen!

SUSANNE Ganz ruhig.

COLD *sehr aufgeregt* Was hast du dir angeguckt?

SUSANNE Nur ein paar Gedichte. Das hier gefällt mir am besten. Ein richtiger Song. *Singt* Schau raus Der Planet dehnt sich aus / Alles expandiert / Du spürst wie du schrumpfst Diese Welt / Ist so kompliziert / Klimawandel Wirtschaftskrise / Schweinegrippe Bürgerkriege / Radikale Islamisten / Mord! Krieg! Hass! Angst! / Du hast Angst / Scheißt dich ein / Jeder Schritt / Kann ein Fehler sein / Wir wollen nur dein Bestes / Und wir wissen was das ist / Hallo Untertan / Hier spricht das Über-Ich / Schau rauf Himmelweit nichts als Blau / Total unbewohnt / Der Mensch ist ein Loch im Nichts / Du brauchst Protektion / Prophylaxe Prävention / Überwachung Inspektion / Käfighaltung Sicherheit / Norm! Plan! Soll! Maß! / Du hast Angst / Stell dich ruhig / Stell dich dumm / Stell dich tot / Wir wollen nur dein Bestes / Und wir wollen es für dich / Hallo Untertan / Hier spricht das Über-Ich / Wer nicht spielt / Kann nicht verlieren Vorsicht! Leben / Kann zum Tode führen / Wir wollen nur dein Bestes / Und dass du immer sicher bist / Hallo Untertan / Hier spricht das Über-Ich / Wir wissen alles über dich / Wir sind dein Über-Ich.

Pause.

COLD Das war – kein Karaoke.

Pause.

COLD Lass uns schwören.

Sie heben die Hände.

SUSANNE Und was?

COLD Lass uns schwören, dass wir immer unberechenbar bleiben.

VATER *schreit* Was für eine beschissene Anmaßung!

Szene 17

MUTTER Jetzt sei doch mal ruhig. Ich will das hören.

COLD Was ist denn hier los?

MUTTER Schatz, es ist so furchtbar!

COLD Wann wollt ihr eigentlich anfangen, das Internet zu benutzen, statt ständig vor der Glotze zu hängen? *Schaut auf den Fernseher, fassungslos* Das ist nicht wahr. Das glaub ich nicht.

SUSANNE Spezialkräfte stürmen das Gebäude. Hochgereckte Pistolen. Jede Menge Polizisten, geduckt zwischen parkenden Autos.

COLD Wo ist das?

MUTTER Bei Stuttgart.

SUSANNE Die endlose Reihe der Schulfenster. Im dritten Stock hält eine Schülerin einen Zettel an die Scheibe, auf dem steht: »Hier verblutet einer.«

VATER Ein Albtraum.

MUTTER Eine Tragödie.

COLD Das ist der Super-GAU.

SUSANNE Schockierte Gesichter. Notärzte, die sich ihren Weg durch die Schaulustigen bahnen. Eine schwer verletzte Frau wird in einem Tuch weggetragen.

VATER Mieses kleines Schwein.

MUTTER Robby!

COLD Verdammter Schwanzlutscher!

MUTTER Jens!

SUSANNE Überall Schüler, die sich weinend in die Arme fallen.

COLD *außer sich* Das kann der doch nicht machen! Nicht jetzt!

SUSANNE Unauffälliger Junge. Intakte Familie, liebende Eltern.

VATER Es ist immer dasselbe.

SUSANNE Intelligent. Gute Noten. Niemand hätte ihm das zugetraut.

VATER Präpotenter kleiner Scheißer, der sich aufspielen will.

COLD *mit wachsender Verzweiflung* Farbphotos der Killerbestie und ihrer Eltern.

SUSANNE Blumengebinde auf Betontreppen. Stofftiere. Kerzen.

VATER Und sich dann auch noch selber abknallen.

COLD Selbstgemalte Fragezeichen auf Asphalt.

SUSANNE Schilder mit der Aufschrift »Warum«.

VATER Bloß keine Verantwortung übernehmen.

COLD Photos vom Killer als Kind.

VATER Das ist der Gipfel der Feigheit.

SUSANNE Debatten über das Verbot von Ego-Shootern. Debatten über das Schulsystem. Debatten über Früherkennung. Und immer wieder die Schuldfrage.

COLD *zu Amok, schreit* Du verdammte Nutte! Du gehst mit jedem!

Cold bricht auf der Couch zusammen.

MUTTER Sch-sch. Natürlich ist das furchtbar. Aber du darfst dir das nicht so zu Herzen nehmen.

COLD Acht Monate, zwei Wochen, ein Tag!

MUTTER Was?

COLD Mein verdammtes Lebenswerk.

MUTTER Wovon redest du, zum Teufel?

COLD Ist schon gut, Mama, du kannst das nicht kapieren. *Schreit* Diese scheiß Karaoke-Welt!

VATER Scheiß Welt, immer heißt es scheiß Welt.

MUTTER Jens, gibt's bei euch in der Schule eigentlich auch Jungs, die Probleme mit sich selber haben? Und Gewaltfilme gucken oder so?

COLD *verzweifelt* Mama! Alle haben Probleme mit sich selbst und gucken ausschließlich Gewaltfilme.

MUTTER *muss lachen* Du hast ja recht. *Drückt ihn an sich.* Du machst das prima. Muss ich dir einfach ab und zu sagen.

COLD Lass gut sein, Mama.

MUTTER Ich weiß, wie das ist. Ich war auch »anders« in der Schule. Aber später hat man dann plötzlich ein interessanteres Leben als die ganzen angepassten Spießer.

COLD Ich weiß nicht, was an deinem Leben interessant sein soll! *Stürzt aus dem Raum.*

Szene 18

PATT *ins Handy* Ja, guten Tag, hier spricht das Ernst-Jünger-Gymnasium. Wir haben ein Problem. Hier ist ein Fenster kaputtgegangen, und ich glaube, mich hat ein Glassplitter getroffen. In die Schulter. Und ein anderer in den Bauch. Ich blute. Nein, ich kann nicht vorbeikommen. Ich kann nicht aufstehen. Sie sollten jemanden schicken. *Pause.* Sie verstehen mich nicht. Es ist ein Notfall. Auch wenn es sich wahrscheinlich um Spielzeugpistolen handelt. *Zu den Schülern* AUF DEN BODEN! IHR BLEIBT AUF DEM BODEN! *Ins Handy* Er ist gerade rausgegangen. Er ist jetzt auf dem Flur. *Pause.* Ein Schüler, Herrgott noch mal! Mit Maske und schwarzen Turnschuhen. Von Reebok. *Pause.* Ja, ich bleibe dran, natürlich. Mein Name ist Patt, Deutsch, Geschichte. *Pause.* Ob's mir gut geht, was soll denn das heißen! Nein, ich werde nicht auflegen, hab ich doch schon gesagt! *Pause.* Ja, er ist allein, ich denke schon. Er sagt, er hat eine gewisse Zoey mitgebracht hat, aber damit hat er wohl seine Benelli M3 Super 90 gemeint. *Zu den Schülern* AUF DEN BODEN! *Pause.* Angeschossen? Wie meinen Sie das? *Betrachtet ihren Bauch, befühlt ihre Schulter.* Okay. Okay. Okay. Sie könnten recht haben. Okay. Okay. *Zu den Schülern* AUF DEN BODEN! *Ins Handy* Aber es könnte sich doch auch um eins dieser Video-Projekte handeln. Da wird viel gemacht an Ernst-Jünger. Schöne Sachen, gut inszeniert. *Pause.* Ich bin klar. Völlig klar. Mein Kopf ist wie Glas. *Zu den Schülern* LENA, BLEIB AUF DEM BODEN! *Ins Handy* Ich glaube, er kommt zurück. Ich höre etwas. *Vom Flur sind Schüsse zu hören, jemand lacht.* Ich glaube, er steht vor der Tür. Ich sollte rausgehen. Mit ihm reden. Er steht vor der Tür. Ich lege nicht auf. Versprochen. Jetzt geht die Tür auf.

AMOK/COLD Good morning, boys and girls.

Patt lässt das Handy fallen, Amok hebt es auf.

AMOK/COLD *ins Handy* Na, ihr Wichser. Bringt eine Hundertschaft mit. Und GSG 9. Ich will Hubschrauber. Scharfschützen auf den Dächern. Und verständigt das Fernsehen. Sofort. Ich halte hier solange die Stellung.

PATT Du störst meinen Unterricht.

AMOK/COLD Und du meinen.

PATT Ich kenn dich doch. Du bist ein liebes Kind.

AMOK/COLD Heute nicht, Patterchen.

Szene 19

Cold lässt sich von Susanne tröstend den Kopf streicheln.

COLD Scheiße. Verdammte Scheiße.

SUSANNE Was denn? Hast du wieder Flugangst am Boden?

VATER Einen Wunsch werd ich nicht mehr los. Einen absurden, giftigen Wunsch. Er hat sich in mir festgekrallt. Ein Parasit, der sich durch meinen Körper frisst.

MUTTER Erst dachte ich, das Schlimmste, was Jens mir angetan hat, ist sein Tod. Dass er nicht mehr da ist.

VATER Ich wünsch mir, er wäre zum Islam konvertiert. Hätte sich in Pakistan zum Terroristen ausbilden lassen. Die suchen doch Kämpfer gegen die westliche Dekadenz. Unglückliche Rotznasen, die sich zu Märtyrern stilisieren lassen.

MUTTER Aber das Allerschlimmste ist, dass ICH nicht mehr da bin. Ich bin nicht mehr Katharina oder Tinka oder die Chefin einer florierenden Galerie, die ihren Job geopfert hat, als der Sohn schulpflichtig wurde. Ich bin nicht einmal Robbys Frau. Ich bin und bleibe bis in alle Ewigkeit die Mutter von »Cold«.

SUSANNE Ich kann das verstehen. Ich hasse Flugzeuge. Ich werd mein Lebtag in kein Flugzeug steigen.

VATER Nicht in Moscheen, an deutschen Gymnasien sollten die suchen. Unter den Jungs, die zwischen Philo und Reli wählen dürfen, 200 Euro Taschengeld kriegen und auch sonst in jeder Hinsicht unter der Grausamkeit des Systems leiden. Ein riesiges Potenzial an selbsternannten Rächern, die man mit Sprengstoffgürteln ausstatten und nach Bagdad verschiffen könnte.

MUTTER Jede Geschichte wird von hinten nach vorn gelesen. Das Ergebnis bestimmt, was vorher passiert ist. Die Warum-Frage ist ein Kind, das seine eigenen Eltern frisst.

VATER Diesen Jungs muss man nichts beibringen, die können schon alles. Bomben bauen und Weltbilder bauen. Sie wissen, wie man seinen Frust an Leuten auslässt, die man beneidet. Sie beherrschen das Hasspredigen. Sie sind perfekte Schläfer. Sie schreiben Englisch-Tests und essen Risotto, während sie Massenmorde planen.

MUTTER Wäre mein Sohn mit 16 Sänger bei einer weltberühmten Boygroup geworden, würde ich hier von einer außergewöhnlichen Kindheit erzählen, die ein kreatives Ausnahmetalent hervorgebracht hat. Wäre er ein 16-jähriger Teenager mit Pickeln, Liebeskummer und mittelmäßigen Mathenoten, wäre dies die Geschichte einer modernen Familie, deren unstetes Leben in einer globalisierten Welt längst zeitgenössische Normalität geworden ist.

SUSANNE Mir wird schon schlecht, wenn ich ein Flugzeug sehe. Oder wenn ich an ein Flugzeug denke. Ich dreh durch, wenn ich eine Filmszene sehe, die im Flugzeug spielt. Mir bricht der Schweiß aus, und gleichzeitig krieg ich Gänsehaut.

VATER Islam, Christentum, Atheismus, ist doch scheißegal! Hauptsache Frust, Hauptsache Selbstmitleid, Hauptsache Selbstgerechtigkeit.

MUTTER Aber wenn sich mein Sohn mit 16 eine Benelli besorgt, um die halbe Schule abzuknallen, erzähle ich das Leben einer egozentrischen Rabenmutter, die ihr Kind traumatisiert hat.

VATER *verzweifelt* Warum haben sie meinen Jungen nicht geholt? Warum haben sie ihm keinen Bart angeklebt und ein Handtuch um den Kopf gewickelt, bevor er angefangen hat, seine Hasstiraden ins Internet zu stellen? Warum haben sie ihn nicht abtransportiert und ihm das Narrenkostüm angezogen, das zu ihm gepasst hätte? Dann hätte ich mich von ihm lossagen können, als noch Zeit dazu war!

MUTTER »Cold« hat uns nicht nur die Zukunft gestohlen, sondern auch die Vergangenheit. »Cold« hat uns annektiert. Was wir waren, sind und sein werden, ist für immer Eigentum von »Cold«.

VATER Dann wäre der Koran schuld und basta.

Szene 20

SUSANNE Weil man aus einem Flugzeug nicht rauskann. Wenn was passiert, kannst du nichts machen. Du sitzt einfach da und bist nicht mal schuld. Im Flugzeug sterben wär echt das Letzte. Wenn ich schon in einem Verkehrsmittel sterben muss, dann lieber im Auto. Obwohl ich Autos nie besonders gemocht hab. Aber wenigstens hat mein Tod dann etwas mit mir zu tun. Wär ich zehn Sekunden später losgefahren, wär es nicht passiert. Oder vielleicht hab ich nicht richtig aufgepasst im entscheidenden Moment, und deshalb sterbe ich. Das ist fair. *Pause.* Aber am allerliebsten, wenn ich mich entscheiden könnte, ich meine, wenn ich einen gewaltsamen Tod sterben muss und ich kann es mir aussuchen, dann würde ich mich am liebsten von einem Amokläufer erschießen lassen.

COLD *will etwas sagen.*

SUSANNE Klingt das komisch?

COLD Wieso denkst du an Amokläufer?

SUSANNE Da denkst du doch auch dran.

COLD Warum redest du jetzt AUSGERECHNET von Amokläufern?

SUSANNE Was hast du denn auf einmal, Cold?

COLD Sag schon!

SUSANNE *wie zu einem dummen Kind* Vielleicht denk ich an Amokläufe, weil das Fernsehen seit Tagen voll davon ist?

COLD Klar. Stimmt. Sorry.

SUSANNE Weißt du, mein Tod hätte dann eine Bedeutung. An einer Krankheit zu sterben ist erniedrigend. Von der Leiter zu fallen ist dämlich. Aber bei einem Amoklauf, da würde wenigstens die Show passen. Ich könnte als Heldin sterben. Oder als tragisches Opfer. Oder beides zugleich.

COLD *zögernd* Ich will nicht, dass du stirbst.

SUSANNE Wir reden ja nur so. Ein Gedankenspiel. Ich mein, angenommen, ich muss sowieso sterben.

COLD Jeder muss sowieso sterben.

SUSANNE Aber wenn ich sowieso sterben muss und mir die Art und Weise aussuchen kann, dann am liebsten bei so einer Show.

COLD Wenn so ein Schwein dich erschießt, bring ich ihn um.

SUSANNE Das ist echt süß, Cold.

Szene 21

AMOK/COLD Ich hätte jetzt einen Job zu vergeben.

Susanne ist zur Stelle, nimmt sich den Camcorder und zeichnet Amok auf.

AMOK/COLD *in die Kamera* Hallo, hier spricht …

SUSANNE Cold?

AMOK/COLD Gott!

Susanne mustert Amok wie eine Schaufensterpuppe, wobei sie beginnt, an seiner Kleidung herumzuzupfen. Sie schaut über die Schulter: Cold soll nicht sehen, was sie tut.

SUSANNE Cold? Was Schönes? *Wartet.* Komm schon, Cold!

AMOK/COLD Gott kommt zu euch. Gott ist die Summe aus allen Bildschirmen weltweit.

SUSANNE *zu Amok* Psst. Du redest Scheiße. *Zu Cold* Cold, was Schönes!

COLD Wenn … wenn man einen Pickel ausdrückt, und mit einer kleinen Explosion kommt alles auf einmal raus.

SUSANNE *zu Cold* Was Trauriges?

COLD Wenn ein Hund geschlagen wird und dabei versucht, die Hand seines Herrchens zu lecken.

Susanne ist immer noch unzufrieden mit Amok. Sie zieht ihm ihre Jacke an.

SUSANNE Besser. Viel besser.

COLD Danke. Jetzt du. Was Trauriges?

AMOK/SUS. Es gibt keine Wirklichkeit. Die Wirklichkeit ist ein Vertrag zwischen sechs Milliarden Fernsehzuschauern.

COLD Du meinst, dass wir eigentlich gar nicht da sind? Wo sind wir dann?

SUSANNE Im Kopf von einem, der uns erfunden hat.

COLD Und wie heißt der?

Susanne richtet die Kamera auf Amok. Sie und Cold übertrumpfen sich gegenseitig beim Synchronisieren.

AMOK/SUS. *in die Kamera* Hier spricht Gott mit den latest news. Die Meldung des Tages: Es gibt keine Wirklichkeit.

AMOK/COLD Ihr wollt eine Show, ihr kriegt eine Show. Diese Aufnahmen sind Eigentum von CNN. Wer sie findet, muss sie sofort CNN aushändigen.

AMOK/SUS. CNN muss die Aufnahmen rund um die Uhr weltweit senden. Mit Untertiteln.

AMOK/COLD Dies ist ein Kriegsschauplatz. Alle Personen, die Sie hier sehen, werden in wenigen Minuten nicht mehr existieren. Schwenk und Totale.

Ein Telephon klingelt.

COLD *zu Susanne* Vielleicht hast DU uns ja erfunden.

Szene 22

MUTTER *ins Telephon* Kammbeck. Wer? Wegen wem? Cool? Cole? Cold wie Kalt? Was soll das sein? Mein Sohn? Ach, Jens! Das ist mein Sohn, ja. Ich hab keine Ahnung, wovon du redest. Was soll mir denn aufgefallen sein? Werd mal nicht unverschämt. Jens ist ein völlig normaler Junge. Ich hab eher den Eindruck, dass mit DIR was nicht stimmt. Natürlich schreibt er Kurzgeschichten. Sogar für den Deutschunterricht. Er kriegt die besten Noten dafür. Was soll ich? *Entrüstet* Hör mal, was würdest du denn sagen, wenn deine Mutter dein Zimmer durchsucht? Den Teufel werd ich tun! Was soll denn bitte unterm Bett liegen? Vielleicht interessiert dich in Wahrheit mehr, wer AUF dem Bett liegt, was? Du gehst bestimmt mit meinem Sohn in die Schule und hast ein Auge auf ihn geworfen! Wenn du wissen willst, ob er eine Freundin hat: JA, die hat er, und sie ist JETZT GERADE bei ihm, und ich bin FROH darüber. Nein, nein, nein, komm mir nicht so. Sorgen gemacht, von wegen. Das ist niederträchtig. Jens hier anschwärzen. Ich werde das mit ihm klären, ganz offen, auf Augenhöhe. Deinen Namen. Ich will wissen, wie du heißt. Ziege? Das ist der Nachname, ja? Janina. Gut. *Legt auf* Jens? Kennst du eine Janina Ziege?

COLD Nie gehört.

MUTTER Dacht ich's mir doch.

Szene 23

SUSANNE Wir waren nicht ineinander verliebt. Am Anfang dachte ich, es wird vielleicht was aus uns, aber das denkt man ja immer, wenn man sich ein paarmal mit einem Typen trifft.

MUTTER Ich hab mich richtig für ihn gefreut. Wegen Susanne.

PATT Für die Kinder heute wird es immer schwieriger.

VATER Asien. Suixi, China. Januar 2003. Ein Lehrer tötet vier Schüler mit einem Messer und verletzt drei weitere.

SUSANNE Mir war immer ein bisschen übel, wenn ich bei Cold war. Richtig flau im Magen.

MUTTER Die erste Freundin! Verwirrung, unendliche Tragik, scheues Glück.

PATT Sie können sich nicht einmal unbefangen ineinander verlieben. Der erste Freund, die erste Freundin – ein Statussymbol. Liebe – ein Zertifikat, auf dem steht: Gewinner.

VATER Nagasaki, Japan. Juni 2004. Ein elfjähriges Mädchen schneidet einer Klassenkameradin die Kehle durch.

SUSANNE Erst dachte ich, es liegt an seinem Zimmer, vielleicht ein komischer Lack am Kleiderschrank. Dann dachte ich: Verliebtheit. Aber Verliebtheit fühlt sich doch nicht an wie eine Fleischvergiftung.

MUTTER Er war ja immer recht viel allein. Als Mutter stehst du daneben und kannst nichts tun. Du musst dir auf die Finger hauen, wenn du ihm über den Kopf streicheln willst. Die Hände in die Hosentaschen schieben, um zu verhindern, dass du ihn dauernd umarmst.

PATT Liebe ist etwas, das erfunden wurde, um Deodorants zu verkaufen.

VATER Chenzhou, China. Ein 28-jähriger Lehrer tötet vier Schüler mit einem Messer und verletzt zwölf weitere.

SUSANNE Dann hab ich kapiert, was los war. Ich hatte Angst. Angst davor, mich in einen wie ihn zu verknallen. Einen Verlierer.

MUTTER Und dann kommt so ein Mädchen! Viel zu dünn, Kaugummi kauend, mit einer unmöglichen Frisur. Der Blick immer so von schräg unten, wie bei einem verletzten Tier. Aber du versuchst, sie mit seinen Augen zu sehen.

PATT Diese Kinder leben in einem Warenlager. Produkte. Status, Standard, Style. Für Style braucht man Geld. Für Geld braucht man Arbeit. Arbeit, erzählt man ihnen, gibt es nicht mehr. Rente natürlich auch nicht.

VATER Neyagawa, Japan. Februar 2005. Ein 17-Jähriger ersticht einen Lehrer seiner früheren Schule und verletzt zwei weitere schwer.

SUSANNE Als ich kapierte, dass das gar nicht möglich war, dass es also nicht ums Verlieben ging, hörte die Übelkeit schlagartig auf.

MUTTER Durch seine Augen fand ich sie nett. Jetzt wird mein kleiner Junge erwachsen, dachte ich.

PATT 16 Jahre alt und angstzerfressen. In Dauerpanik.

VATER Maoming, China. Mai 2007. Ein 17-Jähriger sticht sechs Klassenkameraden nieder, zwei sterben.

SUSANNE Cold war … Ich weiß nicht. Die anderen sind den ganzen Tag damit beschäftigt, auf die richtige Weise an der Wand zu lehnen. Cold war anders. Ich mochte ihn wirklich.

MUTTER Ich mochte sie wirklich.

PATT Sie kennen vielleicht keine Kriege, aber sie kennen den sozialen Tod. Kein Wunder, dass sie bei uns durchdrehen und nicht in China!

VATER Leizhou, China. Februar 2008. Ein Schulabgänger sticht fünf Schüler nieder, zwei davon sterben. Danach rammt er sich das Messer in den Bauch und springt aus dem fünften Stock.

MUTTER Ich mochte sie! *Laut* Wie blöd kann man sein?

PATT Wir sollten daraus lernen.

VATER Asien. Lauter Messer. Gibt's da eigentlich keine Knarren oder was?

SUSANNE Das mit Cold tut mir leid. Der ganze Rest nicht. Nur das mit ihm.

Szene 24

COLD *setzt Headset auf* Hirnchemie. Lies auf Wikipedia nach, wie das funktioniert. Irgendwas mit Immunsystem und Hormonen und Endorphinen, und ZACK, auf einmal denkst du, die Welt sei in Ordnung.

ZICKE Gib's doch einfach zu.

COLD Aber die Welt ist NICHT in Ordnung! Wir sind keine verliebten Kids, die sich SMS schreiben. Wir sind Kombattanten.

ZICKE Schwachsinn, Cold.

MUTTER Robby? Du, Robby. Mir fällt grad diese Geschichte ein. Jens muss neun gewesen sein. Da war dieses Mädchen aus der Nachbarschaft, das er so toll fand.

VATER Janette?

MUTTER Genau! Eines Tages standen Janettes Eltern vor unserer Tür. Total aus dem Häuschen.

COLD Susanne macht irgendwas mit mir. Ich denke und denke und denke, und dann sagt sie irgendwas, und alles bricht in sich zusammen. Stille. Nur noch ein Dauerton. So etwa – tüüüüüü.

ZICKE *lacht* Ist doch schön.

VATER Gott, waren das Spießer!

MUTTER Der Vater von Janette hat geredet wie ein Wasserfall, und seine Frau hat immer nur genickt.

COLD Das ist nicht schön! Das ist zu spät! Da hätte sie früher kommen müssen, zum Beispiel vor acht Monaten, drei Wochen, vier Tagen. Jetzt kann sie nicht einfach da stehen und sagen: Hey, Cold, hier bin ich, sieh mich an, gib deine Pläne auf, werd ein neuer Mensch, fang von vorn an!

ZICKE Das hat sie gesagt?

COLD Nein.

VATER Janette hatte Jens einen Korb gegeben.

MUTTER Sie wollte nichts mit ihm zu tun haben.

ZICKE Wie ist sie denn so?

COLD Weiß nicht. Schön.

ZICKE Also doch.

MUTTER Jens hat Janette zu einem letzten Gespräch an die Turnhalle bestellt.

VATER Und wie Janette zu diesem letzten Treffen kam, lag Jens reglos auf der Erde, die Haare verklebt von Blut.

COLD Schön wie ein Fehler im System.

ZICKE Glückwunsch.

VATER Blut am T-Shirt, Blut am Boden.

MUTTER In der rechten Hand hielt unser Sohn einen großen Stein.

COLD Aber es geht nicht. Ich kann das nicht, verstehst du?

ZICKE Kein Wort. Cold, mal was anderes. Ich muss dir was beichten.

COLD Vielleicht werde ich ihr wehtun.

ZICKE Ich hab deine Mutter angerufen.

COLD Allein die Vorstellung macht mich … *Pause.* Du hast WAS??

ZICKE Deine Mutter angerufen. Aber hey, ganz ruhig jetzt, okay? Ich weiß, es war ne scheiß Idee, aber …

COLD *fassungslos* Bist du verrückt geworden?

VATER So eine Inszenierung muss ihm erst mal einer nachmachen.

MUTTER Die Kreativität hat er von mir. Das künstliche Blut hatte er sich aus meinen Acrylfarben gemischt.

ZICKE Da wusste ich ja noch nicht, dass das mit Susanne so gut läuft. Ich dachte irgendwie, dir geht's schlecht.

COLD Was hast du ihr erzählt?

ZICKE Nur, dass ich mir Sorgen mache.

VATER Was die für einen Aufstand gemacht haben!

MUTTER Unser Sohn hätte ihre Tochter traumatisiert.

COLD Ich raff das nicht, Zicke. Wir waren doch ... Freunde. Ich hab dir vertraut.

ZICKE Ich hab doch nur ganz kurz mit ihr gesprochen.

COLD Wen hast du noch angerufen? Die Schule?

ZICKE Sie hat eh nur gedacht, ich bin irgendeine eifersüchtige Schlampe.

COLD *schreit* Die Polizei? Die Irrenanstalt? Um mich einbuchten zu lassen?

ZICKE Cold, ich entschuldige mich doch!

MUTTER Und dann bist du ausgerastet.

VATER Ich hab sie rausgeworfen.

COLD Das war's, Zicke. Du – du Fotze.

ZICKE Cold! Nicht!

COLD Ich bin raus. Sag Danton schöne Grüße.

ZICKE Bitte. Hör mir zu.

COLD Verpiss dich, Zicke. Du bist gelöscht. Ciao. *Setzt Headset ab.*

ZICKE Cold!

VATER Die hatten einfach nicht begriffen, was Jens dem Mädchen damit sagen wollte.

Szene 25

PATT Das kannst du nicht machen du Schwein hol uns hier raus oder soll das eine Strafe sein wir sitzen hier seit einer Ewigkeit wir wissen nicht wer sterben wird vielleicht hast du Grund auf uns wütend zu sein vielleicht haben wir dich nicht immer gut behandelt vielleicht zu wenig beachtet vielleicht hast du dich manchmal wie ein Ausgestoßener gefühlt vielleicht ist es aber gar nicht unser Job dich gut zu behandeln du bist schließlich auch kein Engel bitte so was wie das hier kannst du nicht machen so was wie das hier hat niemand verdient hol uns hier raus hier verbluten Leute hol uns hier raus Lena hat kein Gesicht mehr hol uns hier raus so ein verdammtes Arschloch kann man nicht sein wenn du uns nicht rausholst werde ich nie wieder zu dir beten wenn du uns nicht hilfst werde ich allen erzählen dass du nicht existierst denn wenn du das zulässt DANN GIBT ES DICH VERDAMMT NOCH MAL NICHT! Amen.

AMOK/SUS. *in die Kamera* Gott hatte gerade eine geniale Idee. Er macht jetzt ein Unterrichtsspiel mit euch. Es heißt: Selbstfindungsreise nach Jerusalem.

Szene 26

MUTTER Dann kam die Schulpflicht.

COLD Frau Kammbeck …

PATT Sie hatte so einen Blick. Wie ein eingesperrtes Raubtier.

VATER Wir versuchten alles, um Jens von der Schule befreien zu lassen.

COLD Herr Kammbeck …

MUTTER ICH versuchte alles. Du warst in China.

VATER Ohne Erfolg. Wir zogen in eine Doppelhaushälfte. Ausgerechnet wir! Wie peinlich.

MUTTER DIR war das peinlich.

PATT Aber eins war klar: Für Jens war das Mädchen gut.

COLD Herr und Frau Kammbeck, diese Geschichten aus der Vergangenheit sind wirklich sehr interessant. Aber nicht für die Zuschauer von CNN. Unsere Zuschauer wollen wissen …

VATER Wir lernten, den Kühlschrank mit Lebensmitteln und die Schränke mit Haushaltsgegenständen zu füllen.

MUTTER Ich lernte zu behaupten, dass Schule gut und wichtig ist. Aber wenn Jens mich fragte, was daran gut sei, sich von Menschen, die man nicht mochte, Dinge erklären zu lassen, die man schon wusste, fiel mir keine Antwort ein.

PATT Seit er die Pausen mit ihr verbrachte, war er ein anderer. Er redete und redete, und sie hörte zu.

MUTTER Natürlich wussten wir, dass er gern Tierrollen spielte. Ein wenig zu Übertreibungen neigte.

VATER Ein wenig. Etwa so wie ein totalitärer Diktator.

PATT Sie haben sich nie geküsst oder in den Arm genommen. Aber sie wirkten stark.

COLD Wie fühlen Sie sich JETZT? Wie muss man sich das vorstellen, Mama und Papa von einem weltberühmten Massenmörder zu sein? Traurig? Aufregend? Dramatisch? Nervig? Verzweifelt? Stolz? Völlig verrückt?

VATER Jetzt erfuhren wir, dass er /

MUTTER ICH erfuhr das.

VATER / dass er bis zur Besinnungslosigkeit schrie, wenn ihn die Lehrerin nicht als Tapir ansprach.

MUTTER Ich erfuhr das, weil du nicht da warst.

PATT Den anderen Schülern fiel das natürlich auf. Einer wie er mit einem Mädchen wie ihr!

VATER Herrgott noch mal, ich hab die Galerie geführt.

COLD Herr und Frau Kammbeck, Sie sind Medienstars! Ihr Sohn ist ein Medienstar! Sie sollten sich entsprechend verhalten. Auch Ihrem Sohn zuliebe.

MUTTER *wütend* Shanghai! Tokio! Singapur! Was ist asiatische Pop-Art gegen die Frage, ob Intelligenz und Verhaltensstörungen bei Kindern dasselbe sind?

VATER Jens war nicht verhaltensgestört.

MUTTER *laut* Nur weil du dich nicht für seine Probleme interessiert hast, heißt das nicht, dass er keine hatte!

VATER *laut* ICH bin NICHT schuld! Hörst du das, Tinka? ICH bin NICHT schuld!

MUTTER Weine.

VATER Wie bitte?

PATT Susannes Freundinnen hörten auf, mit ihr zu reden. Außenseitertum ist eine ansteckende Krankheit.

MUTTER Ich will, dass du weinst.

VATER Das geht nicht auf Kommando.

MUTTER Menschen tun noch ganz andere Dinge auf Kommando. Na los! Dein Sohn ist tot! Weine! Ich will es sehen! Weinen, Robby!

VATER Sag, dass ich nicht schuld bin.

MUTTER Ich verlasse dich, wenn du nicht weinst.

VATER Sag: Du bist nicht schuld!

MUTTER *schreit* Weine um deinen Sohn!

VATER *schreit* Er war ein Monster!

COLD *schreit* Das ist typisch für euch! Ihr kriegt es nicht gebacken! Weil ich euch scheißegal bin. Immer denkt ihr nur an euch! *Schweigen.*

PATT Es war merkwürdig zu beobachten. Für eine kurze Zeit zeigten die anderen Jens gegenüber so etwas wie Respekt. Gegenläufige Kurven: Er profitierte von dieser Freundschaft, während Susanne unterging.

MUTTER Ich lass mich scheiden.

VATER Wir sind nicht verheiratet, Tinka.

PATT Bis zu der Geschichte über seinen Hund.

Szene 27

Amok baut die »Reise nach Jerusalem« auf. Patt, Mutter und Vater laufen im Kreis. Patt kann sich kaum bewegen, sie ist angeschossen.

AMOK/SUS. Ich denke, die Regeln sind bekannt.

SUSANNE *singt* Schau raus Der Planet dehnt sich aus / Alles expandiert / Du spürst wie du schrumpfst Diese Welt / Ist so kompliziert / Klimawandel Wirtschaftskrise / Schweinegrippe Bürgerkriege / Radikale Islamisten / Mord! Krieg! Hass! Angst!

Susanne bricht ab. Patt setzt sich, Mutter und Vater kämpfen erbittert um einen Stuhl, der Vater verliert und wird von Amok erschossen.

Szene 28

COLD Todd und ich, wir hatten eine Abmachung. Solange er lebt, bau ich keine Scheiße. Ich bringe mich nicht um und auch sonst keinen, obwohl es genug Gründe gegeben hätte. Aber für Todd war ich die ganze Welt. Ich konnte ihn nicht allein lassen.

PATT Ein trauriger, aber schöner Einstieg. Macht neugierig.

COLD Ich dachte immer, wenn Todd mal stirbt, ist das mein Armageddon.

PATT Bitte auf Rechtschreibung achten!

COLD Nicht einen guten Freund verlieren. Nicht den besten. Sondern den einzigsten.

PATT Ein-zi-gen.

COLD Aber als es dann an der Zeit war, hat er einfach aufgehört zu fressen. Ich hab ihm alle seine Lieblingsspeisen gekauft. Hackfleisch. Thunfisch. Ravioli. Ich hab vor ihm gekniet und ihn angefleht. Irgendwann wurde mir klar, dass ich ihn quäle. Für ihn war es Folter, wenn ich etwas wünschte, das er nicht erfüllen konnte.

PATT Jens, ich kann jetzt schon sagen, dass das meine Lieblingsgeschichte wird.

COLD Ich hab ihn in mein Zimmer getragen und mich zu ihm gesetzt. Wir haben gemeinsam gewartet. Sein Kopf lag in meinem Schoß. Er hat sich ein bisschen Kraft aufgespart, um noch mal zu mir hoch zu schauen. Dann war es vorbei. Alles, was ich weiß, hab ich von Todd gelernt. Er hat mir gezeigt, was es da draußen nicht mehr gibt. Eine Liebe, die keine Bedingungen stellt. Eine Würde, die erträgt und schweigt. Und am Schluss hat Todd mir das größte Geheimnis verraten. Er hat mir gezeigt, wie sterben geht.

PATT Und gar keine Waffen! Ich bin … Ich kann das gar nicht mit Worten ausdrücken.

COLD Es geht leicht. Das war Todds letzte Botschaft an mich: Keine Angst, kein Gezappel, kein Kampf. Seit ich das weiß, bin ich unfassbar stark. Das war der Trick von Jesus: Er wusste, wie leicht sterben geht.

PATT Das war etwas ganz Besonderes. *Zu Cold* Du hast ungeheuren Mut bewiesen. *Zur Klasse* Es ist ein Geschenk, eine solche Geschichte hören zu dürfen. Wir bedanken uns dafür.

Patt applaudiert; der Applaus versickert, weil niemand mitmacht. Susanne, Vater und Amok verkörpern die Reaktion der Schüler.

SCHÜLER *murren.*

PATT In aller Knappheit ist Jens ein philosophisches Traktat gelungen. Ich schlage vor, dass wir den Text gemeinsam interpretieren.

SCHÜLER *Getuschel* Komm her, du liebes kleines Hundchen. Dreh dich mal um. So ein süßes kleines Hundearschloch. Wir spielen Hot Dog. Hechel hechel, wuff wuff.

Der Spott der Schüler schwillt weiter an. Cold hält sich die Ohren zu.

PATT Wir werden die enthaltenen Gedanken von allen Seiten beleuchten. Diskutieren. Vielleicht eine Klassenarbeit darüber schreiben.

SCHÜLER Bist mein bester Freund, du kleiner Hot Dog. Oh, jaaaah. Hechel hechel, wuff wuff. Braves Hundchen. Braves Hundchen.

COLD Todd ist tot. Ich bin frei!

Szene 29

Cold packt seine Sporttasche: Waffen, Kostüm, Ausrüstungsgegenstände.

COLD *aufgeregt* Alles schon da gewesen in der Karaoke-Welt. Alles schon vorgeführt, berichterstattet, gehyped und zu Tode gequatscht. Aber eins habt ihr nicht bedacht. Wenn man nichts mehr zum ersten Mal machen kann, muss man eben krasser sein als die Vorgänger. *Laut* Viel krasser! *Lacht, hält inne, denkt nach.* Ich hab noch nie ein Mädchen geküsst. Okay, da war diese Pseudo-Punkerin in der Disco, aber da war ich betrunken. Scheiß drauf. Ich bin nicht schwul. So viel ist klar. Ich hab nichts gegen Schwule, aber ich bin's nicht. Schließlich mag ich Zoey aus »Left 4 Dead«. Nach ihr hab ich die Benelli benannt. Zoey. Erst wollte ich sie »Herr Püsterich« nennen, nach der Waffe von Homer Simpson. Eigentlich hasse ich Zeichentrickfilme, aber die Simpsons sind gut. Herr Püsterich klingt trotzdem … zu albern. Das war's dann.

Cold versteckt die Sporttasche und beginnt entspannt, die Melodie von »Über-Ich« zu summen. Susanne stimmt ein.

COLD Du?

Susanne unterbricht das Summen.

COLD Ich würd dich gern um was bitten. *Pause.* Fällt mir echt nicht leicht. Aber ich hab meine Gründe. – Mann, klingt das bescheuert! *Pause.* Du wirst es bald verstehen. Sehr bald. Du wirst denken: Scheiße, jetzt weiß ich, warum er mich um so was gebeten hat. *Pause.* Du musst auch gar nicht viel machen. Nur mit der Hand, weißt du. *Pause.* Also, ich mach mal die Hose auf, okay? – So. – Oh Mann. Siehst du, mir reicht's schon, dass du hinguckst. Das ist mir schon fast zu viel. *Pause.* Jetzt gib mal deine Hand. Einfach drumfassen. Nein-nein-nein, nicht bewegen. Nicht bewegen. Nur ein bisschen festhalten. *Pause.* Unbeschreiblich. Deine Hand. Warm. Freundlich. Wie … wie … Das kannst du dir nicht vorstellen. Nicht bewegen! *Mühsam* Das ist … wie Himmel und Hölle in einem. Ich wollte das nur mal erleben. Nur einmal. Danke. Ich … Nein! *Pause.* Entschuldigung. *Pause.* Tut mir leid. Schlimm?

SUSANNE *liebevoll* Das ist okay, Cold.

COLD Du bist wirklich … Du bist fast wie Todd.

Susanne summt die Melodie, bis Cold schläfrig wird. Dann zieht sie die Sporttasche aus dem Versteck und geht.

SUSANNE *liebevoll* Sorry, Cold.

Szene 30

Susanne und Amok spielen »Reise nach Jerusalem«; Amok gehorcht ihr perfekt. Mutter und Patt rennen um den letzten Stuhl.

SUSANNE *singt* Schau rauf / Himmelweit nichts als Blau / Total unbewohnt / Der Mensch ist ein Loch im Nichts / Du brauchst Protektion. / Prophylaxe Prävention / Überwachung Inspektion / Käfighaltung Sicherheit / Norm! Plan! Soll! Maß!

Als das Lied abbricht, beginnen Mutter und Patt zu kämpfen.

AMOK/SUS. Hier ist CNN. Sie sehen einen Kampf auf Leben und Tod. Eine Lehrerin und eine Schülerin, die zu mörderischen Bestien werden. Die Lehrerin scheint bereits durch einen Bauchschuss verwundet, was die Schülerin nicht davon abhält, sie an den Haaren zu packen und ihren Kopf immer wieder auf den Boden zu schlagen. Aber da!, jetzt wendet sich das Blatt, die Lehrerin hat ein Stuhlbein zu fassen bekommen und es der Schülerin ins Gesicht geschlagen. »Gesicht« in Anführungszeichen, muss man jetzt sagen. Warum?, werden Sie fragen. Woher kommt so viel Gewalt? Vor lauter Warum-Fragen können Sie den Blick nicht abwenden, das Warum zwingt sie zum Hinsehen, und wir berichterstatten für Sie, das ist CNN mit den latest news.

COLD Du wachst auf, total bedröhnt, mühsam kriegst du die Augen auf, um auf die Uhr zu sehen, Scheiße, verpennt, du hast so lang geschlafen, als hätte man dir was in die Cola getan, du guckst unters Bett, die Sporttasche ist weg, so schnell warst du noch nie in den Klamotten, so schnell hast du den Schulweg noch nie geschafft, du siehst es schon von Weitem, überall Menschen, ein Ring von Autos, Polizei, auf dem Gras die Schockdecken, alle rennen raus, du rennst rein, Treppe, noch eine Treppe, Tür auf.

Patt hat die Unterbrechung genutzt, um auf den Stuhl zu klettern; Amok erschießt die Mutter.

COLD *außer sich* Das – gehört – mir. Das ist mein Plan. Das sind meine Waffen. Das ist alles meins!

AMOK/SUS. Hau ab, Cold. Verschwinde. Nicht näher kommen. Ich mein's Ernst.

Cold geht langsam auf Susanne zu, streckt die Hand aus, will die Benelli.

AMOK/SUS. Cold, bitte!

COLD *langsam näher kommend* Gib mir die Sachen.

AMOK/SUS. Zwing' mich nicht dazu!

COLD *will nach der Benelli greifen* Ich mach hier fertig.

Amok erschießt Cold.

Epilog

MUTTER Das Leben besteht aus Dingen, die aufeinanderfolgen. Ursache, Wirkung. Aus A folgt B. Seltsamerweise ergibt sich aus A trotzdem keine Erklärung für B. Zwischen A und B ist kein Pfeil, sondern ein Fragezeichen. Die Fragezeichen plappern in meinem Kopf. Mein Kopf ist der Veranstaltungsort einer großen Konferenz. Journalisten, Polizisten, Psychologen, Politiker, Soziologen, Nachbarn, Verwandte, Zeugen, Opfer, Gaffer. Sie reden durcheinander. Schreien. Gestikulieren. Mein Kopf ist von Parasiten befallen. *Schlägt sich an den Kopf.* Ich will sie alle totschlagen. Bis endlich Ruhe herrscht!

VATER Düsseldorf, 11. April 2010. Susanne Petzold, 16 Jahre. 22 Tote, eine Verletzte.

COLD Ich bin Gott und Gott ist tot.

PATT Es sind oft die Intelligentesten, die Probleme haben.

SUSANNE Das mit ihm tut mir leid. Nur das mit ihm.

MUTTER Er war so ein süßes Kind.

AMOK/SUS. Good morning, boys and girls.

ENDE

Nachweise

Juli Zeh, Der Kaktus

Juli Zeh, 203

Juli Zeh und Charlotte Roos, Yellow Line

Juli Zeh, Good Morning, Boys and Girls

Juli Zeh
Nullzeit
Roman
256 Seiten. Gebunden.
ISBN 978-3-89561-436-1

»Ein beklemmender, furioser, kalter Thriller,
wie man ihn von Juli Zeh nicht erwartet hätte.«
Volker Weidermann, Frankfurter Allgemeine Sonntagszeitung

»*Nullzeit*, Juli Zehs Dreier-Drama, kann sich locker
mit der Altmeisterin der spürbaren Amoral
Patricia Highsmith messen.«
Brigitte

»Zeitgenössisch, blitzgescheit, geschickt.«
Judith von Sternburg, Frankfurter Rundschau / Berliner Zeitung

»Raffiniert spinnt Juli Zeh die Fäden ihrer Geschichte
über Lüge und Wahrheit, in der wir uns verfangen
wie in einem Netz. Brillant!«
Cosmopolitan

Schöffling & Co.

Juli Zeh
Spieltrieb
Bühnenfassung
Für die Bühne bearbeitet von Bernhard Studlar
160 Seiten. Broschur.
ISBN 978-3-89561-430-9

»Ein großartiger Roman. Und ein Theaterstück, dessen brutale Bildersprache bestimmt noch für Aufregung sorgen wird.«
NDR

»Ein Abend über die entfesselte Unmoral, ganz konkret, sinnlich, doch auch abstrakt und mit psychologischem Feingefühl. Auf der kargen Bühne stehen sich die Menschen nackt und schutzlos gegenüber. Wir sind ergriffen.«
Hamburger Abendblatt

»Ein Triumph für Autorin, Textbearbeiter, Regisseur und Schauspieler.«
Hannoversche Allgemeine Zeitung

Schöffling & Co.

Juli Zeh
Schilf

Bühnenfassung

Für die Bühne bearbeitet von Bettina Bruinier und Katja Friedrich
Mit zahlreichen Photographien
160 Seiten. Broschur.
ISBN 978-3-89561-433-0

»Ein Roman von Juli Zeh ist immer ein Abenteuer. Weil diese Autorin uns jedes Mal neue Welten erschließt. Denn das ist Juli Zehs großes Können: mit ihrem scharfen Verstand selbst Dinge wie Elementarteilchen zu erfassen und sie mit spielerischer Präzision in Worte zu fassen, die sofort bezaubert. Ein Roman, der den Begriff Vogelperspektive wörtlich nimmt. Schräg, nervenaufreibend und unvergesslich, wie Hitchcocks Meisterwerk.«
Brigitte

»Juli Zehs neuer Roman *Schilf* bringt Krimi, Liebesgeschichte und physikalische Spekulation zusammen.«
die tageszeitung

»Dass Juli Zeh eine der interessantesten und intelligentesten Schriftstellerinnen ihrer Generation ist, hat sie längst bewiesen. In *Schilf* begibt sie sich auf das Terrain des Kriminalromans. Eine unerhörte Geschichte, virtuos und grotesk erzählt. Raffiniert verwoben wird nicht nur von einem Mord und seiner Aufklärung erzählt, sondern auch von der brutalen Rivalität zweier befreundeter Naturwissenschaftler, von einem Medizinerskandal und von den allerletzten Fragen.«
bücher